董蔡时 著

穷与达
左宗棠的
沉浮人生

辽宁人民出版社

© 董蔡时　2022

图书在版编目（CIP）数据

穷与达：左宗棠的沉浮人生 / 董蔡时著．—沈阳：辽宁人民出版社，2022.5
ISBN 978-7-205-10320-0

Ⅰ．①穷… Ⅱ．①董… Ⅲ．①左宗棠（1812-1885）—人物研究 Ⅳ．①K827=52

中国版本图书馆CIP数据核字（2021）第220055号

出版发行：辽宁人民出版社
　　　　　地址：沈阳市和平区十一纬路25号　邮编：110003
　　　　　电话：024-23284321（邮　购）　024-23284324（发行部）
　　　　　传真：024-23284191（发行部）　024-23284304（办公室）
　　　　　http://www.lnpph.com.cn
印　　刷：北京长宁印刷有限公司天津分公司
幅面尺寸：165mm×235mm
印　　张：19.5
字　　数：265千字
出版时间：2022年5月第1版
印刷时间：2022年5月第1次印刷
责任编辑：贾　勇
封面设计：高鹏博
版式设计：姿　兰
责任校对：吴艳杰
书　　号：ISBN 978-7-205-10320-0
定　　价：59.80元

"回顾丛书"序

约半年前，艾明秋女士来电，要我"再做点贡献"。小艾是辽宁人民出版社文史编辑室主任，也是我的第一本书《大汉开国谋士群》的责任编辑，我们的合作，非常愉快，进而"成为生活中的益友"（张立宪语）。

对小艾的要求，我一向近乎有求必应。听她谈过初步构想后，觉得挺有意思，可以操作。今年初，辽宁人民出版社副总编辑张洪兄来电，进一步讨论、商定了相关细则。这便是"回顾丛书"的由来。

"回顾丛书"拟每年出一辑，每辑6册左右。以经过时间和市场淘洗的旧书再版为主，新作为辅；以专著为主，文集为辅；以史为主，政治经济军事社会思想文学为辅。入选的各类书籍，都是我所感兴趣的，有料，有趣，有种。回顾的目的，当然是为了更好地前瞻、前行。

太白诗：却顾所来径，苍苍横翠微。2008年初夏，收到首册样书时，欧洲杯激战方酣。去年秋天再版，新书出炉时，我正沿着318国道驱车前往珠峰大本营。此情此景，宛如昨日。我想，再过五年、十年，回过头来看这套"回顾丛书"，又会是什么心境呢？

是为序。

梁由之
夏历癸巳芒种后一日，于深圳天海楼

却顾所来径·苍苍横翠微

前 言

在中国近代史中，对左宗棠应如何评价？这是一个有争议的问题。

过去流行的意见有两种。一种意见认为左宗棠是镇压农民起义的反动派，是和李鸿章一丘之貉的洋务派。在主张和反对征讨阿古柏匪帮以收复新疆的"塞防"与"海防"之争中，左宗棠与李鸿章的矛盾斗争，不过是湘系与淮系扩张派系势力的斗争。

另一种意见基本上与上说雷同，所不同的只是肯定左宗棠全歼阿古柏匪帮、收复南疆的功绩。但是，对他在中俄伊犁交涉和中法战争中的反投降、反卖国、反侵略斗争的勋绩与影响，不置一言。因之，左宗棠究竟是怎样一个历史人物，仍难以窥见庐山真面目。

事实上，就左宗棠一生的活动考察，应该说，他是第一次鸦片战争中的抗英派，镇压农民起义的反动派，洋务运动中的爱国派，"塞防"与"海防"之争中的"塞防"派（爱国派），中俄伊犁交涉中的抗俄派，中法战争中的抵抗派，而且在上述几次反侵略斗争的怒涛中，他都起到了中流砥柱的作用。

左宗棠坚持反投降、反卖国、反侵略的斗争。他指挥西征军肃清了横行天山北路的阿古柏匪帮势力，继而用兵南疆，追奔逐北，全歼阿古柏匪帮，粉碎了英国侵略者妄图利用阿古柏匪帮肢解祖国新疆的阴谋，收拾金瓯一片，使南疆重回祖国怀抱，收复了被沙俄帝国主义侵占十年之久的伊犁地区，迫使沙俄吐出了特克斯河流域。在中法战争全面爆发的前夕，左宗棠在两江总督兼南洋大臣任内，派所部健将王德榜回湘招募勇丁，组成"恪靖定边军"十营，开赴越桂前线。一八八五年三月，冯子材、王德榜等部协同作战，创造了扭转战局的镇南关（今友谊关）大捷，其中也有左宗棠的一份勋劳。

然而，要正确评价左宗棠，却须回答许多问题，诸如：

左宗棠在第一次鸦片战争中是抗英派，在第一次鸦片战争失败后，却与鸦片战争中的投降派琦善、曾国藩等站在同一个营垒，镇压农民起义军。而在太平天国革命失败后，左宗棠开始与曾国藩、李鸿章分道扬镳。在洋务运动中，左宗棠以地主阶级改革派魏源提出的"师夷长技以制夷"的爱国思想作为指导方针，与李鸿章走着不同的路子。为什么左宗棠会有这样的曲折变化？

从十九世纪七十年代之初开始，在中国农民起义转向低潮，中华民族同帝国主义之间的民族矛盾不断上升、激化的过程中，左宗棠始终秉持与李鸿章不同的对外态度。曾国藩、李鸿章在中外交涉中，见到外国侵略者俯首帖耳，"畏犬如虎"。例如，一八七〇年，清政府命直隶总督曾国藩从保定前往天津处理天津教案时，曾国藩以为祸从天降，吓得浑身发抖，忙着写遗嘱，处理后事。而左宗棠却恰恰相反，在中俄伊犁交涉中，"老怀益壮"，部署抗俄军事，准备打仗，"舁榇西行"，进驻哈密，并且筹谋从山海关出兵一支，收复被沙俄割去的黑龙江以北、乌苏里江以东一百多万平方公里的中国领土。在中法战争中，他积极争取前往越桂前线督师，打败法国侵略军，使鸦片战争以来"四十余年之恶气借此一吐"，使侵略者"自此凶威顿挫，不敢动辄挟制要求"[①]。

李鸿章恬不知耻地说：直省练军（当然也包括淮军）"以剿内寇，尚属可用，以御外患，实未敢信"[②]。左宗棠谴责李鸿章说："伯相擅淮军自雄久矣"，一向吹嘘"天下精兵无过淮军"，现在又说淮军不敌"岛

---

① 左孝同：《左文襄公家书》（卷下），上海聚珍仿宋印书局版，第80页。
② 李鸿章：《筹议海防折附议复各条清单同治十三年十一月初二日》，载《李文忠公全书·奏稿》（卷二十四），光绪三十一年版，第12页。

族","又何以防,何以剿,淮军又何以雄天下乎"?①李鸿章认为英、法、俄力量强大,船坚炮利,"炮弹所到,无坚不摧",我与之战则必败,只应予取予求,力保和局。左宗棠却认为自办理洋务以来,军备有所改善,国力有所增长,足以抵御外侮,战争的胜负,"岂止于械";又认为俄国战事,"与英、法略同,非不可制者"。为什么左宗棠和曾国藩、李鸿章有如此的不同?

在一八七四到一八七五年的"塞防"与"海防"之争中,李鸿章敢冒天下之大不韪,反对征讨阿古柏匪帮,叫嚷阿古柏"雄桀难制",认为放弃新疆"于肢体之元气无伤"。在中俄伊犁交涉时,又叫嚷"收回伊犁,尚不如不收回之为愈"。左宗棠则认为新疆自汉朝以来,即为中国土地,腴地不可弃,要地不可失,阿古柏是"自守之虏",不难荡平,坚持新疆尺寸之地不可丧失。在中俄伊犁交涉的过程中,中国出现了爱国力量的空前集结,清政府中的爱国人士纷纷参劾卖国贼崇厚,反对李鸿章的卖国观点。李鸿章又气又恼,痛骂左宗棠"倡率一班书生、腐官,大言高论,不顾国家之安危"②。

在中法战争爆发前夕的一八八三年四月,清政府命李鸿章前往广州督办抗法事宜,李鸿章对此大为恼火:"若以鄙人素尚知兵,则白头戍边,未免以珠弹雀。枢府调度如此轻率,殊为寒心!"③左宗棠则一再请求亲赴越桂前线督师,他挺起胸向清政府说:"不效,则请治臣之罪以谢天下。"④

左宗棠在保卫祖国领土主权的问题上,"烈士暮年,壮心未已"。随

---

① 左宗棠:《答李筱轩侍御》,载《左文襄公全集·书牍》(卷十五),光绪十六年版,第59页。
② 李鸿章:《复丁稚璜宫保光绪六年三月初一日》,载《李文忠公全书·朋僚函稿》(卷十九),第14页。
③ 李鸿章:《复张篑斋署副宪光绪九年六月十三日》,载《李文忠公全书·朋僚函稿》(卷二十),第43页。
④ 左宗棠:《时务说帖》,载《左文襄公全集·说帖》,第5页。

着洋务运动的发展，军备武器有所改善，而李鸿章在中外交涉中事事处处觍颜妥协。他们两人为什么会有如此区别？

李鸿章在"求富"的幌子下办理民用企业时，排挤打击民族工商业不遗余力。但左宗棠却提出了"为政首在利民，民既利矣，国必与焉"，反对企业官办的方针。他说企业官办，"弊多利少"，提倡企业商办，甚至把发展民族工商业作为抵制外国经济侵略，挽回国家利权的重要手段，在很大程度上维护了民族工商业的利益。他们两人为什么会有如此差异？

如上所说，左宗棠在对待外国侵略、办理军事工业与民用企业等问题上的态度与立场等，与李鸿章截然相反。这并不是由于他们两人个性不同。分析、比较他们的所作所为，可以看出，归根结底，根源在于他们两人的阶级地位有异。左宗棠是地主阶级改革派，他继承和发展了林则徐、魏源等的强烈的爱国思想。李鸿章是大地主，大买办阶级利益的代理人，在师承上，他继承了曾国藩崇奉理学，恐洋媚外，贪禄保位的衣钵。毛泽东同志指出："在经济落后的半殖民地的中国，地主阶级和买办阶级完全是国际资产阶级的附庸，其生存和发展，是附属于帝国主义的。……特别是大地主阶级和大买办阶级，他们始终站在帝国主义一边，是极端的反革命派。"[①]这伙大地主、大买办、大军阀、大官僚，在清政府内部组成了一个卖国贼营垒，"在他们面前没有什么当不当亡国奴的问题，他们已经撤去了民族的界线，他们的利益同帝国主义的利益是不可分离的"[②]，他们的重要头子便是李鸿章。但是，事物是一分为二的。有投降派，便有抵抗派。清政府统治集团不是铁板一块，在一定的条件下，必然要破裂，发生分化。当中外民族矛盾不断上升为社会的主要矛盾，并居于支配地位时，国内的阶级关系改变了。地主阶级改革派

[①] 毛泽东：《中国社会各阶级的分析》，载《毛泽东选集》（一卷本），1971年版，第3—4页。

[②] 毛泽东：《论反对日本帝国主义的策略》，载《毛泽东选集》，第130页。

左宗棠正是在民族矛盾日益上升、激化的情况下，从封建统治集团中分化出来的爱国人物。

在帝国主义列强瓜分豆剖，国家、民族危急存亡之秋，左宗棠要求洗雪国耻，坚持反投降、反侵略斗争，堪与林则徐媲美，而他投入反投降、反卖国、反侵略斗争的精力与心血，道路的艰难曲折，以及其反侵略的功绩，则超过了林则徐。

毛泽东同志指出："帝国主义和中华民族的矛盾，封建主义和人民大众的矛盾，这些就是近代中国社会的主要矛盾，当然还有别的矛盾，例如资产阶级和无产阶级的矛盾，反动统治阶级内部的矛盾，而帝国主义和中华民族的矛盾，乃是各种矛盾中的最主要的矛盾。"[①] 左宗棠年逾花甲，指挥西征军收复南疆，为了收回伊犁，他仆仆风尘，奔驰于甘肃、新疆道上，进驻哈密，部署抗俄军事。一八八五年，他以七十四岁高龄，自北京前往福建，千里奔波，坐镇福州，指挥抗法军事，巡视于闽江口砾石纵横的要塞。在中法战争福建前线余烬未熄的时刻，左宗棠撒手尘寰，为祖国人民的反帝斗争，"鞠躬尽瘁，死而后已"。

一九三九年，毛泽东同志在《中国革命和中国共产党》一书中指出："中国人民，百年以来，不屈不挠、再接再厉的英勇斗争，使得帝国主义至今不能灭亡中国，也永远不能灭亡中国。"[②] 英勇的中国各族人民，用自己的生命和鲜血建立起来的伟大反帝勋业的丰碑上，镌刻着许多反帝英雄人物金光闪耀的姓名。这中间应否镌刻上西征军统帅、中俄伊犁交涉和中法战争中抵抗派的首领左宗棠的姓名？我认为，答案应是肯定的。

左宗棠的政治活动，横跨十九世纪五十到八十年代，在这三十多年中，中国经历了阶级的革命战争与民族的革命战争的惊涛骇浪。不是风

---

① 毛泽东：《中国革命和中国共产党》，载《毛泽东选集》，第594页。
② 毛泽东：《中国革命和中国共产党》，载《毛泽东选集》，第595页。

浪把左宗棠颠簸到这儿、那儿，而是他地主阶级改革派的阶级地位，特别是他强烈的爱国思想，决定了他干这、干那。他一生的政治活动，对中国近代史的影响很大，左宗棠是一个值得研究、探讨，给予重新评价的历史人物。笔者拟就左宗棠一生的政治、军事、经济活动，结合当时的具体情况，加以考察、比较、分析，来回答以上提出的几个"为什么"，借以抛砖引玉。

笔者水平低下，而左宗棠又是一个比较难以评价的历史人物，拙著无论在理论上或史料的运用上，错误一定很多，谨请大家批评指正。

董蔡时

一九八二年十月二十五日于苏州

目　录

前言 …………………………………………………………………001

第一章　以龚自珍、林则徐为代表的地主阶级改革派的崛起 …………001

第二章　左宗棠地主阶级改革派思想的逐渐形成 ………………010
　一、家境中落，入赘周家 ………………………………………012
　二、读书侧重"经世致用"，地主阶级改革派思想逐渐形成 …014
　三、鸦片战争时期坚持爱国，反对投降 ………………………024

第三章　农民军的鲜血染红了翎顶 ………………………………031
　一、"左师爷"当帮凶，揽权跋扈 ………………………………032
　二、镇压农民起义，心狠手辣 …………………………………037

第四章　在洋务运动中独树一帜 …………………………………044
　一、北京政变和洋务运动的兴起 ………………………………046
　二、"师夷长技以制夷"，左宗棠创办福州船政局 ……………053
　三、谴责曾国藩等办理天津教案时崇洋媚外，"空言自强" …064

第五章　新疆危急声中的"塞防"与"海防"之争 ………………070
　一、新疆自古以来是中国的领土，沙俄帝国主义侵占中国西部
　　　大片领土 ……………………………………………………073

二、阿古柏匪帮侵占南疆，俄占伊犁，新疆危急 …………… 077

三、"塞防"与"海防"之争，是爱国与卖国之争 …………… 086

四、边疆危急声中，左宗棠对李鸿章签订《中英烟台条约》的批判 ……………………………………………………………… 096

第六章　征讨阿古柏匪帮的艰苦准备 ………………………… 101

一、筹组西征军，整军经武 …………………………………… 102

二、排除干扰，筹措西征饷银 ………………………………… 109

三、万里转输，积储粮秣 ……………………………………… 119

四、建立兰州机器局，为西征军修造枪炮 …………………… 129

第七章　征讨阿古柏匪帮的辉煌胜利 ………………………… 132

一、"缓进急战"，收复乌鲁木齐 …………………………… 133

二、义正辞严，粉碎英国肢解新疆的阴谋 …………………… 142

三、连克达坂、吐鲁番、托克逊，全歼阿古柏匪帮主力 …… 145

四、郭嵩焘为虎作伥，左宗棠严斥英国侵略者 ……………… 155

五、全歼阿古柏匪帮，收拾金瓯一片 ………………………… 159

六、征讨阿古柏匪帮获胜的原因 ……………………………… 173

第八章　坚持收回伊犁的爱国斗争 …………………………… 182

一、中俄伊犁交涉过程中的反卖国、反侵略斗争，爱国力量的空前集结 ……………………………………………………… 184

二、痛剿余孽，准备抗俄 ……………………………………… 195

三、曾纪泽使俄重开谈判，伊犁地区回到祖国怀抱 ………… 199

四、左宗棠调京供职，兵权被削除 …………………………… 206

第九章　新疆开置行省 ·············· 210
一、恢复生产，加强经济、政治、军事建设 ·············· 213
二、一再奏陈利害关系，新疆开置行省 ·············· 223

第十章　在中法战争中的反投降、反侵略斗争 ·············· 232
一、反对李鸿章对法妥协投降，爱国力量的第二次集结 ·············· 233
二、整顿江海防务，准备打仗 ·············· 243
三、坐镇福州，指挥抗法军事 ·············· 250
四、"春蚕到死丝方尽"，左宗棠撒手尘寰 ·············· 255

第十一章　左宗棠晚年思想的变化发展 ·············· 260

结束语 ·············· 267

附录一　大事简记 ·············· 277

附录二　译名对照表（以笔画为序） ·············· 293

第一章 以龚自珍、林则徐为代表的地主阶级改革派的崛起

乾隆（1736—1795）以后，封建剥削愈加残酷，租额高，捐税重，吏治败坏，苛政猛于虎，农民以至中、小地主不断破产，土地集中到了大官僚、大地主的手中。乾隆后期，宠臣和珅当政二十年，搜刮到的家产共合白银十万万两（其中包括土地八千顷），超过他当政期间清政府财政收入的百分之五十以上。①《啸亭杂录续录》载：乾隆年间，"海内殷富，素封之家，比户相望，实有胜于前代，京师如米贾祝氏……宛平查氏、盛氏……怀柔郝氏，膏腴万顷……纯皇帝驻跸其家，进奉上方水陆珍错至百余品，一日之餐，费至十余万云。"②这是一个"朱门酒肉臭，路有冻死骨"，阴森恐怖的社会。农民群众迫于租，迫于税，迫于苛政，难以活命，遂起而反抗。康熙（1662—1722）、乾隆年间，全国各族人民的反抗斗争，连绵不断，此伏彼起，终于在一七九六年爆发了规模巨大的川楚白莲教农民大起义，波及五省，历时九年。清政府费银二亿两，才将这次起义镇压下去。③

道光（1821—1850）初年，西北边疆发生了严重的危机。一七五九

---

① 薛福成：《查抄和珅住宅花园清单》，载《庸庵笔记》（卷三），光绪丁酉版，第10—18页。

② 昭梿：《本朝富民之多》，载《啸亭杂录续录》（卷二），中华书局1980年版，第434页。

③ 董蔡时：《试论川楚白莲教农民大起义》，载《文史哲》，1958年7月号。

年乾隆帝戡定南疆时，叛乱头领大和卓木等的子孙亡命浩罕。一八二〇年，大和卓木的孙子叛国逆匪张格尔，在英国侵略者的唆使下，率领叛军，窜入南疆。一八二六年，攻陷喀什噶尔、英吉沙尔、叶尔羌、和阗等城。清政府从内地调兵征饷，派兵前往讨伐，翌年十二月敉平了这次叛乱。但这时，沙俄的势力不断向东扩张，英国与沙俄对中国的新疆虎视眈眈，隐患潜伏。

嘉庆（1796—1820）、道光年间，广东沿海的"夷患"日趋猖獗，特别是鸦片走私变本加厉。英国是一个老牌资本主义国家，随着它的工业发展，在世界范围内到处殖民，到处掠夺。十八世纪中叶，它在印度的殖民统治站稳脚跟后，便把侵略魔掌伸向东方。一七九二年，英国派遣特使马戛尔尼前来中国，翌年觐见乾隆帝，要求中国割地、开辟通商口岸，允许英国使臣驻京等[①]，乾隆帝理所当然地拒绝了这些无理要求。一八一六年，英国再次派遣使臣前来中国，仍旧一无所获而返。在此前后，英国兵船在广东沿海进行武装挑衅。一八〇八年，英国兵船强占澳门达三月之久。一八二一年，英国海军炮击广东新安县农村。[②]与此同时，英国加紧对华鸦片走私，以致中国烟毒泛滥，白银外流，银昂钱贱，加深了中国的社会危机，使整个中国社会动荡不安起来了。当时，中国的社会政治、边防海防险象环生。而在中国的文化思想领域里，在清政府的高压政策和程朱理学的笼罩下，听不到关心国家大事的呼声，出现了"万马齐喑究可哀"的沉闷局面。

康熙、乾隆年间，为了巩固封建统治，统治者声嘶力竭地宣扬程朱理学，规定八股试帖用朱注，同时大兴文字狱，摧残人们的自由意志与反抗精神。于是，封建社会的知识分子，成年累月地攻读四书五经，学八股，"日事占毕声病"，力争中举入学。另一方面，为了避祸，有的学

[①] 马戛尔尼著，刘复译：《乾隆英使觐见记》，中华书局1916年版。

[②] 赵尔巽等：《清史稿·邦交志》（第十六册，卷一百五十四），中华书局1977年版，第4516页。

者在名物训诂上狠下功夫，往故纸堆里钻，闭门不问窗外事。文化思想领域里，宛如一潭死水，臭气逼人。

白莲教、天理教农民起义的风暴，使得清封建王朝风雨飘摇，封建统治者惊恐万状，嘉庆帝接连颁发《遇变罪己诏》《朱笔尽心竭力仰报天恩谕》《朱笔报天恩肃清吏治修武备谕》《御制致变之源说》《御制实政论》《御制实心行政说》等[①]，这表明封建统治者真正发现了王朝的危机，一派惊慌。无如政治腐败已成痼疾，积重难返。嘉庆、道光年间，政治继续恶化，抱残守缺，不求进取，横征暴敛，民不聊生。清封建王朝正像《红楼梦》里的贾家一样，逐渐呈现出"树倒猢狲散"的末世景象。

尖锐的阶级矛盾与中华民族同外国资本主义侵略者之间的民族矛盾相交织，使中国出现了一个空前剧烈的动荡时代，但清政府却依然因循敷衍，苟且偷安。面对这种前所未有的形势，要求进步的人们忧心忡忡，在思考王朝、国家的前途与命运，其代表人物是龚自珍（1792—1841）、魏源（1794—1857）和林则徐（1785—1850）等。

青年知识分子，一般说来，比较敏感、大胆，有正义感，关心国家政治。他们有胆略，有识见，针对时弊，揭露社会的黑暗，抨击朝政。龚自珍说：社会上充满着贪官污吏，他们就如那吃人血肉的熊罴豺狼蚤蝨蚊虻。整个社会像一个大商市，店肆林立，有的叫卖奇装异服，有的贩卖鸦片或古董玩物；也有的开设买官求爵之肆、假冒圣贤贩卖仁义之肆、妇女卖淫之肆，都想掠夺人家的财富。土地集中在无德无能的人们手中，贫富不均，"贫相轧，富相耀，贫者贴，富者安，贫者日愈倾，富者日愈壅。……不祥之气，郁于天地之间，郁之久，乃必发为兵燹，为

[①] 《清仁宗实录》（卷二百七十四），第7—9页；（卷二百八十一），影印本，第18—19页。

疫疠，生民噍类，靡有孑遗，人畜悲痛，鬼神思变置"①。他好像听到了农民起义风暴来临的迅雷，"山中之民，有大音声起，天地为之钟鼓，神人为之波涛矣"②。他认为清朝已经到了"日之将夕，悲风骤至，人思灯烛，惨惨目光，汲饮莫气，与梦为邻"的黄昏时候。③时代在转换，形势在变化。他大声疾呼读书是为了"经世致用"，大家要关心时事，"探世变者圣之至也"。他认为："一祖之法无不敝"，"穷则变，变则通，通则久"，清朝不应该照老路走下去，现在已经到了非改革政治不可的时候了。

龚自珍、魏源和林则徐，他们的阅历和社会政治地位虽然不同，但是，他们各自从自己的角度提出政治要求，形成了地主阶级改革派。他们的政治要求，概括起来，主要有如下数端：

要求改变治道，图谋富国强兵。龚自珍向"王统"挑战大胆地提出："王统以儒、墨进天下之言，霸统以法家进天下之言"，读书人必须善于分辨"王霸之异天"，进退于王霸之统。④他借王霸之辨，希望清政府掺用"霸统"，所以，他在诗文中不止一次地说："儒但九流一，魁儒安足为。"⑤"后代儒益尊，儒者颜益厚。"⑥孔丘一贯崇奉、鼓吹周道，龚自珍却视之甚轻，愤怒地说："呜呼！周道不可得而见矣，阶孔子之道求周道，得其宪章文武者何事？梦周公者何心？吾从周道者何学？"⑦他慨叹道：

---

① 龚自珍：《平均篇》，载《龚自珍全集》（上册），中华书局1959年版，第78页。
② 龚自珍：《尊隐》，载《龚自珍全集》（上册），第88页。
③ 龚自珍：《尊隐》，载《龚自珍全集》（上册），第87页。
④ 龚自珍：《壬癸之际胎观第三》，载《龚自珍全集》（上册），第15页。
⑤ 龚自珍：《题梵册》，载《龚自珍全集》（下册），第506页。
⑥ 龚自珍：《自春徂秋，偶有所触，拉杂书之，漫不诠次，得十五首》，载《龚自珍全集》（下册），第487页。
⑦ 龚自珍：《古史钩沉论二》，载《龚自珍全集》（上册），第25页。

不论盐铁不筹河，独倚东南涕泪多。

国赋三升民一斗，屠牛那不胜栽禾。①

他认为这种局面必须改变，因为"土广而谷众，足以芘其子"，才谈得上礼乐刑法。"未富而讳言利，是谓迂图，顾往往救时之相，功在厚生，而名世黜其书，以为治功仅得其半者，何也？未富而耻言财，允为过计，顾往往杂霸之主，才能裕国，而儒生议其后，窃谓经术未尝闻者。"②

魏源呼应龚自珍的观点，抨击清政府在空喊王道的面纱下，不务富国强兵的实政，他斥责说："自古有不王道之富强，无不富强之王道。"为政"无非以足食足兵为治天下之具……后儒特因孟子义利王伯（同霸）之辩，遂以兵食归之五伯，讳而不言……国富强而法立，使其口心性，躬礼义，动言万物一体，而民瘼之不求……国计边防之不问……上不足制国用，外不足靖疆圉，下不足苏民困，举平日胞与民物（张载《西铭》有'民吾同胞，物吾与也'，意即老百姓都是我的同胞，万物皆我同类）之空谈，至此无一事可效诸民物，天下亦安用此无用之王道哉"。③

要求改革选拔人才的科举制度。长期以来，在以四书五经为准则的八股取士的科举制度下，知识分子成日哼哼唧唧，讽诵四书五经，"鄙弃农事"。考试时种种舞弊，习为惯常，士人之廉耻，"犹远在娼、窃之下"④。他们写文章，"如醉如寝以言"。一旦考取举人、进士，"出而为

---

① 龚自珍：《己亥杂诗》，载《龚自珍全集》（下册），第521页。
② 吴昌绶编：《定庵先生年谱》，载《龚自珍全集》（下册），第600页。
③ 魏源：《默觚下·治篇一》，载《古微堂集》（卷三），淮南书局光绪四年版，第2—3页。
④ 包世臣：《读律说上》，载《安吴四种》（卷三十一上），光绪十四年版，第3页。

吏，牟侵所及，大略农民尤受其害"①。守令得缺，"先问一岁之陋规若何？属员之馈遗若何？钱粮税务之赢余若何？"几经盘算，有利可图，才肯走马上任。②不仅如此，政府还循资格用人。社会上听到的是百姓的诅咒，听不到正义的呼声，天地间呼吸不到新鲜的空气，这是多么令人窒息沉闷的世界啊！龚自珍用诗抒发了积郁在心中的愤怒：

九州生气恃风雷，万马齐喑究可哀。
我劝天公重抖擞，不拘一格降人材。③

他批判那些凭资格而窃据高位的老官僚说：他们"齿发固已老矣，精神固已疲矣，虽有耆寿之德，老成之典型，亦足以示新进，然而因阅历而审顾，因审顾而退葸，因退葸而尸玩。仕久而恋其籍，年高而顾其子孙，傫然终日，不肯自请去"④。国家万一有事，将何以得了！

要求加强西北边防。嘉庆、道光年间，西北边疆的防御力量薄弱，边疆大吏昏庸腐败，边陲形势不稳。西北边疆情势，是一个比较敏感的问题。因此，一些忧国之士，开始研究边疆地理、历史，蔚然成风。与龚自珍同时代的进步学者如蒋湘南、包世臣、魏源、徐松、何秋涛、张穆等，"皆经学兼经济舆地学家"⑤。魏源在《定庵文录叙》中赞誉龚自珍"于史长西北舆地"⑥。由研究西北边疆地理、历史和现状，龚自珍发现了新疆的危机，一八二〇年，写出了具有远见卓识的《西域置行省

---

① 包世臣：《庚辰杂著二》，载《安吴四种》（卷二十六），第2页。
② 洪亮吉：《守令篇》，载《倦施阁文甲集》，光绪三年受经堂版，第19—20页。
③ 龚自珍：《己亥杂诗》，载《龚自珍全集》（下册），第521页。
④ 龚自珍：《明良论二》、《明良论三》，载《龚自珍全集》（上册），第32—33页。
⑤ 徐世昌；《定庵学案》、《自斋学案》载《清儒学案》（卷一百五十八），第1页；（卷一百六十六），第1页。
⑥ 魏源：《定庵文录叙》，载《龚自珍全集》（下册），第633页。

议》。①有人反对,但他说:"五十年中言定验。"事实正是如此。十三年后,参加会试的落第举子左宗棠呼应龚自珍《西域置行省议》的倡议,五十多年后,还是这个落第举子左宗棠,手握西北兵符,经过经营、斗争和建议,使清政府在一八八四年明令宣布开置新疆行省,验证了龚自珍眼光的深邃。

强烈要求严禁鸦片,反抗侵略。林则徐,字元抚,一字少穆,福建侯官(福州)人,进士出身,历任编修、监察御史、道员、按察使、布政使、巡抚、总督。为官期间,他以地主阶级改革派的姿态,整饬吏治,整顿漕务、盐政,疏浚河道,重视荒政,"决狱平恕",搏击豪强,有"林青天"之称。他怀着强烈的爱国思想,高举禁烟大纛。

长期以来,英国侵略者对华进行可耻的鸦片贸易,一七七六年,英国对华输入鸦片两百箱,以后逐年递增,至一八三七年,猛增至三万九千箱。一股黑色的毒流,滔滔不绝地滚向中国,使中国的白银外溢,银贵钱贱,商业凋零,农村破产,影响清政府的财政收入,严重损害中国人民的健康。因此,在当时,广东的"夷患"是另一个比较敏感的问题。地主阶级改革派站到了时代的前列,龚自珍斥责鸦片是"食货之妖"。林则徐痛切指出鸦片烟为害极大,足以"贫民""弱种"。早在一八二三年,他在江苏按察使任内,便将开设烟馆者,列为"积蠹"之棍,命令"严密缉拿"②。一八三三年,在江苏巡抚任内,他上奏道光帝,肯定了银昂钱贱,是因鸦片输入,漏银外洋,并说他在江苏境内,已经严查洋船前来走私鸦片,如有文武官弁,胆敢受贿纵放,定然从严惩办。③林则徐吹响了时代的号角,预示着中国将掀起一场轰轰烈烈的爱国禁烟

---

① 龚自珍:《西域置行省议》,载《龚自珍全集》(上册),第105—112页。

② 林则徐:《致杨国翰》,载杨国桢编:《林则徐书简》,福建人民出版社1981年版,第9页。

③ 林则徐:《查议银昂钱贱除弊便民事宜由》,载中山大学历史系编:《林则徐集》(奏稿上),中华书局1963年版,第133—137页。

运动。一八三八年，黄爵滋上奏严禁鸦片，湖广总督林则徐紧紧跟上，在湖南、湖北实行禁烟，雷厉风行，其怙恶不悛者，死刑惩治。大官僚、大地主、大贵族惊惧万分，拼命反对。他们为什么反对？林则徐说："现任督抚，嗜烟者约占半数，若辈岂肯回扳石头压自脚？则阴持两端，模棱其辞，势所必然。"①包世臣说："沿海大户，皆以囤烟土为生，至以囤烟土之多寡，计家产之厚薄。"②这些大官僚、大地主等麋聚在腐朽昏庸、苟且偷安的清廷权贵首席军机大臣穆彰阿、直隶总督琦善的周围，结成了反禁烟派。龚自珍、魏源、黄爵滋等一致支持高举禁烟大纛的林则徐，他们由地主阶级改革派，转化成了爱国的禁烟派。后来，英国侵略者挑起了不义的鸦片战争，以林则徐为首的禁烟派转化为抵抗派，林则徐搞起抗英大旗，站到战火纷飞的前线，指挥千百万广东军民，抗击英国的侵略。当英国侵略者企图把殖民地、半殖民地的枷锁强加到中国人民的身上时，以林则徐为首的抵抗派发起禁烟运动，坚决投入反侵略战争。他们的爱国行动，既符合清王朝的利益，也符合国家民族的利益。

归结起来，地主阶级改革派思想的主要特点是：在维护清封建王朝的前提下，要求改革，图谋国家富强，要求严禁鸦片，反抗侵略，有着非常强烈的反侵略的爱国思想。而在关系到国家民族命运决战的关键时刻，他们思想的先进性质就更加显现出来。因此，他们的"昌昌大言"，振聋发聩，不胫而走，风靡全国。总的说来，他们的思想是爱国、忠君。

与他们同时，还存在着另一股政治势力，其代表人物是琦善、曾国藩等，这些人崇尚理学，贪禄保位，不识世界大势，害怕开罪外国侵略者引起战争，以致身家性命不保，他们的政治态度是忠君而不爱国。

左宗棠（1812—1885）正好生长在地主阶级改革派兴起，龚自珍、

---

① 林则徐：《与胞弟林元抡书》。转引自北京师院等：《近代中国史稿》（上册），人民出版社版1976年版，第18页。

② 包世臣：《致广东按察姚中丞书》，载《安吴四种》（卷三十五），第4页。

魏源、林则徐等的进步思想风靡全国的时代，阶级地位、科场失意、个人阅历与师友的影响等，使他具备了接受进步思想的可能，并终于转化为地主阶级改革派。在鸦片战争中，他很自然地站在抵抗派林则徐的一边，成为抗英派的一员。

第二章 左宗棠地主阶级改革派思想的逐渐形成

　　左宗棠一八一二年出生在一个日趋没落的小地主家庭，比林则徐小二十七岁，比龚自珍小二十岁，比曾国藩小一岁。他出生的第二年，天理教农民起义的革命风暴席卷华北，震动全国。起义虽然被清政府血腥地镇压下去，但是，全国各族人民的反抗斗争在继续。左宗棠十三岁那年，张格尔叛乱于新疆。与此同时，英国对华侵略在加紧。左宗棠十七岁那年（1828），江南的进步知识分子已经发现西方侵略者是祸害，惊呼"十年之后，患必中于江、浙，恐前明倭祸复见今日"[1]。左宗棠十九岁那年，据《鸦片事略》记载：这年，鸦片输入中国已达一万八千多箱。[2]

　　鸦片战争前夕，龚自珍等的进步思想早已传播全国，林则徐的改革行动，也名闻国内。浙江商人曹籀读了龚自珍的文章后，"尽弃向所学者，而好读定庵文不衰"[3]。与左宗棠同时代的学者河南蒋湘南在《春晖阁诗集》中说："生平服一龚。"在左宗棠成长的时代，政治思想敏感的人，可以依稀听到农民军铁马金戈的响声，仿佛看到英国兵舰纵横于南海的惊涛骇浪，和叛国逆匪张格尔在新疆跳梁的情状。鸦片烟的毒雾弥

---

[1] 包世臣：《答萧枚生书》，载《安吴四种》（卷三十五），第1页。
[2] 李圭：《鸦片事略》，载中国史学会主编中国近代史资料丛刊：《鸦片战争》（第六册），上海人民出版社1957年版，第150页。（以下引用该丛刊有关书籍，简称丛刊）
[3] 曹籀：《曹序》，载《龚自珍全集》（下册），第637页。

漫,使他们窒息得几乎喘不过气来。左宗棠看到了猛于虎的苛政和贫苦人民在饥饿、死亡线上踯躅的惨象。在这样一个沉沦没落、乌烟瘴气、政治黑暗的社会里,地主阶级改革派的进步思想,犹如闪电,在伸手不见五指的沉沉黑夜里,不时划破黑暗,放射出一道道的亮光,犹如惊雷,提醒迷路的夜行人切莫走错道路。左宗棠正是借着那时隐时现的闪电,辨清了道路,看清了前进方向的。

人生的道路总是迂回曲折的。像左宗棠这样的人物,可能成为一个刀笔吏,恶霸一方,也可能当一个塾师,老死于户牖之下。然而,他走的却是另一条道路,他生长在一个没落的小地主家庭,使他痛恨豪强恶霸和腐败的政治。"天下兴亡,匹夫有责",优秀的传统民族文化遗产,促使他奋发淬砺,沿着地主阶级改革派的进步思想摸索前进。在青壮年时期,他也读孔孟之书,但却用更多的时间去读"经世致用"的书籍。由关心国家的安危而研究探讨盐政、漕政与荒政,探讨中国和世界的地理、形势。科场失意,断绝了他向科举讨前程的念头,使他得以迈开脚步,集中精力去研究"经世致用"的学问。

研究一个人思想的形成,有些偶然因素也是值得注意的。左宗棠志高言大,过高估价自己,爱说大话;说大话时,连他的妻子周诒端都羞他的脸皮,规劝他。[①]当然,过高估价自己,说大话是不好的,但志高是难能可贵的。左宗棠第三次参加会试,考官已经把他列入了录取进士的名单,后来发现湖南多录取了一名,把他降为史馆誊录。史馆誊录坐几年冷板凳后,原可外放当个七品知县,但左宗棠却说:

……
君王爱壮臣非老,贫贱骄人我岂狂。
聊欲弦歌甘小僻,谁能台省待回翔。

---

① 左孝同:《左文襄公家书》(卷上),第41页。

　　　　五陵年少劳相忆，燕雀何知羡凤凰。①

他如果当了誊录、知县，也许就成就不了后半生的爱国事业。考不中进士，他回家做了塾师。二十九岁那年，他感到人生已经"半世"过去，叹息自己怀才不遇。不久，他用积蓄起来的束脩，在湘阴柳庄买了七十亩地，一边教书，一边指导雇工种茶、种竹、种桑，除种植水稻外，尽量发展副业，得到很多收入，几乎变成了一个经营地主。他很满意这种"耕读"生活，自号"湘上农人"。然而一八五二年以后，他的工作与生活发生了根本的变化。

一、家境中落，入赘周家

　　左宗棠的祖父左斐中，字松墅，国子监生，以教书为业。②父名观澜，字晏臣，一字春帆，县学廪膳生，子女六人。宗棠排行第六，字季高。左家世居湖南湘阴县左家塅，有田数十亩，可收租谷四十八石，是小地主。十口之家，要靠四十八石租谷过活，显然不可能，左观澜只得长年在外当塾师。在封建社会中，这种小地主家庭，是典型的所谓"耕读之家"。左宗棠从小跟他的祖父读书，左斐中去世后，跟他的父亲读书。他的祖父、父亲教育孩子既循循善诱，又严格管教。所以，左宗棠的文化知识基本功非常扎实，写的字也挺秀可爱。

　　嘉庆、道光年间，政治腐败，贿赂公行，官吏胥役鱼肉人民，豪绅地主武断乡曲。在这样豺狼成群的社会里，左观澜辛苦教书，以束脩贴补家用，但家庭经济仍每况愈下，依然窘困，又加嫁女、娶媳，父母、

----

① 左宗棠：《二十九岁自题小像》，载《左文襄公全集·诗》，第3页。
② 贺熙龄：《左斐中像赞》，载《寒香馆文钞·杂著》（卷一），道光二十八年版，第11页。

长子先后亡故，家境就更加清贫了。左宗棠是在这样的家庭中成长起来的。他回忆自己青少年时代家庭经济的拮据情况说：我的母亲生下我后，奶水不足，请不起奶妈，我母"嚼米为汁"，喂养婴儿，婴儿日夜啼哭，"脐突出"，直到我年老发胖，"腹大而脐不深"。"我母尝言育我之艰，嚼米汁之苦，至今每一念及，犹如闻其声也。"①有一年大旱，米珠薪桂，左家以糠屑充饥。一八二七年，左宗棠之母病重，医嘱须用人参，其父借债买参。母死以后，其父又借债殡葬。医药费、殡葬费等共计欠债二百余两，直到左宗棠入赘周家后，才清偿这笔债务。他曾写了一首诗，追念他父母在世时家境清寒的情景：

　　十数年来一鲜民，孤雏断肠是黄昏。
　　砚田终岁营儿脯，糠屑经时当夕飧。
　　五鼎纵能隆墓祭，只鸡终不逮亲存。
　　乾坤忧痛何时毕，忍属儿孙咬菜根。②

一八三〇年，左宗棠的父亲一病不起，左家的栋梁摧折，呼啦啦大厦将倾，家境一落千丈。这时，湖南巡抚吴荣光创设湘水校经堂"课士"，左宗棠因在学成绩优异，"幸得膏火（具有奖学金性质的生活补助）以佐食"。左家本是十口之家，父母双亡，长兄夭折，姊姊出嫁，只剩下他与二哥左宗植两人，又且生活困难。一八三一年，左宗植谋食他乡，客游武昌，左宗棠感到身世悲凉，作诗寄赠宗植：

　　……
　　嗟予少凿祜，孤露唯君依。

---

① 左孝同：《左文襄公家书》（卷上），上海聚珍仿宋印书局版，第55页。
② 左宗棠：《自题小像八首》，载《左文襄公全集·诗集》，第3页。又"砚田终岁营儿哺"句下注有："父授徒长沙，先后二十余年，非修脯无从为食。"

三年客邵陵，相见时亦稀。
贫居岂能久，谁复惜分离。
华颜苟无凋，白首终可期。
尘衣才一洗，忽复载行期。
江湖修阻远，我怀君岂知。
……
一家尽死丧，君我先人遗。
念兹并百忧，泣涕以涟洏。
……
故山有黄精，野间多蕨薇。
何当早归来，与君共锄檓[①]

他父亲在日，为左宗棠订下一门亲事，其岳父家在湘潭，很富有，大概是一个大地主家庭。其妻周诒端，字筠心，能文工诗，与左宗棠同年生。一八三二年，左宗棠二十一岁，因贫无所依，入赘周家。[②]在封建社会中，当赘婿是很不光彩的。

二、读书侧重"经世致用"，地主阶级改革派思想逐渐形成

左宗棠生长在尖锐的阶级矛盾与民族矛盾相交织，地主阶级改革派思想发生、发展的时代，他紧跟形势，从龚自珍、魏源等的思想中吸取营养，逐渐形成其地主阶级改革派的思想，站到时代的前列，其间是有

[①] 左宗棠：《辛卯仲兄客寄武昌送别后却寄》，载《左文襄公全集·诗集》，第1页。
[②] 左宗棠：《亡妻周夫人墓志铭》，载《左文襄公全集·文集》（卷三），第25页。

着极为艰苦曲折的过程的。

一八二六年，左宗棠十五岁，应童子试，翌年应府试，成绩优等，知府本来打算把他拔置冠军，因照顾某生年老，把他抑为第二。十八岁那年，他买到了《天下郡国利病书》和《读史方舆纪要》，"昕夕稽究，有所证发，辄手自条记"。别人笑他为无用之学，他一本正经地辩驳说：《读史方舆纪要》和《天下郡国利病书》是难得的好书。比如《方舆纪要》一书，其中"所载山川险要，战守机宜，瞭如指掌"。他进一步评论说："顾氏之书，考据颇多疏略，议论亦间欠酌，然熟于古今成败之迹，彼此之势。魏氏源言其多言取，而罕言守，言攻而不言防，乃抢攘策士之谈，此论甚谬。大凡山川形势，随时势为转移，至于取守攻防，则易地可通也。"这是他在地主阶级改革派影响下研究方舆之学的开始，反映出他读书的深思好问，不拘泥于本本的成说。

贺长龄，字耦耕，湖南善化（长沙）人，进士出身，历任庶吉士、编修、学政、知府、按察使、布政使、巡抚、总督等职，道光中曾邀魏源为他编辑《皇朝经世文编》。为官期间，比较注意政治的利弊得失。一八三一年，因母丧在籍守制，左宗棠慕名前往拜访，与贺长龄纵论天下大势，颇为契合，贺长龄赞许左宗棠为国士，慨允他遍借其所藏"官私图史"。还书时，贺"必问其所得，互相考订，孜孜誾誾，无稍厌倦"。[①]左宗棠接触到了典章制度和政治实际，他的视野扩大了，识见增长了。贺长龄提醒左宗棠说："天下方有乏才之叹，幸无苟且小就。"左宗棠的高傲自负，或许与达官名流的推重有关。高傲而目中无人，自负而刚愎自用，则成事不足，败事有余。但是，一个人没有个性，没有棱角，缺乏识见，庸人误事，也是无足取的。

贺熙龄，字蔗农，贺长龄弟，嘉庆九年（1804）进士，曾任编修、

[①] 左宗棠：《请将前云贵总督贺长龄事迹付史馆并准入祀湖南乡贤祠片光绪六年十月初五日》，载《左文襄公全集·奏稿》（卷五十七），第30页。

学政（提督某省学校）等职。著有《寒香馆诗文钞》，《诗文钞》中有《请惩吸食鸦片之官吏并查禁海口囤贩疏》[①]，贺熙龄是站在林则徐一边的禁烟派。"其教诸生，诱以义理经世之学，不专重制艺帖括"。左宗棠前往从游，获益匪浅。

一八三二年，左宗棠纳资为监生，应本省乡试，落选。乡试主考官礼科掌印给事中徐法绩，字熙庵，在落选的考卷中"搜遗，得六人"，宗棠居首。是科榜发，左宗棠中式第十八名举人，其二哥左宗植领解首。榜发前，左宗棠已入赘周家。

考中举人后，左宗棠眼里浮现出状元、进士的希望，兴冲冲地准备参加次年春天举行的会试。从湖南到北京，万里迢迢，非船即车，费用浩大，幸亏他妻子周诒端"出奁资百金治行"。这时，适逢他出嫁朱姓的大姊穷得没有饭吃，左宗棠把旅费百两全都送给了大姊。亲戚闻讯，又凑了一百两银子给他。他费了九牛二虎之力去北京赶考，结果名落孙山，考进士进入官场的希望，化成了泡影。以后，他心有不甘，在一八三五、一八三八年又两次去北京参加会试，都失败了。他发狠不再向科举制度讨前程。企图经营中、小地主的所谓耕读之家，同时，继续在"经世致用"的学问上下功夫。

如前所说，地主阶级改革派提倡"探世变者圣之至也"。"探世变"，首先须了解天下形势，因此，嘉道年间的地主阶级改革派等如龚自珍、魏源、张穆等，都擅长舆地之学。在这一思想的影响下，左宗棠从事"经世之学"，从研究舆地之学开始。会试失败回到湘潭后，左宗棠乞外姑西屋"别爨以居"，成日"键居西楼"，从事"方舆家言"，考察山、水的分布，疆域的沿革，城池的兴废，攻守的形势，探索绘制地图的原理。他在上贺熙龄书中说：既往书上绘制的地图，每多失实，引注亦多牵强，"位置乖舛，尤无足观"。现在我绘制地图时，力惩前失，先画疆

[①] 贺熙龄：《寒香馆文钞·奏疏》（卷七），第8—9页。

域界线，再根据各书的记载，填上有关文字，"方向转辗增窜，不求其安，譬犹凿趾以适其屦，诚不知其不可也"。目前正在夜以继日，拟先画中国全图，纵横九尺，全图画好后，再绘制分省图，图中画出各府，"左图右书"，详加说明，务使眉驻目晰，然后再由明而元，而宋，上溯至禹贡九州，"以此图为之本，以诸史为之证"。此项工作，费时费力，非短期所能完成，未知何时能了此宏愿，不过，我有志于此。①

左宗棠夫妻搭档，左宗棠画草图，周诒端为他影绘，整整画了一年。他回忆当年画图的情景说：画草图慢，影绘快，周诒端影绘得空，"危坐读史书，香炉茗椀，意度修然。每有未审，夫人随取架上某函某卷视余，十得八、九"。②当时，他写了副对联，抒发自己的豪情壮志：

身无半亩，心忧天下；
读破万卷，神交古人。③

一八三七年，左宗棠主讲醴陵的渌江书院，督责学生极严。安化陶澍总督两江，阅兵江西，请假回籍省墓，路过醴陵，知县为陶澍治馆舍，请左宗棠拟楹联。陶澍在两江总督任内整饬吏治，整理盐务、漕务等，有一定政绩，为左宗棠所钦佩。他拟的楹联是：

春殿语从容，廿载家山印心石在。
大江流日夜，八州子弟翘首公归。④

---

① 左宗棠：《上贺蔗农先生》，载《左文襄公全集·书牍》（卷一），第3页。
② 左宗棠：《亡妻周夫人墓志铭》，载《左文襄公全集·文集》（卷三），第25页。
③ 左宗棠：《左文襄伞全集·联语》，第1页。
④ 罗正钧：《左文襄公年谱》（卷一），光绪丁酉湘省学院街萃文堂刻本，第14页。

陶澍激赏此联，延请相见，"纵论古今"，目为奇才，"倾谈竟夕，与订交而别"。

一八三八年第三次会试失败后，左宗棠毅然决定不向科举讨前程，集中精力继续研究舆地，抄录《畿辅通志》、各省通志、《西域图志》，于山川、关隘、驿道远近，分门记录，抄录成数十巨册；又作舆地图说，于山川道里、疆域沿革外，条列历代兵事。他还分出一部分精力研究农书，水稻是他研究的对象，余如种树、栽茶、种桑、园艺果蔬、土壤性质，以至粪肥的施用等，也都成为他钻研的课题。他在住宅的周围种桑千株，劝家人养蚕缫丝。这个时期，他一方面满足于具有近代倾向的农业经营，研究"经世致用"的舆地之学等；另一方面，目击时事日非，自己怀才不遇，地无半亩，寄居岳父家，未免流露出满腹骚愁。二十九岁那年，他作诗自况说：

> 犹作儿童句读师，平生至此乍堪思。
> 学之为利我何有，壮不如人他可知。
> 蚕已过眠应作茧，鹊虽绕树未依枝。
> 回头廿九年间事，零落而今又一时。
> 锦不为韬自校量，无烦詹伊卜行藏。
> 君王爱壮臣非老，贫贱骄人我岂狂。
> 聊欲弦歌甘小僻，谁能台省待回翔。
> 五陵年少劳相忆，燕雀何知羡凤凰。
>
> 九年寄眷住湘潭，庑下栖迟赘客惭。
> 娇女七龄初学字，稚桑千本乍堪蚕。
> ……①

---

① 左宗棠：《左文襄公全集·诗集》，第3页。"聊欲弦歌甘小僻"句下，注有："史馆誊录积劳得叙，例与一令"。

周诒端比较满足于这种家庭生活,和诗劝他说:

　　清时贤俊无遗逸,此日溪山好退让。
　　树艺养蚕皆远略,由来王道重农桑。①

　　一八三九年陶澍死于两江任所,遗孤陶桄才九岁,财产那么多,孩子那么小,孤儿寡妇难以支撑门面,贺熙龄介绍左宗棠去陶家当塾师,实际上兼做"总管家"。他在安化陶家先后八年,读遍了陶澍所收藏的清代典章以及陶澍的奏疏、书札等,体察了一番官场世故与政治得失。胡林翼(字润芝,湖南益阳人,进士出身,与左宗棠同年生)是陶澍的女婿。左、胡二家本属世交,自左宗棠至陶家坐塾后,左、胡往还更密,遂成莫逆。

　　科场失意,怀才不遇的塾师生涯,探讨"经世致用"之学的个人努力,师友的影响等,使左宗棠的思想,愈来愈具有地主阶级改革派思想的特点,他特别关心祖国的安危。他年轻时写的《燕台杂感》和《名利说》,是反映他地主阶级改革派思想的典型作品。

　　一八三三年,左宗棠赴京参加会试,跋山涉水,跨越长江、黄河流域,看到了长江、洞庭湖洪水为患,饿殍载道,农村炊烟断绝的凄惨情景,又看到了京师的纸醉金迷。会试落第,"裘敝金尽",他经历了一番人情冷暖。人到落魄时,是消极颓丧,还是依然志气昂扬,很足以反映人的风格。当时左宗棠想到不久前出现张格尔叛乱的新疆的安危与广东的"夷患",百感交集,他的思想像一只无比雄健的苍鹰,飞出了个人的圈子,一会儿飞到了皑皑白雪的天山之顶,俯瞰祖国新疆的壮丽山河;一会儿盘旋在波涛汹涌的广东海域,怒视成百上千的鸦片趸船和耀武扬威的英国兵舰。他挥笔把自己的所思、所感、所忧、所愤,抒写成《燕

---

① 罗正钧:《左文襄公年谱》(卷一),第17页。

台杂感》的爱国诗篇，大有"天下兴亡，匹夫有责"的豪迈气概：

世事悠悠袖手看，谁将儒术策治安？
国无苛政贫犹赖，民有饥心抚亦难。
天下军储劳圣虑，升平弦管集诸官。
青衫不解谈时务，漫卷诗书一浩叹。

西域环兵不计年，当时立国重开边。
橐驼万里输官稻，砂碛千秋此石田。
置省尚烦他日策，兴屯宁费度支钱？
将军莫更纾愁眼，中原生计亦可怜。

南海明珠望已虚，承安宝货今何如？
攘输龆俗同头会，消息西戎是尾闾。
邾小可无惩匜毒，周兴还诵旅獒书。
试思表饵终何意？ 五岭关防未要疏。

湘春门外水连天，朝发家书益惘然。
陆海只今怀禹绩，阡庐如此想尧年。
客金愁数长安米，归计应无负郭田。
更忆荆沅南北路，荒村四载断炊烟。①

以上几首诗，概括起来，说明如下几个问题：

第一，左宗棠歌颂了乾隆年间戡定新疆，加强新疆军事、政治设施，巩固西北边陲的功绩。谴责了乾隆以后的边疆大吏，因循苟且，无

---

① 左宗棠：《左文襄公全集·诗集》，第1—2页。

所作为，不善经营，以致"橐驼万里输官稻，砂碛千秋此石田"。

自从一八二七年敉平张格尔叛乱后，要不要加强新疆军政建设，是当时国家大事中比较敏感的问题。昏庸腐朽的官僚主张放弃新疆。龚自珍严加驳斥，认为新疆"无尺寸可议弃之地"。早在一八二〇年，他写了《西域置行省议》，一八二九年又写了《安边绥远疏》，这两篇文章指出，乾隆时代戡定新疆后，设立了伊犁将军等管理新疆事务，但是仅乌鲁木齐以东地区设置郡县，其他地区治兵之官多，治民之官少，民政、财政大权基本上掌握在伯克手中。故应普设郡县，才谈得上开发新疆。新疆地广人稀，沃土多未开垦，宜移民实边，以收"以边安边"之效。①魏源赞同龚自珍的《西域置行省议》说：乾隆帝戡定新疆，《御制开惑论》力辟"地不足耕，人不足臣"之说，新疆的军、政建设，初具规模，西陲巩固，百数十年来，蒙古、京师高枕无忧，其利可见。可惜此后边庭将帅因循敷衍，军、政日趋窳劣，遂使隐患潜伏。为今之计，自宜"追天顺时，列亭嶂，置郡县"，使西陲永固。②鸦片战争前，左宗棠没有到过西北，但他研究了中国的舆地山川攻守形势，能从全国一盘棋的局面衡量新疆在西北地区战略上的重要性，因此，能呼应龚自珍的《西域置行省议》，写出具有政治远见的诗句："置省尚烦他日策，兴屯宁费度支钱？"

第二，嘉庆、道光年间，英国对华鸦片走私日益猖狂，并在广东沿海进行武装挑衅，对中国人民震动甚大，"江淮间见祸事将起，辄云：'闹西洋'，凡此朕兆，大为可虑。"③龚自珍在一八二〇年写了《罢

---

① 龚自珍：《西域置行省议》、《御试安边绥远疏》，载《龚自珍全集》（上册），第105—112页，第113—114页。

② 魏源：《乾隆荡平准部记》，载《圣武记》（卷四），第4页。《武事余记》，载《圣武记》（卷十三），光绪壬寅上海书局版，第32页。

③ 包世臣：《致广东按察姚中丞书》，载《安吴四种》（卷三十五），第5页。

番舶议》。①林则徐、魏源等无不以鸦片贸易为隐忧。这种新形势促使左宗棠涉猎世界地理、历史,他说:"凡唐、宋以来,史传别录及国朝志乘,载记官私各书有关海国故事者,每涉猎及之,粗悉梗概。"②因此,他能基本上从纵观世界形势出发,来衡量广东"夷患"的严重性,提出"五岭关防未要疏"的爱国主张。

第三,在封建社会中,发展社会经济,增加国家收入,主要依靠兴修水利,考究盐政、漕政、荒政的得失。林则徐为官时,对以上要政做出了卓越的成绩。龚自珍谴责清政府"不论盐铁不筹河"。左宗棠在赴京会试途中,看到了严重的水灾,破产的农村,载道的饥民,他脑海里掠过白莲教、天理教农民起义的阴影,写出了"国无苛政贫犹赖,民有饥心抚亦难","想尧年""怀禹绩"的诗句。他在第一次会试失败后的回湘途中,写信给徐法绩说:会试放榜,名落孙山,点检南归,"目睹时务之艰棘",当前要政莫如荒政、盐务、漕务、水利,回湘后打算研究这些问题,以副国家养士之恩,与老师对我期许之殷。③从以上几首诗,可以清晰地感受到左宗棠与地主阶级改革派的共鸣。

长期以来,程朱理学占据着绝对的统治地位,儒生们以天理、人性来解释人们的社会活动,空谈性理,讳于言利。如前所说,龚自珍指责当政者"未富而讳言利,是谓迂图"。魏源批判当政者因"孟子王伯义利之辩",讳于言利,高论仁义,结果是国弱民贫。社会上还流行着"劳心者治人""劳力者治于人",前者是君子,后者是小人的阶级偏见。事实上,科举制度下培养出来的儒生,也有人搞歪门邪道,吸吮民脂民膏。左宗棠针对时弊,在《名利说》中说:"天下圆顶方趾之民无算数,要其归有二,曰名也,曰利也。"从表面上看来有名、利两途,其实,说到

---

① 吴昌绶:《定庵先生年谱》,载《龚自珍全集》(下册),第604页。
② 左宗棠:《拟购机器雇洋匠试造轮船先陈大概情形折同治五年五月十三日》,载《左文襄公全集·奏稿》(卷十八),第1—2页。
③ 左宗棠:《上徐熙庵先生》,载《左文襄公全集·书牍》(卷一),第1页。

底，都是为了一个利字，"乌有所谓名者哉"。所谓名，有三种类型，有"文章之名""道德之名"和"一艺一技之名"。"以道德名者"，究竟是因他有道德而人们崇敬他，还是因他有名望而称颂他有道德呢？即使真有道德，而"以道德名者"，也终究免不了"或市于朝"，或"市于野"，依然是为了一个利字，只是他们不说为利而已。"以文章名者"，是"巧言令色"的人。他负文章的盛名，"招摇天下"，最后仍旧免不了"屈吾身以适他人之耳目，期得其值焉，不赢，则又顾而之他尔"，也离不开一个利字。"以一艺一技名者，其名细，今之君子不欲居"。他为"一艺一技名者"鸣不平说："吾益人而不厉乎人，尽吾力，食吾功焉，斯亦可矣"。要知道求利是人之恒情，一技一艺者求利，"有其具，农（包括中、小地主）之畔，工之器，商贾之肆，此以其财与力易之者"。反观"伎庸术劣，抑人街己以求自利者，何比比也。徇私灭公，适己自便，此皆宋儒谢氏所谓小人儒者也"。这些小人儒之获利，"不以其财，不以其力，以其廉耻易之者也"。《诗经》上说："不素餐兮，胡取禾三百廛兮？不狩不猎，胡瞻尔庭有悬貆兮？"①古人对不劳而获尚且骇怪，"今何以恬然若无足深诧，且相与睨而艳之，恤恤乎恐彼之不如耶？廉耻之道衰，嗜利之心竞"，令人寒心。②从《名利说》通篇文章的精神看，在他笔下最受赞扬的，不是"以道德名者""以文章名者"，而是那些中小地主、农民、商人、百工等，他在为他们争取应有的社会地位，提倡中小地主、农民、商人和百工技艺者的功利主义。

龚自珍反对"未富而讳言利"。魏源反对"孟子王伯义理之辩"，左宗棠从他们那里吸收了营养，加以发展，提出了《名利说》，与龚、魏的论述，颇有异曲同工之妙。后来他在西北从政期间，把《名利说》的精神运用到实践中去，发展成"为政先求利民，民既利矣，国必与焉"的

---

① 《诗经·伐檀》原诗为："……不稼不穑，胡取禾三百廛兮？不狩不猎，胡瞻尔庭有县貆兮？彼君子兮，不素餐兮！"……《名利说》中引文欠正确。
② 左宗棠：《名利说》，载《左文襄公全集·文集》（卷一），第1页。

思想①，影响到他办理民用企业的方针政策。（容后文讨论。）

左宗棠提出《名利说》，正是商品经济发展情况下的商品，货币关系在他头脑中的反映，而他在《名利说》中提倡中小地主、商人、农民、百工的功利主义，又反映了资本主义萌芽发展的要求。

归结起来，左宗棠的早年思想，从他研究方舆之学、农学，从他关心新疆建省、广东沿海的"夷患"，以及从他写的《燕台杂感》《名利说》等方面考察，是与地主阶级改革派的思想一脉相承的，和林则徐、龚自珍、魏源等一样，最突出的是他有着非常强烈的爱国思想，这从他在鸦片战争中的言行，是可以看得非常清楚的。

三、鸦片战争时期坚持爱国，反对投降

"判断一个人当然不是看他的声明，而是看他的行为，不是看他自称如何如何，而是看他做些什么和实际是怎样一个人。"②衡量一个历史人物，应该抓住关键性的历史事件，考察他的言论、行动，作为评价他的主要依据。第一次鸦片战争是鉴定左宗棠是否具有地主阶级改革派爱国特点的试金石。如果把他在战争期间的言行与曾国藩相比较，可以明显地看出，一个是坚定的爱国派，一个是彻底的投降派，形成尖锐的对照。

曾国藩（1811—1872），字涤生，号伯涵，湖南湘乡人，大地主家庭出身，比左宗棠大一岁，一八三八年考中进士，一八四二年在北京国史馆充编修。近代中国第一个不平等条约《南京条约》订立后，他写信给家中说："英夷在江南抚局已定，盖金陵为南北咽喉，逆夷既已扼吭而据

---

① 左宗棠：《署镇迪道周崇傅禀乌垣等处善后事宜并金巡检劣迹及捕蝻诸事由》，载《左文襄公全集·批札》（卷七），第10页。

② 恩格斯，《德国的革命和反革命》，载《马克思恩格斯选集》（第一卷），第579页。

要害，不得不权为和戎之策，以安民而息兵。去年逆夷在广东曾经就抚，共费去六百万两，此次之费，外间有言二千一百万者，又有言此项皆劝绅民捐输，不动帑藏者。……现在夷船已全数出海……自英夷滋扰，已历五年，将不知兵，兵不用命，于国威不无稍损。然此次议抚，实出于不得已，但使夷人从此永不犯边，四海宴然安堵，则以大事小，乐天之道，孰不以为上策哉。"①卖国条约订立后，他写信给家中说："海疆平定以来，政简人和，雍熙如旧。"②

三元里人民痛骂《中英江宁条约》"割地输金，开门揖盗"。曾国藩偏要把投降卖国美化为"以大事小，乐天之道"。条约订立后，清政府严禁民人议论战争的胜负得失，条约的短长，以至茶馆酒肆中都贴上"免谈时事"的招贴，"海疆之事，触喉转讳，绝口不提"，"俨有诗书偶语之禁"。"和议之后，都门仍复恬嬉，大有雨过忘雷之意。"③战后，清政府如此专制反动，昏庸腐朽，可是，曾国藩偏要为它涂脂抹粉，把投降卖国颠倒为"海疆平定"。把"雨过忘雷，文恬武嬉"，美化为"政简人和"。曾国藩是道地的投降派。

左宗棠与曾国藩恰恰相反，在战争期间，他关心战局形势的变化，他的喜怒哀乐随着军事斗争的胜负而变化。一八四〇年到一八四二年期间，他正在安化小淹陶澍的家中教书，山区偏僻，消息闭塞，只能从长沙贺熙龄的来信中得悉一些战争的情况。他的《上贺蔗农先生》书，集中反映了他的爱国思想与爱国活动。他提出的制敌之策，可以概括为下列几个方面：

第一，他为战争屡次挫败而愁愤，认为目前可虑的是敌人以数十艘战船，游弋无定，"牵制吾七省之兵，主客之势既反，劳逸之形顿

---

① 曾国藩：《致祖父母》，载《曾文正公六种·家书》（卷一），上海新文化书社民国二十三年版，第28页。

② 曾国藩：《致父母》，载《曾文正公六种·家书》（卷一），第36页。

③ 佚名：《软尘私议》，载丛刊：《鸦片战争》（第五册），第529页。

异……益饷调兵,劳费何极?是不待攻城掠地,而我先有坐困之势矣"。世界各国中以英国最强,而英国对中国"包藏祸心",由来已久。我军迭次失利,敌军将愈加猖狂。如欲制胜,必须持久,"非但不能急旦夕之功,而亦并不能求岁月之效,故今日情形所最急者,必在一省之力,足当一省之用",然后可以避免敌攻一处,全局震动,调兵征饷,疲于奔命。沿海各省应"练渔屯,设碉堡,简水卒,设水寨",讲求火器的应用,实行坚壁清野,断绝敌军的接济。只有这样,我国才能守能战,"为固守持久之谋"。①仔细披览魏源《海国图志》中的《筹海篇》《林则徐集》奏稿中的《密陈夷务不能歇手片》等,可以看出左宗棠的反侵略战略战术,与他们所见略同。

第二,他认为仗必须打下去。他说:论指挥战争,"目前人望"没有能超过林则徐的。"若荷殊恩",重新起复,事机犹可挽回。在战术上,宜在敌军"必经之道守之,设为重复之险",然后以"奇兵二路疾出其后",断其归路以击之。敌寇"所恃,专在火炮",这没有什么可怕,只要"能制其长",就能取胜。大致火炮利仰攻,不利俯击;利远击,不利近攻。为今之计,炮台、城垛目标大,可以暂时舍弃不顾,专守城根河岸,等到敌军进攻,逼近城根,我军"更番施放"炮火,消耗敌军,伏兵继起,"敌必疲惫",军火不济,必败无疑。总之,战争必须打下去,"英夷""率数十艇之众",竟战而胜我,我如卑辞求和,"遂使西人俱有轻中国之心,相率效尤而起",其将何以应之?②正如林则徐被撤职后上奏所说:长期以来,英国对华走私鸦片,对中国"早已包藏祸心"。战争不能歇手,须知"夷性无厌,得一步又进一步,若使威不能克,即恐患

---

① 左宗棠,《上贺蔗农先生》,载《左文襄公全集·书牍》(卷一),第10—11页。

② 左宗棠:《上贺蔗农先生》,载《左文襄公全集·书牍》(卷一),第19页。

无已时,且他国效尤,更不可不虑"①。在战争期间,左宗棠还写了料敌、定策、海屯、器械、用间、善后诸篇。②

第三,痛斥投降派穆彰阿,琦善之流求和卖国。他说:琦善"坚主和议,将恐国计遂坏伊手","一二庸臣一念比党阿顺之私,令天下事败坏至此"。他们夸耀敌军火器为向来所未有,无非"欺君罔上,以和要主,张贼势而慢军心"。③

他写信给在京任职谏官的好友黎光曙说:"进言须有次序,论事须察缓急……方今时事之坏,无过上下相蒙,贤奸失别。"这是病源所在,"非严主和玩寇之诛,诘纵兵失律之罪,则人心不耸,主威不振,正恐将来有土地而不能为守,有人民而不能为强,而国事乃不可复问矣"。后来,黎光曙三上奏牍,"力陈岛夷不可纵,疑议不足恃","弹主款大僚"。④

对战争前途,他念念在心,既痛恨权奸当道,爱国有罪,林则徐受到排挤打击,又悲愤于军事的一败涂地,而自己仅是一个草莽塾师,无能为力,感愤之余,他写了反对求降卖国,怀念抵抗派首领林则徐的诗篇:

> 爱水昏波尘大化,积时污俗企还淳。
> 兴周有诰拘朋饮,汉策元谋徙积薪。
> 一怒永维天下祜,三年终靖鬼方人。
> 和戎自昔非长算,为尔豺狼不可驯。

---

① 林则徐:《密陈夷务办理不能歇手片》,载中山大学历史系编:《林则徐集·奏稿中》,第884—885页。
② 罗正钧:《左文襄公年谱》(卷一),第19页。
③ 左宗棠:《上贺蔗农先生》,载《左文襄公全集·书牍》,卷一,第16—17页。
④ 左宗棠:《前江南道监察御史黎君墓志铭》,载《左文襄公全集·文集》(卷三),第22页。

司马忧边白发生，①岭南千里此长城。
英雄驾驭归神武，时事艰辛仗老成。
龙户舟横宵步水，虎关潮落晓归营。
书生岂有封侯想，为播天威佐太平。

王土孰容营狡窟，岩疆何意失雄台。
痴儿盍亦看蛙怒，愚鬼翻甘导虎来。
借剑愿先卿子贵，请缨长盼侍中才。
群公自有安攘略，漫说忧时到草莱。

海邦形势略能言，巨浸浮天界汉蕃。
西舶远逾狮子国，南溟雄倚虎头门。
纵无墨守终凭险，况幸羊来自触藩。
欲效边筹裨庙略，一尊山馆共谁论。②

在一派"海疆之事，触喉转讳"，"俨有诗书偶语之禁"的高压政策下，左宗棠对投降派口诛笔伐，对抵抗派钦仰歌颂，运用志同道合的朋友关系，推动御史黎光曙参劾投降派。他反对卖国，坚持爱国的民族立场是非常坚定的。以左宗棠与曾国藩相比较，可称贤、奸分明了。

一八三八年曾国藩考中进士后，奔走于权奸穆彰阿和以理学大师标榜的倭仁门下，青云直上，十年中间，由国史馆协修爬到了翰林院侍读、日讲起注官、殿试阅卷大臣、侍郎，官运亨通，飞黄腾达。他成年累月研究的是天理人性、三纲五常、"主敬"、"静坐"、"格物致知"。在

---

① 《周礼》有"夏官司马"，"帅其属而掌邦政，以佐王平邦国"。东汉初，刘秀以吴汉为大司马。司马主兵。林则徐有兵部尚书衔，故尊称司马。

② 左宗棠：《感事四首》，载《左文襄公全集·诗集》，第4—5页。

鸦片战争时期，他"格物""格"出了一个是非颠倒、敌我不分的"以大事小，乐天之道"的卖国理论，理学给他铸就了一副苟且偷安、崇洋卖国的媚骨。

就他们的阶级地位、政治地位、思想基础而论，左宗棠与曾国藩及其弟子李鸿章，有不同之处，也有相同之点。因为他们同属于地主阶级，他们都效忠于封建王朝，因此，在太平天国革命时期，他们站在同一个营垒，共同血腥镇压太平天国革命。但是，当民族矛盾逐渐上升为主要矛盾，居于支配地位，改变了国内的阶级关系时，地主阶级改革派就从封建统治营垒中分化出来，转化为爱国派。这是左宗棠在洋务运动中能独树一帜，在天津教案、征讨阿古柏匪帮、中俄伊犁交涉以及中法战争中，能与曾国藩、李鸿章展开针锋相对的反投降、反卖国斗争，掮起抗俄、抗法大旗的根本原因。

值得提出的是，左宗棠与林则徐的一段交往丰富了他的爱国思想，反映了他爱国思想的一个侧面。他是怎样见到林则徐的呢？

道光中叶，陶澍任两江总督，林则徐是他的下属，陶澍的女婿胡林翼客居督署，竭力向陶澍陈说林则徐办事精明果断，才气横溢。道光晚年，林则徐担任云贵总督；胡林翼在贵州当知府[①]，向林则徐推荐左宗棠做幕客。左宗棠对林则徐仰慕已久，想去云贵，但他已将女儿许配给陶桄为妻，翁婿之情，使他离不开陶家。他复信给胡林翼说：我从来赞佩少穆宫保[②]爱士之盛心，而你把我推荐给他的雅谊，亦非寻常可比。天下士粗识道理者，都知道敬慕林公。我蛰伏偏僻山乡，是无名之辈，林公无从知我。然而十数年来，听到师友对林公的赞誉，又看到陶澍与他的往还书信，以及陶澍私下记载的有关林公的笔记数则，更增加了我对林

---

① 郭嵩焘：《胡文忠公行状》，载胡林翼：《胡文忠公遗集》（卷首），光绪戊子著易堂版。

② 李元度《度国朝先正事略》中有《林则徐传》，载林则徐得太子太保衔，故称宫保。

公的认识。自"海上用兵以后，行河、出关、入关诸役，仆之心如月在林公左右也。忽而悲，忽而愤，忽而喜，尝自笑耳。尔来公行踪所至，而东南，而西北，而西南，行程且数万里，海波砂碛旌节，弓刀客之能从公游者，知复几人，乌知心神依倚，惘惘相随者，尚有山林枯槁未著客籍之一士哉"①。

一八四九年冬，林则徐从云南告病辞官回籍，路过长沙，招请左宗棠相见，会晤于湘江舟次，叙谈达旦，从鸦片战争扯到遣戍新疆，从抗英斗争到新疆屯垦"无所不及"。事后，左宗棠赞美林则徐说："宫保固天人也。"一八五〇年林则徐死后，他写了一副挽联悼念林则徐，其上联说："附公者不皆君子，间公者必是小人，忧国如家，二百余年遗直在。"②骂尽了对林则徐排挤打击与陷害的投降派穆彰阿之流。

鸦片战争失败后，他听说广东"枭徒白昼执杖，闯入省门，兵役莫敢诘"③。而且即如安化，"地当宝庆之冲，会匪烟枭潜滋已久，一旦蠢动，祸在门庭"④。他预感到中国将出现一个"天下大乱"的局面，特地选择了山谷深邃的青山梓木洞，在那里购买若干田地，准备邀约志同道合的中、小地主朋友，去梓木洞"避乱"自卫，表现出他顽固的地主立场。所以，一旦农民起义爆发，影响到地主阶级的根本利益时，他便完全有可能站到地主阶级一边去。

---

① 左宗棠：《答胡润之》，载《左文襄公全集·书牍》（卷一），第49—50页。
② 左宗棠：《左文襄公全集·联语》，第8页。
③ 左宗棠：《上贺蔗农先生》，载《左文襄公全集·书牍》（卷一），第20页。
④ 左宗棠：《上贺蔗农先生》，载《左文襄公全集·书牍》（卷一），第26页。

第三章　农民军的鲜血染红了翎顶

一八五〇年，洪秀全（1814—1864）在广西领导的农民起义军已由星星之火，渐成燎原之势。清政府发现了"心腹大患"，为了缓和满洲贵族与汉族地主官僚，特别是满洲贵族与鸦片战争中抵抗派的矛盾，调动地主阶级的一切力量对付农民起义军，一八五〇年十二月一日，咸丰帝[①]罢黜鸦片战争中的投降派首领穆彰阿，朱笔罪穆彰阿说：穆彰阿身任大学士，受累朝知遇之恩，"乃保位贪荣，妨贤病国。小忠小信，阴柔以售其奸；伪学伪才，揣摩以逢主意。从前夷务之兴，穆彰阿倾排异己……深堪痛恨，如达洪阿、姚莹……必欲陷之。……朕亲政之初，遇事模棱，缄口不言，迨数月后，渐施其伎俩……潘世恩等保林则徐，伊屡言林则徐柔弱病躯，不堪录用。及朕派林则徐驰往粤西剿办土匪，穆彰阿又屡言林则徐未知能去否？伪言荧惑，使朕不知外事，其罪实在于此。……着从宽革职，永不叙用"[②]。左宗棠，作为地主阶级改革派，当民族矛盾上升时，他坚定地投入反投降、反侵略斗争，但是，地主阶级改革派终究是地主阶级的组成部分，他们的阶级本性决定了他们在农民起义爆发后，将毫不犹豫地、顽固地站在农民起义军的敌对方面。因此，在太平天国革命时期，无论是满洲贵族、汉族大地主，或是地主阶级改革派；无论是鸦片战争中的投降派，抑或是抵抗派，都站到了同一个营垒，疯狂地镇压太平天国革命。曾国藩、李鸿章、琦善、林则徐、

[①] 咸丰帝，名奕詝，生于一八三一年，一八五〇年即位，死于一八六一年，庙号文宗。

[②]《清史列传》（卷四十），上海中华书局1928年版，第34—35页。

魏源、左宗棠等,正是在这种情况下,携起手来,搞起了大联合。曾国藩、左宗棠、李鸿章因绞杀太平天国革命,挽救了清朝的垂危统治,被地主阶级歌颂为"同治中兴"的功臣。他们踏着起义人民的枯骨,爬上了总督、巡抚的高位,用农民起义军的鲜血,染红了自己的翎顶。

一、"左师爷"当帮凶,揽权跋扈

第一次鸦片战争,以清政府签订丧权辱国的《南京条约》而结束,左宗棠不胜愤慨地说:"洋事即成和局,实意念所不到。市不可绝,则鸦片不可得禁,自此亿万斯年之天下,其奈之何!"①

清政府对外投降卖国,激起了人民群众的无比愤怒,给自己带来了严重危机。三元里广大人民群众痛斥清政府说:英国"贩卖鸦片,毒我生灵"。我国"特命公正廉明之林尚书"来粤查办,猛以济宽。英国"不知悔罪,竟尔肆逆称兵"。奸党"主和戎之议,启撤藩篱;乌云多蔽日之奸,甘为谬丑",以致三年以来,沿海粤、闽、浙、苏,受其荼毒,"据我土地,戕我文武,淫我妇女,掠我资财",乃竟"甘为城下之盟……奈何疆臣大帅,惜命如山,文吏武臣,畏犬如虎。不顾国愁民怨,遽行割地输金",无异"开门揖盗,启户迎狼"。②战后,清政府又进一步压制人民的反侵略斗争,以致"夷知畏民,而官不能用民,强民从夷,而民不服,借夷胁民,而民愈不服,甚至以其抗夷之念转而抗官"。③人民群众的革命刀锋转向了清政府。

---

① 左宗棠:《上贺蔗农先生》,载《左文襄公全集·书牍》(卷一),第22页。
② 不著撰人:《广东夷务事宜》,载丛刊:《鸦片战争》(第三册),第353—355页。
③ 一八四六年六月十日《退密斋主人致林则徐书》。转引自丁名楠:《帝国主义侵华史》,科学出版社1958年版,第77页。

战后，中国人民的头上压上了两座大山，残酷的双重压迫和剥削，使阶级矛盾迅速上升为社会的主要矛盾，农民领袖洪秀全高高举起农民起义的大旗，把成千上万的农民群众动员、组织起来。一八五一年一月十一日，终于在广西桂平县金田村爆发了震动中外的太平天国革命。在三年中间，天王洪秀全率领太平军打出广西，转进湖南，围攻长沙，挥师北上，攻占武昌，旋即以秋风扫落叶之势，水陆夹江东下，旌旗蔽日，吼声震天，清军望风披靡。一八五三年三月十九日，太平军一举攻克东南重镇金陵，改名天京，定为首都，建立了与清朝相对峙的农民革命政权。不久，太平天国领导当局以太平军主力溯江西征，战无不胜。一八五四年六月二十六日，太平军二克武昌，兵锋深入湘北，开辟了湖北、江西、安徽三省根据地。

太平天国革命爆发后，中国出现了一场农民阶级与地主阶级之间的生死搏斗，不同阶级的人们，无不为本阶级的利益奔走呼号，为本阶级的利益战斗。

一八四二年，林则徐谪戍新疆，一八四五年秋被赦免回京，以四、五品京堂候补。他在哈密旅次接到赦免命令后，悲喜交集，赋诗"述怀"：

> 飘泊天涯未身死，君恩曲贷荷戈人。
> 放归已是余生幸，起废难酬再造仁。
> 一唱刀环悲白发，重来辇毂恋红尘。
> 枯根也遇阳回候，曾见金门浩荡春。
> ……
> 雨露雷霆皆圣泽，关山冰雪此归程。
> 衔恩正对轮台月，照见征袍老泪横。[①]

[①] 林则徐：《乙巳子月六日伊吾旅次被命回京以四、五品京堂用，纪恩述怀》，载《云左山房诗钞》（卷八），光绪丙戌福州本宅藏版，第1页。

新疆平沙万里，他面对着轮台方向分外皎洁的月亮，免不了由赦免他的命令回想到鸦片战争中受到的陷害，由《南京条约》考虑到国家的前途，心中顿时泛起了各种复杂的矛盾思想，所以写出了"雨露雷霆皆圣泽"的诗句，表明他依靠清封建王朝的政治路线，是坚定不变的。遇赦后，他署理陕甘总督，不久，转任云贵总督。这时，权奸穆彰阿仍旧掌握中枢权要，因此，他对自己所受到的打击，始终耿耿于怀，宦情淡泊，态度消极，一八四九年，借口老病乞休。

一八五〇年，广西农民起义如火如荼。一八五〇年十月中旬，清政府命令林则徐为钦差大臣前往广西镇压农民起义军。为了巩固封建王朝的统治，奉命后，他随即抉病上道，走向前线，行至广东潮州府的普宁县病死。当农民阶级与地主阶级进行生死的阶级搏斗时，地主阶级分子包括地主阶级改革派在内，必然投到镇压农民起义军的营垒中去。林则徐是如此，撰写《圣武记》和《海国图志》的魏源也是如此。在太平天国革命时期，魏源在高邮当知州，擒斩起义农民，"伏莽遂尽"。[①]一八五二年，左宗棠也从梓木洞破门而出，投入了镇压太平军的行列。

太平天国革命爆发后，三年中间，太平军从广西打到南京，战无不胜，攻无不克。清政府因八旗、绿营兵所向败北，遂命"邻贼"各省举办团练，保固省境。一八五三年一月，命令在湖南湘乡原籍守制的吏部侍郎曾国藩帮同办理本省团练。曾国藩等一伙制造反革命舆论说：方今"鸟乱于上，鱼乱于下"，对起义农民只有"草剃而禽狝之"。有的叫嚣：此次"贼匪"声势浩大，"非叛国叛藩可以栖隐，非我杀贼，即贼杀我……立起图功，事尚可为"。[②]太平军进攻长沙时，湖南巡抚是张亮基（字石卿，举人出身，江苏铜山人），他在林则徐任云贵总督时，在云南

[①] 魏耆：《邵阳魏府君事略》，载丛刊：《鸦片战争》（第六册），第377—378页。
[②] 胡林翼：《致席研香宝田太守》，载《胡文忠公遗集·抚鄂书牍》（卷七十四），第1页。

任知府、按察使等职，与胡林翼意气相投。太平军进攻长沙的军事行动，使胡林翼寝食不安，他连忙把晓畅军事的左宗棠推荐给张亮基当幕客，并写信给避居青山梓木洞的左宗棠，劝他万勿推却，迅速出山。他说："设楚地沦于贼，柳家庄、梓木洞其独免乎？"①左宗棠本来把起义农民看作盗匪，②胡林翼的敦促，同乡好友郭嵩焘等的劝行，张亮基的"厚币礼请"，使他立即起程，在太平军进攻长沙的隆隆炮声中进入长沙城，为张亮基出谋划策，"主军事"。一八五三年，张亮基调任山东巡抚，左宗棠重又回到梓木洞，待机出山。

一八五三年春骆秉章（字箭门，广东花县人，进士出身）调任湖南巡抚。一八五四年春，他罗致左宗棠为机要幕客。③左宗棠初入骆幕，骆对他不甚信任，一年之后，对左宗棠的谋划献议，乃言听计从，"但主画诺而已"。④

左宗棠自恃才学高强，揽权好胜，后在骆秉章幕中，军、民政务，巨细一手经理。薛福成记载了那时左宗棠揽权跋扈的情况：据说骆秉章有了空闲时间，常到幕客那边去，左宗棠与幕客二三人慷慨论事，"证据古今，谈辩风生"。骆秉章不置可否，静听而已。"世传骆公一日闻辕门举炮，顾问何事。左右对曰：'左师爷发折报也'。骆公颔之。徐曰：'盍取折稿来一阅。'此虽或告者之过，然其专任左公可知。惟时楚人皆戏称左公曰左副都御史，盖以骆公不过右副都御史，而左公尚过之也。"⑤

左宗棠在骆秉章幕中，先后六年，干了许多坏事。

第一，协助骆秉章整饬吏治，斥退所谓"团练不力"的地方官员。

---

① 胡林翼：《致左季高》，载《胡文忠公遗集·宦黔书牍》（卷五十五），第8页。
② 左宗棠：《与胡润芝》，载《左文襄公全集·书牍》（卷五），第35页。
③ 左宗棠：《答郭筠仙侍郎》，载《左文襄公全集·书牍》（卷二十六），第25页。
④ 薛福成：《骆文忠公遗爱》，载《庸庵笔记》（卷二），光绪丁酉版，第22—23页。
⑤ 薛福成：《骆文忠公遗爱》，载《庸庵笔记》（卷二），第22—23页。

第二，协助骆秉章派兵镇压湖南省境内的地方农民军，巩固了湘军的基地——湖南省的统治。

第三，支持王鑫、蒋益澧、田兴恕、刘长佑等筹建或扩招湘军，有的开赴江西增援曾国藩部湘军，有的如蒋益澧、田兴恕等部进入广西或贵州等省，镇压地方农民军。

如果说曾国藩是跳在前台顽抗太平军的主凶，那么，左宗棠则是在幕后调兵遣将，筹集粮饷，出谋划策的帮凶。

封建统治阶级的内部，从来都是矛盾重重的。一八五九年下半年，永州镇总兵樊燮，因劣迹昭彰，声名恶劣，为骆秉章奏劾罢官。樊燮不服，上京控告，由此发生了闻名当时的樊燮京控案件。湖广总督官文素来不满左宗棠的所作所为，乘机"欲行构陷之计"。清政府命令官文密查，并说："如左宗棠有不法情事，可即就地正法。"当时，肃顺用事，左宗棠的同乡好友郭嵩焘听到这个消息后，托人求计于肃顺。肃顺说："必自内外臣工有疏保荐，余方能启齿。"[1]这时，郭嵩焘与潘祖荫同值南书房，潘乃上疏为左宗棠辩诬，指陈左宗棠在镇压太平军过程中的作用，至有"天下不可一日无湖南，湖南不可一日无左宗棠"[2]的措辞。肃顺顺水推舟，在咸丰帝前为左宗棠解围。[3]胡林翼、曾国藩也相继奏请起用左宗棠治军事。一八六〇年一月中旬，左宗棠结束了他的幕客生涯。同年秋天，他亲自率领由他一手组成、训练出来的湘军，走上了江西、皖南的前线。

---

[1] 薛福成：《肃顺推服楚贤》，载《庸庵笔记》（卷一），第22—23页。
[2] 左孝同：《左文襄公家书》（卷上），第40页。
[3] 薛福成：《肃顺推服楚贤》，载《庸庵笔记》（卷一），第22—23页。

二、镇压农民起义，心狠手辣

一八五五年，太平军三克武昌，石达开旋即挥师进击江西，攻取八府五十余州县，曾国藩被困南昌，如瓮中之鳖。正当革命形势大好的时候，太平天国天京领导集团内部爆发了令亲者痛、仇者快的争权夺利的斗争，结果东王杨秀清、燕王秦日纲等被杀，太平军数万名官兵遇难。一八五七年，翼王石达开分裂出走。太平天国元气损伤，军事形势急转直下。一八五六年十二月，曾国藩指挥湘军攻陷武昌。一八五八年续陷九江，扑犯安庆。

长江下游方面，自天京变乱以来，蚁聚丹阳的江南大营残兵败将，死灰复燃，和春、张国梁重建大营，加强了对天京的围攻，与江北清军的攻势桴鼓相应。为了摆脱长江上、下游两面受敌的困境，天王洪秀全调集陈玉成、李秀成等部主力，于一八六〇年夏二破江南大营。随即命令李秀成率军乘胜追击，挥师东征，席卷江苏①，开辟了苏福省根据地。

太平军攻克苏州后，清政府为了挽救东南危局，任命曾国藩为两江总督。七月中旬，曾国藩自宿松移军皖南祁门，窥伺苏福省。

开辟苏福省根据地后，太平军声势重振。天王命李秀成率军西进，命陈玉成率军回至安庆前线，猛攻湖北巡抚胡林翼指挥的湘军、楚军，长江南北两岸鏖战不休。太平军把曾国藩打得手忙脚乱。曾国藩急忙增兵调将，应付危局，左宗棠就是在这种情况下率领湘军来到江西的。

一八六〇年六月九日，清政府命兵部郎中左宗棠以四品京堂候补随同曾国藩襄办军务。左宗棠遵照曾国藩的指示，在长沙招兵买马，基本

---

① 赵尔巽等《清史稿·地理志》载，当时的江苏省辖有苏州、松江、镇江、常州四府和太仓直隶州，其苏北各府和江宁府，另设江宁布政使，直辖两江总督。见该书第八册，卷五十八，中华书局1997年版，第1992—1994页。

上按照湘军营制，成立新军四营、四总哨，每营官兵五百名，每总哨官兵三百二十余名；另外召集王鑫遗部一千余名①，由王鑫遗部骨干王开化总理全军营务，另以刘典、杨昌浚等襄办②，连同长佚在内，全军五千余名。在长沙金盆岭训练一个多月后，九月下旬，左宗棠统率王开化、刘典等从长沙出发，进向江西，增援曾国藩。

把左宗棠这支湘军摆在那里？曾国藩经过反复思考，认为：江西是两江总督的辖区，基本已为湘军所掌握，该省屏藩湖南、武昌，翼蔽安庆，又是湘军的重要饷源基地。而皖南从来是清军与太平军争战之地，太平军据有皖南，便打开了自由进出江西，支援安庆，威逼湖南、武昌的通道；反之，在曾国藩看来，他若占有皖南，既能屏蔽江西，更重要的是可以进窥宜兴、溧水、高淳。而徽州是皖南重镇，是四战之地。因此，他打算以左宗棠率领所部进驻徽州，以鲍超率部驻扎池州，以李元度驻守宁国。后来又改变主意，以李元度率军进驻徽州。十月二十八日，左宗棠率军进至乐平时，太平军连克旌德、宁国。十月九日，李世贤大败李元度，占领徽州，打乱了曾国藩的军事部署。曾国藩临时命令左宗棠以景德镇为巢穴，游击于乐平、景德镇一带，以保护祁门的饷道，兼防太平军从皖南攻入江西。③此后，左宗棠率军转战于江西、皖南的交界地区，牵制了李世贤部太平军，限制了太平军从皖南进入江西的军事行动。一八六一年九月五日，攻陷安庆，曾国藩移驻该城。同月下旬，李秀成率军挺进浙江，十月下旬，亲率劲旅围攻杭州。浙江巡抚王有龄在杭州被打得呼救不迭。

一八六一年十一月北京政变后，西太后开始专擅朝政，重用洋务派首领奕䜣（1833—1898），在镇压太平天国革命的前线，重用地方实力派，任命正在向洋务派转化的湘军头子两江总督曾国藩为钦差大臣，统

---

① 左宗棠：《答曾涤帅》，载《左文襄公全集·书牍》（卷五），第51页。
② 左宗棠：《答曾涤帅》，载《左文襄公全集·书牍》（卷五），第56页。
③ 曾国藩：《致澄侯弟》，载《曾文正公六种·家书》（卷三），第49页。

辖苏、浙、皖、赣四省军事，所有四省巡抚、提督、总兵以下文武各官悉归节制调遣，又命左宗棠速赴浙江剿办，该省提、镇以下各官均归调遣。

当王有龄在杭州围城中求援急如星火时，左宗棠勒兵浙赣边境观变。十二月二十九日，太平军攻克杭州，王有龄穷蹙自杀。清政府接受曾国藩的推荐，一八六二年一月二十三日，明令以左宗棠为浙江巡抚，奏调蒋益澧等部到浙增强兵力，以蒋益澧为浙江布政使。经过一番调兵遣将，三月上旬，左宗棠指挥所部湘军侵占遂安，逐步反扑衢州、金华，一八六三年三月下旬，扑犯富阳。与此同时，中英、中法混合武装自宁波向西窜犯，一八六三年三月，侵占绍兴，续陷萧山。由于中英、中法混合武装与左部湘军配合，浙东太平军陷入两面作战的被动态势，遂使左宗棠得以步步进逼，迫犯富阳。汪海洋指挥太平军坚守富阳，勇猛抗击敌军，左部湘军顿兵城下，徒然损兵折将。九月下旬，德克碑率中法混合武装"常捷军"开到富阳，归左宗棠指挥。依仗洋炮、洋枪，左宗棠于九月下旬攻陷富阳，移兵进犯杭州。

左宗棠自从就任浙江巡抚后，认为曾国藩用兵拙滞，对他的约束、控制过严，经常与曾国藩闹矛盾。清政府看准了这一点，拔擢左宗棠为闽浙总督。同年六月，江西巡抚沈葆桢觉得曾国藩的手臂太长，与曾国藩发生摩擦，站到了左宗棠一边。此后，左、沈结成了一个小集团，反对曾国藩的控制。西太后、奕䜣遂利用湘系内部派别的倾轧、斗争，来削弱曾国藩湘系的势力，从而操纵、控制这些鹰犬。

为了迅速绞杀太平天国革命，曾国藩加强了进攻部署。一八六二年四月，他派李鸿章率领淮军前往上海，勾结外国侵略者，组织了一支由淮军、"常胜军"等组成的中外联合武装。一八六三年一月，李鸿章以上海为基地，在英、法、美等国的支持下，全面进犯苏福省根据地。一八六二年五月，曾国荃率领湘军从安庆东下，进逼雨花台，围攻天京。再加上左宗棠率部入侵浙东，攻陷富阳，扑犯杭州，太平天国处于三面夹击之中，穷于应付，疲于奔命，完全陷入了消极防御被动挨打的局面。一八六三年十二月，苏州失守。一八六四年三月，左宗棠督军攻陷杭州。苏、杭陷敌，标志着苏浙根据地的瓦解。在太湖地区抗击中外反革命联合武装的太平军失却了回旋余地，侍王李世贤、康王汪海洋、听王陈炳文、忠二殿下李容发等部太平军不得不舍弃苏、浙，"就食江西"，终于出现了一八六四年七月十九日天京陷落的悲剧。天京陷落，标志着太平天国革命的失败。很明显，绞杀太平天国的是帝国主义列强支持的曾国藩所指挥的左宗棠、李鸿章、曾国荃部三大主力。

太平天国革命失败后，部分太平军如遵王赖文光、首王范汝增等部参加了捻军的斗争，捻军声势大振。清政府依靠李鸿章统率的淮军、左宗棠统率的湘军，经过三年内战，血葬了驰骋中原地区的捻军。

左宗棠在镇压农民起义军的过程中，心狠手辣。

他对农民起义军仇恨入骨。一八六一年春，他在江西景德镇、乐平一带与太平军作战时，曾截获太平天国文书。他说：文书中有"奉幼主圣诏，而无所谓天王，是洪逆已伏冥诛矣。惜未能碎尸万段，雪亿万生民之恨"。① 他批评曾国藩说："才略太欠，自入窘乡（指曾国藩移驻祁门，不得地理），恐终非戡乱之人。"叫嚣：我"要尽平生之心，轰烈做一场"。② 这是说只有他才略优长，堪胜"戡乱"之任。

作战时，左宗棠诡诈多端。一八六一年底，忠王李秀成挥军攻取杭州，不久略定浙江，建立了浙江根据地，与苏福省根据地连成一片。曾国藩惊呼："现在苏、浙两省膏腴之地，尽为贼有，窟穴已成，根柢已固……东南大局，收拾愈难。"③ 左宗棠却认为：太平军舍长江中游的安

---

① 左宗棠：《与郭意城》，载《左文襄公全集·书牍》（卷五），第61页。
② 左孝同：《左文襄公家书》（卷上），第9页。
③ 曾国藩：《浙省失守徽郡被围通筹全局折咸丰十一年十二月十八日》，载《曾文正公全集·奏稿》（卷十七），第42页。

庆地区，而"萃吴、越，大局顿有转机"。①一八六二年一月，左宗棠升任浙江巡抚后，他指挥所部湘军，冒着重大死伤，攻陷遂安，插入浙东，进陷汤溪、金华，富阳等城，迫犯杭州，虽死伤累累，也在所不惜。他说：不收复浙江，"则苏州、金陵终难得手，而皖南进兵之路，亦两面受敌"；占有浙江，则足"以撼三吴，而通池州、宁国之师"。②由于左宗棠猛攻富阳，太平天国杭州佐将听王陈炳文不得不把增援苏州太平军进攻常熟叛军的部队撤回浙江，进援富阳，以致慕王谭绍光未能及时消灭叛军，苏州保卫战陷入被动态势。以后，左部湘军在浙江的攻势，与曾国荃部围攻金陵之师、李鸿章部在苏福省的军事行动，互相策应，使李秀成奔走于天京、苏州之间，势穷力竭，太平天国终于出现了天京陷落的悲剧。

作战时，左宗棠剽悍横蛮。为了使所部官兵卖命，无论严寒酷暑，他居住营帐，"穷冬犹衣缊袍"，"非宴客不用海菜"，"冀与士卒同此苦趣"。打仗时随队征战。一八六一年夏，太平军攻占建德，绕攻景德镇，曾国藩呼令还救，左宗棠自兴安"冒雨驰奔七日，甫抵乐平"，即发队作战。③在与捻军作战时，为了督军追击，他亲履行间，一连十天"昼夜驰驱，骑马奔走"。④一八六四年八月，左部湘军会同李鸿章部淮军攻陷湖州，左宗棠"不居复城之功，而以追击为事"，太平军损失惨重，堵王黄文金伤死，在宁国、威坪、蜀口等地，太平军"大、小头目被擒斩者以千计"，骡马损失二千余匹，印七八百颗。⑤经此打击，此部太平军已败不成军，以致进入江西后，被席宝田等部清军打得全军覆没，洪仁玕、幼天王相继被俘。

① 左宗棠：《答刘印渠》，载《左文襄公全集·书牍》（卷三），第71页。
② 左孝同：《左文襄公家书》（卷上），第27页。
③ 左孝同：《左文襄公家书》（卷上），第18页。
④ 左孝同：《左文襄公家书》（卷下），第6页。
⑤ 左孝同：《左文襄公家书》（卷上），第57页。

左宗棠与农民军作战时，以多杀起义军为快。在处理俘虏时，手段极端残暴，令人发指。一八六一年四月，太平军与左宗棠部湘军大战于鲇鱼山、金鱼桥、范家村等地。左宗棠说：上饶范家村之战，"毙贼三千有余，阵斩贼目多名，极为痛快"。① 凡遇太平军将领被俘，审讯后他即处以磔刑，并株连家属。一八六三年三月一日，左部湘军攻陷龙游，遴天义陈廷香战死汤溪白龙桥。左宗棠访知陈廷香是湖南湘阴猪婆潭人（距左家柳庄不过数里），即札饬湘阴知县"拿其家属"。湘军攻陷汤溪，守将忠裨天将李尚扬为叛徒出卖被俘，左宗棠亲加审讯，处以磔刑，并札饬湖南安仁知县查拿李尚扬家属。② 一八六六年二月上旬，太平军余部放弃嘉应州，走黄砂嶂，遭到袭击，大败，全军覆没。左宗棠在处理大量被俘太平军时，命将"面貌狰狞者"亦从严惩办。③ 一八六一年七月十九日，曾国藩致书曾国荃勖勉他屠杀太平军说："既已带兵，自以杀贼为志，何必以多杀人为悔？此贼之……天父、天兄之教，天燕、天豫之官，虽使周、孔生今，断无不力谋诛灭之理。既谋诛灭，断无以多杀为悔之理。"④ 左宗棠镇压太平军的狠辣，与曾国藩并无二致，而用兵之诡诈，则又超过了曾国藩。

一八五二年九月，左宗棠进入长沙城，当湖南巡抚张亮基的幕僚，是他顽抗太平军的开始。一八六〇年九月，他率军自长沙开往赣、皖交界地区，是他走上前线直接指挥湘军镇压太平军的开端。以后，他成为与曾国藩、李鸿章齐名的"同治中兴"功臣，为清朝立下了许多犬马之劳。因此，一八六〇年他由四品京堂襄办军务，被拔擢为帮办军务，而后为巡抚、总督，晋封恪靖伯，取得太子太保、协办大学士、大学士、

---

① 左孝同：《左文襄公家书》（卷上），第14页。
② 左孝同：《左文襄公家书》（卷上），第45页。
③ 左宗棠：《粤东军务速藏班师回闽折同治五年正月二十日》，载《左文襄公全集·奏稿》（卷十七），第1页。
④ 曾国藩：《致沅、季弟》，载《曾文正公六种·家书》（卷三），第79页。

钦差大臣的头衔。他踏着农民军的枯骨,爬上了巡抚、总督、大学士的高位。农民军的鲜血,染红了他的翎顶。

一八六二年六月,曾国藩致书曾国荃说:你于"天概、人概之说,不甚措意,而言及势利之天下,强凌弱之天下,此岂今日始哉?盖自古已然矣。从古帝王将相,无人不从自立、自强做出,即为圣贤者,亦各有自立、自强之道,故能独方不惧,确乎不拔"。①这是说"势利之天下""强凌弱之天下",是合乎"天理"的。当人民群众穷困得走投无路起而反抗,危及维护"强凌弱"的"势利之天下"的封建秩序时,醉心理学的"君子"们,便应"自立、自强",起而镇压,这就是圣贤将相之道。

左宗棠是地主阶级改革派,他虽然认为"天富一人,实以众贫托之"②,又说"民有饥心抚亦难",但是,一旦农民因饿得没有饭吃,要求"有饭同吃",起而造反,危及封建统治时,左宗棠随即挥戈上阵,对农民军痛加剿杀。这是他的阶级地位所决定的。

---

① 曾国藩:《致沅、季弟》,载《曾文正公六种·家书》(卷三),第111页。
② 左宗棠:《上贺蔗农先生》,载《左文襄公全集·书牍》(卷一),第24页。

第四章　在洋务运动中独树一帜

太平天国革命爆发后，太平军表现出无限的活力，革命英雄们从广西打到金陵，定南京为首都，改名天京，开辟了安徽、江西、湖北等省根据地。到了革命的后期，太平军又开辟了苏浙根据地，使中外反动派惊慌失色。

一八六〇年中英、中法《北京条约》订立后，英、法首先是英国，迫切希望消灭割据长江中、下游地区的太平天国势力，以便及早在长江流域通商，把侵略势力伸展到这个富庶之区。于是，英国暗中支持以奕䜣为首的洋务派，协助那拉氏发动北京政变，打倒了对外国侵略者尚有疑惧的顽固派，攫取了清政府的军政大权。西太后、奕䜣等因此崇洋媚外，对外国侵略者唯命是从，这就预示着中外反动派必将勾结起来，共同镇压太平天国。

一八六一年底，忠王李秀成指挥太平军攻克杭州，不久，略定浙江，一八六二年春，挥师进击列强侵略中国东南沿海的基地上海。中外反动派发现，强大的太平军绝非他们任何一方的力量所能镇压得了。一八六二年四月，钦差大臣节制苏、浙、皖、赣四省军事的两江总督曾国藩，派李鸿章率领淮军四千抵达淞沪，与英国侵略者等具体勾结，组成了一支由淮军、"常胜军"等组成的中外联合武装。由使用洋枪、洋炮而涉及枪炮的修理与枪弹、炮弹的制造问题，李鸿章在一八六二年创办了上海炮局。一八六三年攻陷苏州后，上海炮局迁移苏州，设立了开始使用机器的苏州洋炮局。洋务运动开始了。

洋务运动，是西方国家工业近代化浪潮冲击下的必然产物。第一、二次鸦片战争中，中国都因落后而挨打、惨败，被迫订立了一系列丧权辱国的不平等条约。但是，《南京条约》刚刚订立，爱国思想家魏源就发出了"国耻足以兴之"的吼声，要求洗雪国耻。怎样雪耻？他说关键在于向西方学习，"师夷长技以制夷"；不仅学习西方的军事科学技术，还应利用军事工厂，制造有关民用交通和其他生产工具。①地主阶级改革派这股爱国思潮，随着中国在对外战争中的丧师割地而前进，即使在太平天国时期，其影响仍在扩大，如中英、中法《北京条约》订立，左宗棠闻讯后叹息说："辱甚矣。"②他这时已经在考虑将来设厂制造船、炮，以对付外国的侵略了。在洋务运动发展的过程中，一八六六年，左宗棠、沈葆桢等创办了福州船政局。从他们投入洋务运动的动机与实践效果考察，他们是洋务运动中的爱国派。与此同时，还存在着以"安内攘外"为指导思想而投入洋务运动的妥协派，这派以奕䜣、李鸿章为代表。

奕䜣说：外国船坚炮利，无坚不摧。"查治国之道，在乎自强，而审时度势，则自强以练兵为要，练兵又以制器为先"，"安内攘外之道，不外是矣"。③李鸿章并不讳言，他攻陷苏、常一带，主要依靠洋枪、大炮，所以他说："中国欲自强，则莫如学习外国利器，欲学习外国利器，莫如觅制器之器。"④奕䜣、李鸿章震慑于西方武器，由此产生了唯武器思想。他们打起"自强"的招牌，实际上是挂羊头卖狗肉，是为了"安内攘外"。从他们在洋务运动发展过程中的政治外交实践看，他们"安内"是真，"攘外"是假。

落后国家的生产力，迟早总要向先进的生产力转化，这是一条不可抗拒的规律。从一八四〇年的鸦片战争开始，西方国家工业化的浪潮从正面、反面两个方面来冲击中国。对华发动侵略战争，是反面的冲击；

---

① 魏源：《筹海篇·议战》，载《海国图志》（卷二），第5页。
② 左孝同：《左文襄公家书》（卷上），第9页。
③ 故宫博物院：同治朝《筹办夷务始末》（卷二十五），影印本，第1页。
④ 故宫博物院：同治朝《筹办夷务始末》（卷二十五），第10页。

交通运输业的发展，民用工业的日新月异，是对中国的正面冲击。于是，中国产生了洋务运动，既办了新式军事工业，又发展到办理民用工业。评价洋务运动，一方面要看到它是中外反动派共同勾结镇压太平天国革命的产物；另一方面也应看到这是落后的中国向西方引进近代科学技术、工厂生产的开端，因此，洋务运动一经发生，便不可中止。另外，必须辨清洋务派中的爱国派与卖国派，否则难以对洋务运动作出应有的评价。

一八六四年太平天国革命失败后，阶级矛盾逐渐退居次要地位，中华民族同帝国主义之间的民族矛盾逐渐上升为主要矛盾，中国的边疆地区普遍发生了危机，隐操清政府政治、外交大权的洋务派重要首领李鸿章，推行其妥协外交方针，从一开始便激起了以左宗棠为首的爱国派的愤怒。所以，十九世纪的七八十年代，贯穿在左宗棠与李鸿章之间的是爱国与妥协的斗争，而两派在天津教案中的爱国与妥协斗争，则是这种斗争的开始。

一、北京政变和洋务运动的兴起

一八六一年十一月，外国侵略者支持洋务派奕䜣协助那拉氏发动北京政变，打倒了以载垣、肃顺等为首的顽固派，新立的同治帝载淳（1856—1874）尊其生母那拉氏为慈禧太后（通称西太后），树立了以西太后为首的统治。这个投靠外国侵略者的统治集团，不仅容纳了以"理学大师"自居的倭仁等思想顽固的封建官僚，还包括洋务派在内，并且重用洋务派奕䜣、文祥、曾国藩、李鸿章和左宗棠等。洋务派当权，为洋务运动的产生、发展铺平了道路。以西太后、奕䜣为首的统治集团，比以载垣、肃顺等为首的顽固派更为危险，更为凶恶。

在第二次鸦片战争中，顽固派曾经被迫组织过比较认真的抵抗，但是，失败了，僧格林沁统率的蒙古骑兵也在北塘挨打，损兵折将，损失惨重。当战火迫近北京时，咸丰帝带了宠臣以及后妃等从北京逃往热河，行前，他命令恭亲王奕䜣留在北京，与外国侵略者谈判投降事宜。圆明园的烟火未熄，奕䜣签订了卖国的《北京条约》。与此同时，奕䜣在列强的抚摩下，从封建统治集团中分化出来，学习西方资本主义列强，转化为洋务派。从此，清统治集团内部的矛盾斗争，愈加尖锐起来了。

在《北京条约》签订后一年多的时间中，太平军开辟了苏浙根据地，革命烽火烧遍了东南半壁，奕䜣向咸丰帝提出了他的内政、外交方针：

第一，当今抚局已成，洋兵已如期撤出京、津，"市肆渐安，腥膻已远，中外人心，切望及早回銮"。他敦促咸丰帝从热河迅速回到北京，同外国驻京公使握手言欢。

第二，勾结外国侵略者共同进攻太平天国。太平军在苏浙地区发动攻势时，列强曾经提出派兵"助剿"的建议。奕䜣征求东南沿海各省督抚的意见。东南沿海各省督抚的班头曾国藩在复奏时说：英、美、法国"船坚炮大"，现已恭顺。他们既愿出兵"助剿"，"自非别有诡谋"，我当"奖其效顺之忱"，"示以和好而无猜"。①

第三，在得到地方实力派湘系军阀曾国藩等的支持后，奕䜣愈加坚持其反动论点，向咸丰帝奏陈形势说："自换约以后，该夷退回天津，纷纷南驶，而所请尚执条约为据，是该夷并不利我土地人民，犹可以信义笼络，驯服其性，自图振兴。……此次夷情猖獗，凡有血气者，无不同声忿恨。臣等粗知义理，岂忘国家之大计。惟念捻炽于北，发炽于南，饷竭兵疲，夷人乘我虚弱，而为其所制，如不胜其忿而与之为仇，则有旦夕之变，若忘其为害而全不设备，则贻子孙之忧。……臣等就今日之

---

① 曾国藩：《复陈洋人助剿采米运津折咸丰十年十一月初八日》，载《曾文正公全集·奏稿》（卷十五），传忠书局光绪二年版，第12页。

势论之，发、捻交乘，心腹之害也。俄国壤地相接，有蚕食上国之志，肘腋之患也。英国志在通商，暴虐无人理，不为限制，则无以自立，肢体之患也，故灭发、捻为先，治俄次之，治英又次之。"[1]很明显，洋务派奕訢认为太平军、捻军得势，将摧毁清朝的统治，勾结、投靠列强共同镇压农民起义军，不过丧失一些领土主权，封建王朝仍然可以苟延残喘。而列强正渴望巩固中国半殖民地半封建社会秩序，以利它们迅速"消化"在不平等条约中所掠夺到的权益，奕訢的内政、外交方针，正投其所好，奕訢变成了列强的宠儿。但是，顽固派对外国侵略者的疑惧未解，对奕訢的内政、外交方针搁置不理。洋务派与顽固派的矛盾迅速激化起来了。

叶赫那拉氏（1835—1908），乳名兰儿，是徽宁池广太道惠征的女儿，一八五一年被选入宫，一八五六年，生子载淳。咸奉帝的后妃都没有生儿子，那拉氏生了儿子后，封建礼法抬高了她的身价，晋封懿贵妃。咸丰帝沉湎声色，精神虚耗，有时，那拉氏以宠妃身份代阅奏章。

一八六一年一月，根据《北京条约》的规定，清政府在北京成立了总理各国事务衙门，管理各国通商事务，以奕訢为总理各国事务衙门大臣，无形中在北京形成了列强支持的以奕訢为首的另一个权力机构。一八六一年八月，咸丰帝病死热河，乳臭未干的载淳即位，以载垣、端华、肃顺等为赞襄政务大臣，改元祺祥，以明年为祺祥元年，尊那拉氏为慈禧太后。西太后权迷心窍，不甘寂寞，暗中与洋务派奕訢勾结，准备发动政变。一八六一年十一月一日，经过与奕訢密谋，那拉氏不顾载垣等的反对，携载淳等突然从热河回銮北京，用迅雷不及掩耳的手段，捕杀顽固派载垣、端华、肃顺等，史称北京政变。政变后，废除祺祥年号，改元同治，由太后垂帘听政，以奕訢为议政王，在军机处行走。事后，英国驻华公使卜鲁斯眉飞色舞地说："这个令人满意的结果，全是几

---

[1] 故宫博物院：咸丰朝《筹办夷务始末》（卷七十一），第18页。

个月来私人交际所造成的。"①实际上，如上所说，以奕䜣为首的总理衙门，早已成为清朝的另一个权力机构，它不仅得到外国侵略者的支持，并且得到正在向洋务派转化的地方实力派曾国藩等的支持，这是在政变后，西太后、奕䜣能够迅速接过政权，树立其反动统治的根本原因。

西太后深知她能发动政变和顺利掌政，是得力于外国侵略者和洋务派的支持，所以，她完全同意洋务派奕䜣早先提出的内政、外交方针，在政变后发出惩办载垣等的谕旨中，厚颜无耻地讨好外国侵略者说：英法联军进入北京，"总由在事王大臣等筹画乖方所致，载垣等复不能尽心议和……以致失信于各国，淀园被扰……嗣经总理各国事务衙门王大臣等将各国应办事宜妥为经理，都城内外，安谧如常。皇考屡召王大臣议回銮之旨，而载垣、端华、肃顺朋比为奸，总以外国情形反复，力排众议……实天下臣民所痛恨者也"。②西太后鼓其如簧之舌，颠倒是非，她是在表彰卖国贼奕䜣等卖国有理，卖国有功，同时，为英、法侵略者开脱发动战争的侵略罪责，肯定外国侵略者诚信可靠，而由我方承担战争责任，这无疑是她对外投降的宣言书。她认贼作父的行径，得到侵略者的喝彩，他们说：垂帘听政后，"帝国中的统治势力已经从他们的敌对和排外态度显然转变过来，这就产生了博得外国人对于皇帝和摄政者这一边表示同情的效果"。③

一八六一年北京政变前后，李秀成（1823—1864）正在猛攻浙江，势如破竹。十一月二十日，西太后任命两江总督曾国藩为钦差大臣节制四省军事，所有苏、浙、皖、赣四省巡抚、提督、总兵以下各官均归节制。为什么西太后、奕䜣等竟破除满汉畛域，把东南四省军政大权交给

---

① 严中平译：《1861年北京政变前后中英反革命的勾结》，载《历史教学》，1952年4月号。
② 故宫博物院：同治朝《筹办夷务始末》（卷二），第9—10页。
③ 马士著、张汇文等译：《中华帝国对外关系史》（第二卷），三联书店1958年版，第84页。

汉大臣曾国藩呢？早在一八六一年四月，英国参赞巴夏礼便已亲自赶到北京，对总理衙门"历言贼情断无成事之理"，曾国藩、胡林翼所部"水陆各军，纪律严明，望而生畏，惟饷项不足，船、炮不甚坚利"。①此其一。在北京政变前，曾国藩支持过奕䜣借兵"助剿"。此其二。西太后重用曾国藩，她任命曾国藩节制四省军事，意味着让他去勾结外国侵略者，组成中外反革命联合武装共同镇压太平天国革命。

正当洋务派奕䜣筹谋借兵"助剿"时，有些逃亡上海产生了崇洋媚外思想的苏、常地主士绅，为了及早恢复他们已经失去的天堂，日夜盼望清政府迅速勾结外国侵略者，借兵"助剿"，他们竭力制造借兵"助剿"的舆论。逃沪苏州士绅的班头冯桂芬说：现在国家应以"夷务"为第一要政，而"剿贼"次之。为什么？这是因为"贼可灭，夷不可灭也"。有人说借"夷兵助剿"是"引鬼入门"。他说：这不对。"鬼能自入门，何待引？鬼又已入门，何必引？"如果害怕洋兵打胜仗后"需索不已"，那么，事先可与他们议定攻占城池的犒金。东南是财赋重地，岂能弃之如遗，任"发逆"久踞。借洋兵"助剿"，可以"克期蒇事"，及早收复苏、松、常、太，岁入数百万，以此抵偿"夷兵"的饷需、犒金，"以虚补实，有益无损"。②常州士绅周腾虎叫嚷："至上海一隅，又赖其保持之力，以至于今。故东南之人，君子至黎庶，无不颂其惠，憎其威，心悦诚服，共忘仇耻。"现在只有"坦然示以大公……勉之以辅胁我国家……为我驱除蟊贼"。③

一八六二年春，在上海滩上的买办、官僚、逃亡地主士绅的支持下，曾国藩派李鸿章统率淮军抵沪，英国侵略者以大量洋枪、洋炮武装

---

① 故宫博物院：咸丰朝《筹办夷务始末》（卷七十九），第17页。
② 冯桂芬：《借兵俄法议》，载《显志堂稿》（卷十），光绪二年版，第16—17页。
③ 周腾虎：《上江苏巡抚李少荃中丞书》，载《滄芍华馆杂著》（卷二），光绪版，第17—18页。

淮军，派英国军官训练淮军，使用近代武器，此外，还直接派兵协助淮军攻打太平军。这样，淮军便由使用近代化武器而涉及洋枪、洋炮的修理，枪弹、炮弹的制造等问题。一八六三年，李鸿章攻陷苏州后，将他在一八六二年创设的上海炮局迁移到苏州，建立了苏州洋炮局，这是中国第一个使用机器的近代军事工业，标志着洋务运动的开始。

洋务运动的产生是大势所趋，不可避免的。一八四〇年的鸦片战争，把古老落后的中国卷进了资本主义世界。十九世纪是钢铁、机器、蒸汽机的世纪，西方国家工业化的潮流汹涌澎湃。十九世纪中叶，英国的工业革命行将完成，英国的纺织工业已拥有三千万纱锭，轮船、铁路相继出现。一八三〇年，全世界的铁路总共只有三百余公里，到了一八七〇年，便超过了二十万公里。军事科学技术发展得尤其迅速，十九世纪五六十年代，已经出现快速放射的钢炮；后膛枪代替了前膛枪，由于轮船的出现，十九世纪中叶，装有长射程炮的铁甲舰出现了。太平天国战争期间，西方资本主义国家的商人对中国进行军火投机，受到革命与反革命双方将领的欢迎。一八五四年，曾国藩部湘军水师装备了数百尊"夷炮"。一八五八年冬，两江总督何桂清说："近年长毛打不过官兵者，为带兵官以及兵目勇头皆有洋枪也（指江南大营）。每人（疑是'哨'字之误）有带至二三十杆之多，每杆自一响以至六响，而夷人自用之洋枪，较之在上海所买者尤精。"[①]一八五九年秋，韦俊在安徽池州叛降湘军时，据曾国藩说：韦部"有万八千人，马匹千余，器械甚精，洋枪甚多"。[②]到了太平天国晚期，太平军中的洋枪更多，李秀成的"一千名卫队完全佩来福枪"。一八六三年秋，苏州太平军中有"四分之一的兵士佩

[①] 江苏师院历史系等：《伺桂清等书札》，第81页。
[②] 曾国藩：《复左季高》，载《曾文正公全集·书札》（卷二十），第26页。

带步枪和来福枪"。[1]太平军中有专门修理枪炮的"洋炮官"。[2]以上资料反映出中国在世界工业化潮流的冲击下，无论是湘军还是太平军，都在尽量购买洋枪、洋炮，装备自己的部队。这一形势，说明了中国迟早要引进西方的科学技术，创办起近代工业，而一八六二年中外反动派共同勾结镇压太平天国革命，迅速导致洋务运动的兴起，并首先从军事工业开始，则决定于中国半殖民地半封建社会的性质。正因为洋务运动的产生，是和中外反动派共同镇压太平天国革命这一目的联系在一起，因此说洋务派奕䜣和李鸿章等是反动的，但这并不是说他们引进西方军事科学技术、举办近代军事工业也是反动的。

以上仅仅说明了西方国家工业化潮流对中国冲击的一个方面，更重要的是，在第一、二次鸦片战争中，英、法等外国侵略者依仗坚船利炮，横行中国的沿海地区，一再打败清政府，胁迫清政府订立城下之盟，丧权辱国，莫此为甚。这种冲击是武装的，不是和平的；是赤裸裸的野蛮的屠杀与掠夺，而不是互惠的。稍有爱国心的中国人，无不切齿痛恨。所以，早在第一次鸦片战争期间，林则徐便喊出了：要学习西方，制造坚船利炮以御外侮。[3]《南京条约》甫经订立，魏源便振臂高呼："师夷长技以制夷。"[4]随着太平天国革命的失败，中华民族同帝国主义的矛盾逐渐上升，左宗棠继承和发展了魏源"师夷长技以制夷"的爱国思想，投入了洋务运动，创办了福州船政局。

无可否认，西方国家的轮船、火车以及其他生产工具等，对中国一些开明的士大夫和官僚等的冲击也是很大的。魏源在《海国图志》中

---

[1] 王崇武等译：《太平天国史料译丛》，神州国光社1954年版，第73页。
[2] 《护殿兵册》，载北京大学文科研究所等：《太平天国史料》，开明书店1950年版，第191页。
[3] 林则徐：《密陈办理禁烟不能歇手片》，载中山大学历史系：《林则徐集·奏稿中》，第884—885页。
[4] 魏源：《筹海篇·议战》，载《海国图志》（卷一），第5页。

说：军事工厂可以生产兵舰、大炮，亦可制造商船等，"凡有益民用者，皆可于此造之"。①六十年代初，冯桂芬提出了《制洋器议》。②创办福州船政局时，左宗棠也说：福州船政局创建后，可以造战舰、炮械，凡"铸钱、治水、有适民生日用者，均可次第造之"。③所以，洋务运动发生后，能够得到继续发展，不是偶然的。

二、"师夷长技以制夷"，左宗棠创办福州船政局

林则徐在广东领导鸦片战争期间，承认西方国家船坚炮利，但是，他不像投降派琦善之流那样，拜倒在坚船利炮之前，而是采取土、洋并用的方针，一方面利用中国原有的大炮、船只；另一方面购买西洋大炮二百尊、甘米力治夷船等积极备战。④由于投降派琦善等的诬陷，一八四〇年九月林则徐被撤职，他激于爱国义愤，冒不测之祸，上奏说：战争是由英国强卖鸦片引起的，英国对我早已"包藏祸心"，因此，仗必须打下去，绝无妥协余地，因为"夷性无厌，得一步又进一步，若使威不能克，即恐患无已时，且他国效尤，更不可不虑。……即以船炮而言，本为防海必需之物，虽一时难以猝办，而为长久计，亦不得不先事筹维。且广东利在通商，自道光元年至今，粤海关已征银三千余万两，收其利，必须预防其害，若前此以关税十分之一制造船炮，则制夷已可裕如，何至尚形棘手？……粤东关税既比它省丰饶，则以通夷之银，量为防夷之用，从此制炮必求极利，造船必求极坚，似经费可以酌筹，即神

---

① 魏源：《筹海篇·议战》，载《海国图志》（卷二），第11页。
② 冯桂芬：《制洋器议》，载《校邠庐抗议》，光绪癸未广仁堂版，第58—62页。
③ 左宗棠：《拟购机器雇佣洋匠试造轮船先陈大概情形折同治五年五月十三日》，载《左文襄公全集·奏稿》（卷十八），第2页。
④ 梁廷枏：《夷氛闻记》，载丛刊：《鸦片战争》（第六册），第23—24页。

益实非浅鲜矣"。①林则徐在横遭政治打击时，犹念念不忘造船制炮，以反对外国的侵略。

不平等的《南京条约》订立后，卖国贼们认为这是"万年和约"。与卖国贼们相反，魏源认为这是国家的奇耻大辱，大声疾呼："物耻足以振之，国耻足以兴之。"②他继承、发展了林则徐制造坚船利炮以促使国防近代化的思想，明确提出了洗雪国耻，加强国防，在于"师夷长技以制夷"，也就是学习西方国家制造船舰、大炮的先进技艺，以便战胜外国侵略者。他在论述"师夷长技以制夷"的必要性时说：我国海岸线绵延数千里，敌舰东闯西突，我国水陆师处处布防，备多而力分，防不胜防，"贼逸我劳"，"贼合我分"。如果掌握了西方国家的长技，自己能制造船、炮，可以精兵驾战船，东西巡哨，力量集中，何愁敌船之东闯西突。此其一。有了战船，便能进入大洋，驱逐寄碇彼处的鸦片趸船，断绝烟路，可免纹银透漏外洋。此其二。有了坚船利炮，能"以主待客"，"暗伏内港"，俟机袭敌，"我可乘贼"，"贼不能乘我"，敌有必败之势。敌军如登陆肆扰，我国水师可以乘隙猛攻，断其归路，水陆夹击，足以制敌死命。此其三。他进一步提出，国家应在广东设立造船厂和火器局，先聘请西方技术人员和业有专长的洋匠，"司造船械，并延请西洋柁师教行船演炮之法"，遴选广东工匠学习铸造，挑选精兵学习驾驶攻击，一二年后，便能掌握技术，以后不再依赖洋人，久后一定能精益求精，若干年后船舰大修，必能自行改造。那时，中国就能自行制造轮船，火器了。达到这个水平以后，中国能"驶楼船于海外"，战"洋夷"于海上。

他说，船厂既能造战舰，同时也能造商船，这种商船，既能航行于内河，也能行驶于海洋，利于运载百货，可以通文报，"助战舰则牵浅滞

---

① 林则徐：《密陈夷务不能歇手片》，载中山大学历史系编：《林则徐集·奏稿中》，第883—884页。

② 魏源：《圣武记序》，载《圣武记》（卷一），第1页。

损坏之舟,能速火攻出奇之效,能探砂礁夷险之形,诚能大小增修,讵非军国交便"。这种工厂将永远办下去,因为"造战舰有尽,造商船无尽"。即如火器局也是如此,除造枪炮外,还能制造鸟铳、火药、火箭,又可造民用的量天尺、千里镜、龙尾车、风锯、火锯、火轮机、千斤秤等,"凡有益民用者,皆可以次造之"。这叫"因其所长用之,即因其所长而制之"。①说到底,魏源倡议设厂造船制器,"师夷长技"是为了"制夷"。

左宗棠在创办福州船政局时,继承和发展了魏源"师夷长技以制夷"的爱国思想,这从他在一八六六年创办福州船政局时所上的奏章、给朋僚们的书札与上述魏源的论点对比中,是可以看得一清二楚的。

为什么要创办福州船政局?一八六六年夏,左宗棠在筹建福州船政局时所上的奏折回答了这个问题,其要点是:

首先,为了加强海防,"遥卫津沽",必须及时筹建福州船政局、自从鸦片战争以来,西方各国火轮兵船"纵横海上,彼有轮船,我尚无之,形无与格,势无与禁",故在第一、二次鸦片战争中,他们的兵轮直闯天津海口,威胁津、京,"藩篱竟成虚设,星驰飙举,无足当之"。沉痛的经验教训,使我们必须迅速制炮造船,加强海防。福州船政局成立后,拟"备成一船之轮机,即成一船;成一船,即练一船之兵。比及五年,成船稍多",可以布置沿海各省,"遥卫津沽"。舰船制成之后,"有事之时,以之筹调发,则百粤之旅可集三韩;以之筹转输,则七省之储可通一水"。非但"巡洋缉盗,有必设之防,用兵出奇,有必争之道也"。

其次,为了发展沿海商业,抵制外国海轮操纵沿海运输,必须及时筹建船政局。东南沿海之大利在水不在陆,从广东、福建、浙江、江苏而山东、直隶,以至辽东,沿海数千里,无事之时,用轮船转输漕米,"千里如在户庭","以之筹懋迁,则百货萃诸廛肆,鱼盐蒲蛤足以业贫

---

① 魏源:《筹海篇·议战》,载《海国图志》(卷二),第11页。

民"。自条约准许洋船装载北货行销各口以来，北方货价腾贵，江、浙富商以海船为业者，往北方购买货物，"价本愈增"，运回南方，"费重行迟，不能减价以敌洋商，日久销耗愈甚"，以致亏本歇业。滨海地区，四民中商居十分之六七，因此而市面萧条，税厘减色，"富商变为窭人，游手驱为人役"。为害极大，不能不力谋补救之策。

再次，福州船政局开办后，还可"添机器，触类旁通，凡制造枪炮、炸弹、铸钱、治水，有适民生日用者，均可次第为之"。[①]

他在致书船政大臣沈葆桢时说：西洋火器过去"无人讲求，彼族得以所长傲我"，船政局成立后，锐意经营制炮造船，学习研究西洋火器原理，将来定然是"鸦片之患可除，国耻足以振矣"。[②]可见他一八六六年投入洋务运动，创办福州船政局，促使国防近代化，是为了洗雪国耻。在民族矛盾日益上升的情况下，创办造船、制炮企业，总的说来，是符合国家、民族利益的。

办理任何一件事，总得有一个正确的指导思想。左宗棠办理船政局时的一切方针措施，是服从于"师夷长技以制夷"这一爱国指导思想的，所以，他站得高，看得远，非李鸿章所能伦比。

左宗棠办理船政局的一些措施，是从既往借船、雇船、买船受洋人欺侮的经验教训中总结出来的。

他说："英国领事等屡以造船费大难成，不如买现成船为便宜。"这是英国企图破坏我国建立造船工业的一种手法，"不然，伊何爱于我，而肯代为打算乎"？[③]既往的经验证明，向外国借用轮船是不行的。借来的

[①] 左宗棠：《拟购机器雇佣洋匠试造轮船先陈大概情形折》，载《左文襄公全集·奏稿》（卷十八），第1—2页。
[②] 左宗棠：《答沈幼丹中丞》，载《左文襄公全集·书牍》（卷十一），第8—9页。
[③] 左宗棠：《上总理各国事务衙门》，载《左文襄公全集·书牍》（卷八），第55页。

轮船,"调遣不能自如,久暂不能自主",需索、酬谢、赔补等争执不一而足。

雇用外轮,虽比借用稍胜一筹,但工费太大,船主以奇货可居,"索价不啻倍蓰,而我又必与之说定年月,未能即换中国旗号",船员未必肯尽听中国管束,尤且"调停驾驶,甚费周章"。

购买洋船,比借、雇省事,然而也有许多难处。洋人贪利,出卖的船只多已陈旧。未卖之前,船只好坏,守口如瓶。既经成交之后,忽然扬言某一机件已坏,只有若干马力、吨位,必须改装,乃堪适用。我又不得不请他们改装,另加一番费用。这是买船的第一重难处。船只买定后,仍须雇用洋人管驾,"另雇、更换,均难由我"。这是第二重难处。买船的第三重难处是,轮船须一年半载修理一次,又得央求外国船厂,他们居为奇货,"我欲贱而彼欲贵,我欲速而彼欲迟"。有此几重难处,买船终非长策。由此他提出了"借不如雇,雇不如买,买不如自造"的名言,并说"内纾国计民生,外销异患树强援,举乎在此"。[①]

实事求是地总结经验,能够增长人们的识力。会把事情办得更好些。左宗棠总结了借、雇、购船受人掣肘的经验教训,由此提出了办理船政局的方针。他说,我们自己设厂制造轮船、战舰,单单学会制造轮船、兵舰等,是远远不够的,尚须办到自己能够驾驶、轮机(轮船、兵舰舱底专管机器者),"方不至授人以柄"。为了达到这一目的,就得"穷其制作之原,通其法意",那就非"习其图书、算学不可"。左宗棠规定在船政局中设立各种学校,招收十余岁的聪明子弟,给予免费待遇,聘请洋教师教学,先学语言文字,继学图书算学。学成后才能督造有人,管驾有人,"轮船之事,始为一了百了"。总之,要办到"尽其所长归之

[①] 左宗棠:《上总理各国事务衙门》,载《左文襄公全集·书牍》(卷八),第64页。

中土，相衍于无穷"。①左宗棠办理船政局的理论与实践，表明他着眼于一个"师"字，以达到一个"制"字，即"师夷长技"是手段，自强、"制夷"是目的。船政大臣沈葆桢深有体会地说：船政局"创始之意，不重在造，而重在学"。②

在"师夷长技以制夷"的指导思想下，福州船政局辖有工厂和学校两个部分。以马尾船厂而论，规模相当巨大，设备亦称齐全。有铁厂、拉铁厂、水缸厂、轮机厂、合拢厂、铸铁厂、钟表厂、打铁厂、转锯厂，另有船台、起重机、船槽、储藏所、砖窑、灰窑等。③

一八七六年，英国海军军官寿尔访问了福州船政局，他说学校是船政局的重要部分，分为英文部和法文部两个部分，英文部设有：

（一）海军学校。学习理论航行。

（二）工程学校。

（三）航海实习学校。设在航行大海的教练舰"扬武"号上，该舰多年由一个英国海军上校指挥。

法文部设有：

（一）造船学校。聘请了三位洋教授，讲授物理、化学和数学。

（二）设计学校。

（三）艺徒学校。主要课程有算学、几何、图形几何学、代数，图画和机械图说。

在英文部和法文部之外，还另设一个《时刻测定学科》，内分三组：即测时表（经线仪）制造组、光学器具组、船用罗盘针制造修理组。

---

① 左宗棠：《上总理各国事务衙门》，载《左文襄公全集·书牍》（卷八），第63页。

② 沈葆桢：《续陈各厂工程并挑验匠徒试令放手自造折》，载《沈文肃公政书》（卷四），光绪十八年版，第59—60页。

③ 孙毓棠：《中国近代工业史资料》（第一辑，上册），科学出版社1957年版，第396—397页。

寿尔参观后惊叹说:"整个制度的组织基础有一个特色,最有力地证明它的天才的创办者……的才能。"①

福州船政局中创办的各类学校,可以说是中国最早的、最现代化的海军学校、造船工程学校和造船技工学校,为国家培养了不少海军人才,如邓世昌、林永升、严复、萨镇冰、刘步蟾、林泰曾等。又为祖国培养了一批制造轮船、兵舰的人才,如郑清濂、罗臻禄、李寿田、魏翰等。②这些学校,不仅在中国教育史上,并且在中国军事史上,都有独特的地位。

一八六六年,李鸿章在上海创办了江南制造总局,制造枪炮、轮船,任何方面的条件都比福州船政局优越,但是,他仅在制造局中设立一个翻译馆,而没有办一所军事、工程学校。

福州船政局造船技术的发展,也颇有可观,从一八六九年(同治八年)到中法战争爆发的一八八四年(光绪十年)止,先后共制造商船、兵舰等二十四只,船质结构由木质发展到铁胁木壳、铁胁双重木壳,中法战争后又发展到钢壳甲。船舰行驶速率由每小时九海里发展到十五海里。舰只装备的大炮,由前膛炮改装为后膛炮、连珠炮。船内机器由立机改为卧机、"省煤涨力机",船的吨位也在不断增加,能造炮艇、战舰、商轮。

为了使中国"匠徒"掌握有关造船技术,船政大臣沈葆桢责令洋监督招聘洋匠时,双方订立契约,规定在一定年限内负责将中国"匠徒"培养到具有独立操作能力的水平。一八七三年沈葆桢上奏说:"当时创始之意,不重在造,而重在学。臣与监督日意格约,限满之日,洋匠必尽数遣散,不得以船工未毕,酌留数人。"如果中国"匠徒"确实能按图制造,虽然轮船未尽下水,即为"教导功成",奖励从优,赏金如数发给。

---

① 寿尔撰,张雁深译:《田凫号航行记》,载丛刊:《洋务运动》(第八册),上海人民出版社1961年版,第374—375页。

② 池仲祐:《海军大事记》,载丛刊:《洋务运动》(第八册),第481—484页。

倘若洋匠回国，中国"匠徒"仍然不能掌握造船技艺，"究与中国何益？则调度乖方，教导不力，臣与该监督均难辞其咎"。故从今夏开始，各厂均将先后逐一试验考核，由中国"匠徒"放手自造。此后洋匠一律不许入厂，造成后，察看是否制造如法，稍有不合，洋匠再加指点，责令"匠徒"重造，"试之又试，至再至三，务期尽其技而止"。①这次考核成绩优良，遂于当年将洋匠遣散回国。一八七五年春，清政府两次派福州船政学堂学生和艺徒数十名前往英、法留学，六年后学成回国，一切制造、驾驶等全由中国学生经理、掌握。②福州船政局创办之初，左宗棠由闽浙总督调任陕甘总督，船政局的具体经营由船政大臣沈葆桢负责。但"萧规曹随"，左宗棠的功绩是不可埋没的。

实践是检验真理的唯一标准。左宗棠、沈葆桢等办理的福州船政局，在保卫祖国领土主权方面，是否起了积极作用呢？

一八七四年，日本派兵侵入台湾，东南震动。清政府派船政大臣沈葆桢为钦差大臣，"督福州水师赴台"，"另调某洋员在澎湖操练海军"。③日军气沮，日本政府遂派大久保利通到北京议约而返。福州水师舰只，绝大部分是由马尾船厂制造的。中法战争前，中国有北洋水师、南洋水师和闽江水师。④北洋水师下辖超勇、扬威等十余只兵舰，其中康济、眉云、镇海、泰安、威远、海镜等舰皆由马尾船厂制造，约占北洋水师舰只的五分之二。南洋水师中的澄庆、横海、镜清、开济、登瀛洲、靖远等舰为马尾船厂出品，约占南洋水师舰只总数的三分之一。闽江水师（即福州水师）由扬武、济安等十一只兵舰组成，其中除福胜、建胜二只

---

① 沈葆桢：《续陈各厂工程并挑验匠徒试令放手自造折》，载《沈文肃公政书》（卷四），第59—60页。
② 际唐：《马尾船政厂述要》，载丛刊：《洋务运动》（第八册），第516—520页。
③ 罗惇曧：《中日兵事本末》，载《中国近百年史资料》（下册），第360—361页。丛刊：《洋务运动》，第八册，中华书局1926年版，第482页。
④ 池仲祜：《海军大事记》，载丛刊：《洋务运动》（第八册），第485—486页。

炮艇购自美国外，其余舰只全系马尾船厂制成，其中扬武、济安、飞云、伏波等号，均在一千二百吨以上，[①]建造年代均在一八七五年（光绪元年）以前。这些兵舰都由中国培养出来的海军军官驾驶、管理。

论者每以闽江水师在一八八四年的中法战争中全军覆没，马尾船厂被毁，而对左宗棠创办船政局颇多訾议。我觉得对这个问题，是非应该分辨清楚。一八八四年六月二十五日，法军撕毁《中法简明条约》，进攻中国军队守御的观音桥阵地。中法战争全面爆发后，闽浙总督何璟等继续执行李鸿章的投降外交方针，既不在闽江口布置阻塞工事，又任凭法国舰队闯至马江。海战发生前，闽浙总督何璟明知海战即将发生，"秘不以宣"，以致闽江水师遭受法国舰队的突然袭击。中、法舰队本来强弱悬殊，再加遭受突然袭击，全军覆没的命运不可避免了。海战发生后，福建巡抚张兆栋、会办福建海疆大臣张佩纶、闽浙总督何璟等，或是蛰居衙署，"拜佛念经，以冀退敌"；[②]或是惊魂失魄，遁逃下乡，指挥无人，法国舰队遂得于海战后轰毁马尾船厂。因此，闽江水师的覆没与船厂的被毁，不是左宗棠等创办船政局的过错，而是何璟等执行李鸿章投降外交方针所造成的惨剧。值得注意的是闽江水师在被动应战的过程中，全体海军官兵义愤填膺，奋起作战，以小抗大，以弱战强。飞云舰管驾高腾云、福星舰管驾陈英等反复穿插敌方舰群，勇猛作战，直至舰沉人殉[③]，打击了法国舰队，迫使法舰不敢派兵登陆，迅速撤出闽江。纵然未能达到"制夷"的目的，却也起到了"抗夷"的作用。福州船政局创办不到二十年，便能制造出这许多军舰，配备成一支由自己制造、驾驶、管理的独立自主的海军舰队，在海战中海军官兵前仆后继，抗击强敌，

[①] 孙毓棠：《中国近代工业史资料》第一辑（上册），第422—423页。

[②] 采樵山人：《中法马江战役之回忆》，载丛刊：《中法战争》（第三册），第130—134页。

[③] 郑丙炎：《福州马江战事大概情形》，载丛刊：《中法战争》（第三册），第122—124页。

表现出不怕牺牲的爱国精神,这些难道不值得赞誉吗?

在西方国家工业化浪潮的冲击下,不同阶级、阶层的人,怀着不同的目的,以不同的态度投入了洋务运动。在洋务运动中,左宗棠与李鸿章走着不同的路子,不是偶然的。

左宗棠与李鸿章办理近代企业的目的不同。左宗棠投入洋务运动,是为了"师夷长技以制夷",是为了自强、雪耻。他在《学艺说帖》中说得再清楚不过了:"自海上用兵以来,泰西诸邦以机器轮船横行海上,英、法、俄、德又各以船炮互相矜耀,日竞其蚕食鲸吞之谋,乘虚蹈瑕,无所不至,此时而言自强之策,又非师远人之长,还以治之不可。"①左宗棠一生办了三个军事工业,即一八六六年创办的福州船政局,为镇压陕、甘回民起义而于一八六九年创办的西安机器局,和为了征讨阿古柏匪帮而于一八七三年将规模极小的西安机局搬至兰州而创办的兰州机器局。兰州机器局在收复新疆攻城夺池的过程中,"深得其力"。实践证明,他所创办的军事工业,主要在保卫祖国领土主权的完整中,起了积极的作用。

李鸿章与左宗棠投入洋务运动的目的不同。李鸿章创办军事工业的开初阶段,完全是为了镇压国内的农民起义,后来又把发展洋务运动,作为扩张其派阀势力的手段。他说"中国文武制度,事事远出西人之上,独火器万不能及",故"中国欲自强,则莫如学习外国利器,欲学习外国利器,则莫如觅制器之器,师其法而不必尽用其人"。②很明显,他创办军事工业,使军队装备新式武器,目的在于维护中国的封建制度,他压根儿也没考虑到"学习外国利器",以抵御外国的侵略。他说"师其法而不必尽用其人",可是他终其生没有创办一所理工科学校,借以培养大批掌握西方科学技术的人才。洋务搞了很久,他在一八七四年才不打

---

① 左宗棠:《学艺说帖》,载《左文襄公全集·说帖》,第1页。
② 故宫博物院:同治朝《筹办夷务始末》(卷二十五),第9—10页。

自招地说：用洋枪、洋炮武装起来的各省练军（当然应包括淮军），"以剿内寇，尚属可用，以御外患，实未敢信"。①这就揭穿了他办理洋务是为国家"自强"的欺人之谈。

随着洋务运动的发展，李鸿章把继续搞洋务运动作为扩张其派阀势力的手段。曾国藩曾经指点李鸿章说："淮军利，阁下安，……淮军钝，阁下危。"②李鸿章对此心领神会，因此，他始终牢牢控制、掌握淮军和他创办的军事工业。一八六五年，李鸿章被调离两江总督任前往北方镇压捻军时，奏陈他所创办的上海江南制造总局和金陵机器局，为淮军命脉所系，"诚不敢轻以付托"。③以后，这两个大型军事工业，几乎成了淮军的附属兵工厂。一八七〇年，李鸿章调任直隶总督兼任北洋通商大臣，又接办了由崇厚创办的天津机器局。一八七五年，船政大臣沈葆桢调任两江总督，李鸿章迅速派其亲信丁日昌接掌福州船政局，至此，当时中国的四大军事工业完全落到了他的手掌之中。此后，他还挂起"求富"的招牌，兴办民用企业，采用了官办、官督商办或官商合办的经营方式，但无论哪一种经营方式，企业的管理经营大权，都掌握在李鸿章信得过的官僚、买办的手中，他还利用自己的政治势力，为他创办的民用企业取得垄断地位和减、免税等特权。④因此，这些民用企业具有明显的封建性和垄断性，这是中国出现官僚资本主义雏形的开端，而李鸿章正是它的代理人。从十九世纪七十年代开始，他还借口海防空虚，创办北洋海军。李鸿章正是依靠他手中掌握的淮军、军事工业、民用企业和

---

① 李鸿章：《筹议海防附议复各条清单同治十三年十一月初二日》，载《李文忠公全书·奏稿》（卷二十四），第13页。
② 曾国藩：《复李宫保》，载《曾文正公全集·书札》（卷二十六），第19页。
③ 李鸿章：《奉旨督军河洛折同治四年十月初八日》，载《李文忠公全书·奏稿》（卷九），第57页。
④ 李鸿章：《试办织布局折同治八年三月初六日》，载《李文忠公全书·奏稿》（卷四十三），第43页。该《奏折》请准"十年之内，只准华商附股搭办，不准另行设局"。

北洋海军，作为政治资本，飞黄腾达，由巡抚而总督、大学士、军机大臣，长期稳坐直隶总督兼北洋通商大臣的交椅，操纵着清政府的大权。他吹嘘的什么"自强"，无非是扩张其淮系势力。在洋务运动发生、发展的过程中，李鸿章已经转化成大地主、大买办阶级利益的代理人。毛泽东同志在抗日战争爆发前指出："大土豪、大劣绅、大军阀、大买办们的主意早就打定了，他们过去是，现在仍然是在说：革命（不论什么革命）总比帝国主义坏，他们组成了一个卖国贼营垒，在他们面前，没有什么当不当亡国奴的问题，他们已经撤去了民族的界线，他们的利益同帝国主义的利益是不可分离的。"①操纵清政府军、政、外交大权的李鸿章等，便是这种人物的代表。因此，凡遇中外交涉，李鸿章总是曲意求降，成为投降派的罪魁。

如前所说，地主阶级改革派左宗棠投入洋务运动的目的与李鸿章有着根本区别，他办理近代军事工业的措施方法也因之而与李鸿章有异。虽然左宗棠也利用西安机器局生产的军火镇压回民起义，但是，总的说来，他是为了"师夷长技以制夷"而投入洋务运动的，他所办的近代军事企业，主要是为反侵略斗争服务的。他投入洋务运动的动机与效果、成就，以及他在历次反侵略斗争中的表现，都表明他是洋务运动中的爱国派，而李鸿章则是洋务运动中的妥协派。十九世纪七八十年代，随着民族矛盾的激化，左宗棠将在一连串的反侵略斗争中，与李鸿章展开针锋相对的投降与反投降、卖国与反卖国的扣人心弦的斗争。

三、谴责曾国藩等办理天津教案时崇洋媚外，"空言自强"

一次又一次的对外交涉，检验着人们特别是曾国藩、李鸿章、左宗

---

① 毛泽东：《论反对日本帝国主义的策略》，载《毛泽东选集》，第130页。

棠等是爱国还是妥协的政治态度。在处理一八七〇年发生的天津教案问题上，左宗棠坚持爱国，与曾国藩、李鸿章妥协媚外的行径截然相反。

"宗教是人民的鸦片"。①西方资产阶级不仅利用宗教去麻醉国内人民，并且利用它作为向外侵略的工具，以实行其文化侵略。资本主义列强在侵略中国的过程中，传教士、圣经的渗透，比炮舰的来到要早得多。五口通商后，列强对华的文化侵略，与军事、经济侵略有着同等的重要意义。披着宗教外衣的传教士无孔不入，招摇过市，欺压平民，作恶多端，激起了中国人民的反抗。天津教案就是一八四〇年鸦片战争以来，中国人民反对列强利用宗教侵略中国的规模最为巨大的一次反侵略爱国斗争。

一八七〇年，天津一带屡次发生诱拐儿童的事件，闹得满城风雨，人心惶惶。那时，外国侵略者经常勾结沿海痞棍，诱骗、拐带中国人口出洋，贩卖到他们的殖民地去做苦工。先是"天津府、县拿获迷拐幼孩之匪徒张拴、郭拐二名，讯明正法"。民间纷纷传说这两名凶犯与天主堂有关系。不久，又拿获拐犯王三纪、安三等，供词涉及教堂，天津人民对教堂疑惧愤恨万端。②同年六月十八日，天津民团盘查得拐犯武兰珍一名，审讯时武犯供认系受教堂王三指使，王三并以麻药供给武犯。天津道员周家勋、知府张光藻、知县刘杰等押解武兰珍到天主堂查询对质，轰动一时，围观群众人山人海。对质完毕，刘杰等将武犯押解回署，教堂人员竟如狼似虎，殴打围观群众，群众不服，"抛砖殴打"。知县刘杰率差前往弹压，这时，法国驻天津领事丰大业携带洋枪两杆，另有随从，手执利刃，闯进三口通商大臣衙门，开枪射击通商大臣崇厚（1826—1893），崇厚逃避内室，幸免于难。丰大业咆哮如雷，捣毁官署什物后，愤愤而去，中途遇到从天主堂弹压互斗回转的知县刘杰，丰大

---

① 马克思：《〈黑格尔法哲学批判〉导言》，载《马克思恩格斯选集》（第一卷），第2页。

② 故宫博物院：同治朝《筹办夷务始末》（卷七十三），第45页。

业再次开枪,当场打伤刘杰家丁一名。围观群众怒不可遏,丰大业被"群殴毙命"。天津民人随即传锣聚集各处民人,焚毁教堂,殴毙法国侵略分子十余名,另有三名沙俄侵略分子也被殴毙。当时,内阁中书李如松指出:"津民护官毙夷",起于"教匪迷拐幼孩,继因丰大业向官长开枪……斯时,民知卫官而不知畏夷,知效忠于国家而不知自恤罪戾"。但是,从总理各国事务衙门大臣奕䜣到通商大臣崇厚,却给天津道、府、知县等地方官扣上"于办理拐案操之过急",不能事先"预防"的罪名,分别"议处"。同时,连忙把直隶总督曾国藩从直隶省城保定调来天津处理天津教案。

在离开保定之前,曾国藩已经一再与奕䜣书函往返,商讨处理教案的办法,他提出几点处理原则:

第一,查清武兰珍与王三的关系,即使确如武兰珍所供,曲在洋人,也只宜在公文上"含浑出之",为法国人留有体面,以为交涉转圜余地。

第二,迅速严拿凶手,"以惩煽乱之徒,弹压士民,以慰各国之意"。

第三,如法国调兵船前来打仗,"立意不欲与之开衅"。①

七月八日,曾国藩力疾起行,前往天津。行前,他怕这次去津"查办殴毙洋人,焚毁教堂一案",难以"和叶","将来构怨兴兵,恐致激成大变",悲悲切切地写了遗嘱②,可怜如羊。可是,他在办案时,对待爱国人民却心毒手狠,其残暴有过虎狼。在赴津途中,他写信给奕䜣说:办案关键是避免开衅,"兵兴犹河决也,弭兵端犹塞河也"。他把奕䜣先将天津地方官分别"议处",拟派崇厚出使法国"谢罪"等妥协媚外的卖国行径说成是"筑堤塞河"的妙法。他进一步无耻地说:对待"河决",在"筑堤塞河"以外,尤须大力"开挖引河,使大溜有所归也"。怎样

---

① 曾国藩:《复崇地山宫保》、《复恭亲王》,载《曾文正公全集·书札》(卷三十二),第41—44页。

② 曾国藩:《致纪泽、纪鸿》,载《曾文正公六种·家训》,第88—90页。

"开挖引河"？他说那便是"缉拿凶手，弹压乱民"。①很明显，从奕䜣到曾国藩都在挥舞鬼头刀，砍向爱国群众，以平侵略者的"怨气"。

天津教案发生后，总理各国事务衙门咨札左宗棠，征求他关于处理天津教案的意见。左宗棠在复函中严肃指出："法国教主，多半匪徒，其安分不安为者，实不多见。"西方各国与中国构衅，每多挟持大吏，利用中国官府去压制华民，但他们也有所顾忌，因为他们也知道中国地大人众，众怒难犯。天津教案由迷拐幼孩激起，武犯兰珍的招供俱在，不能不说是事出有因。由此而论，咎在法国，不至激起战争。尤且"丰领事以洋枪拟崇大臣，天津令从人受伤矣，其时欲为弹压，亦乌从弹压之？彼无能如百姓何，无能如大吏何。……现奉旨派曾中堂②赴津查办，自已渐有端倪……如志在索赔了结，固无不可通融，若索民命抵偿，则不宜轻为允许。一则津郡民风强悍，操之过蹙，必起事端。……且津民之哄然群起，事出有因，义愤所形，非乱民可比，正宜养其锋锐，修我戈矛，隐示以不可犯之形，徐去其逼，未可以仓卒不知谁何之人论抵，致失人和"。③

奕䜣、曾国藩听不进这些逆耳忠言。曾国藩到天津，发现爱国群众反侵略的情绪高涨，"将打杀洋人图画刻板，印刷斗方、扇面以鸣得意"。④他火冒三丈，下令"严戒滋事"，侦骑四出，到处抓人。答允法国驻华代办罗淑亚的无理要求，释放罪犯王三、安三和武兰珍等。罗淑亚的气焰更加嚣张，竟然横蛮要求以地方官员抵命，否则将以战争从事。当时，普法战争已经开始，法军到处败北，哪有力量发动侵略战争！"死

---

① 曾国藩：《复恭亲王》，载《曾文正公全集·书札》（卷三十二），第45页。
② 曾国藩是大学士，故称"中堂"。
③ 左宗棠：《上总理各国事务衙门》，载《左文襄公全集·书牍》（卷十一），第13—14页。
④ 曾国藩：《复宝佩蘅尚书》，载《曾文正公全集·书札》（卷三十二），第48页。

老虎"竟吓倒了奕䜣、曾国藩。曾国藩拼命"缉拿凶手",以备抵命。但"已获者人人狡供,未获者家家藏匿"。他决定抓不到"凶犯"便乱抓,白天抓不到就晚上抓,抓到假的,刑讯逼供,使假的变成真的。他致书宝鋆(字佩蘅)时针对左宗棠的爱国观点说:以为"津民义愤,不可查拿,府县无辜,不应讯究者,皆局外无识之浮议,稍达事理,无不深悉其谬"。天津"枉杀"教士,"外国疑天津可杀二十,他口即可杀四十,今日可杀二十,异日即可杀二百,洋人在中华几无可以容身之地"。①曾国藩乱抓了八十多人,经过酷刑熬审,屈打成招,他上奏说:"共拟正法者十五名,军流者四人,拟办徒罪者十七人,共计可科轻罪者二十一名。……其情节较重,讯有端倪,供证均未确实者,尚有十六名,拟归于第二批办理。……将来第二批奏结,或再办首、从犯数名。或与洋人订定抵偿实数,中国如数办到,请旨饬下总理衙门覈定行知臣等,以便遵循。"②他自己也知道这种做法,将激起天津人民和左宗棠等的反对,为了转移目标,他制造战争舆论,奏请清政府命令各省备战布防,把李鸿章及其统率的淮军调到直隶,一则防止民变,再则以此堵住左宗棠等的爱国舆论,可谓老奸巨猾。

　　李鸿章调至直隶后,完全赞成他老师曾国藩的办案方案。他说:闻"已有可正法者十余人,议罪二十余人,固觉喜出望外"。③一八七〇年十月七日,由曾国藩(已调两江总督)、李鸿章(已任命为直隶总督)会衔上奏结案,"共得正法之犯二十人(由于某些原因,后来被杀十六人),军徒各犯二十五人,办理不为不重,不惟足对法国,亦堪遍告诸邦"。④张光藻、刘杰发往黑龙江充军,另外赔偿法国白银数十万两。

---

① 《复宝佩蘅尚书》,载《曾文正公全集·书札》(卷三十二),第48页。
② 同治朝《筹办夷务始末》(卷七十六),第28—29页。
③ 李鸿章:《论天津教案同治九年九月初九日》,载《李文忠公全书·译署函稿》(卷一),第2页。
④ 同治朝《筹办夷务始末》(卷七十九),第19页。

事后，曾国藩说：天津教案办就后，有些被案情牵连的家属赴京控告，责我"讯办不公"，京津"物议沸腾"，使我"内愧方寸，外干清议"，"心绪不免悒悒"。①左宗棠谴责曾国藩媚外卖国，草菅民命说："曾侯相平日于夷情又少讲求，何能不为所撼！……彼张皇夷情，挟以为重，与严索抵偿，重赔恤费者，独何心欤？""数年以来，空言自强，稍有变态，即不免为所震撼，可洵忧也。"②在清政府中央和地方的当权派中，敢于正面提出办理天津教案应持的爱国立场，事后又敢于谴责曾国藩的妥协外交，批判曾国藩等办理洋务运动是"空言自强"的，只有左宗棠一人。

---

① 曾国藩：《致澄侯，沅浦弟》，载《曾文正公六种·家书》（第四册），第133页。

② 左宗棠：《答沈幼丹中丞》、《答夏小涛》，载《左文襄公全集·书牍》（卷十一），第22、26页。

第五章　新疆危急声中的"塞防"与"海防"之争

　　自由竞争占统治地位的垄断前资本主义，在十九世纪六七十年代到达了发展的顶点，在十九世纪的最后三十多年中，完成了由垄断前的资本主义到垄断资本主义即帝国主义的过渡，世界资本主义列强"开始了夺取殖民地的大'高潮'，分割世界领土的斗争，达到了极其尖锐的程度"。①远东地区，首先是地大物博、人口众多而又衰弱的中国，成为列强侵略的重要对象。于是，中国的边疆地区普遍发生了严重危机。

　　一八六七年，美国侵略军侵入中国台湾的琅峤（台湾省恒春县），进攻高山族人民。

　　一八七四年，美国支持日本侵略军登陆琅峤，同年十月，日本迫使清政府订立了《北京专约》。

　　一八六五年，浩罕国派军事头目阿古柏率军侵入南疆，建立了"哲德沙尔汗国"，阿古柏匪帮成为英国侵略者肢解新疆的工具。

　　一八七一年，沙俄利用中国新疆的混乱局面，乘机出兵侵占伊犁。至此，新疆大部沦陷，山河变色。

　　七十年代，英国加紧了对云南的侵略活动，一八七五年，在云南发生了所谓"马嘉理案"。

---

　　①《帝国主义是资本主义的最高阶段》，载《列宁选集》（第二卷），1973年版，第798页。

第五章 新疆危急声中的"塞防"与"海防"之争

十九世纪七十年代，中国出现了塞防与海防同时告警的严重局势，两者应各占何等地位？中国近代史上首先提出塞防与海防并重的是林则徐。在第一次鸦片战争期间，林则徐一贯强调制船造炮，加强海防。一八四二年，林则徐被谪戍伊犁，十月十日，行抵嘉峪关。翌日，策马出关，"一出关外，见西面楼上有额曰'天下第一雄关'，又路旁一碑亦然。近关多土坡，一望皆沙漠，无水草树木，稍远则有南、北两山，南即雪山，北则边墙"。[1]不禁感从中来，写下了《出嘉峪关感赋》：

严关百尺界天西，万里征人驻马蹄。飞阁遥连秦树直，缭垣斜压陇云低。天山峻削摩肩立，瀚海苍茫入望迷。谁道崤函千古险，回看只见一丸泥。

敦煌旧塞委荒烟，今日阳关古酒泉。不比鸿沟分汉地，全收雁碛入尧天。……西域若非神武定，何时此地罢防边？[2]

淡淡几笔，勾画出了嘉峪关的雄姿与"边关"风情，盛赞了乾隆帝戡定新疆、统一祖国在国防上的重要意义。这是林则徐关怀西北边防的开始。

一八四二年底，林则徐行抵伊犁戍所。一八四四至一八四五年，林则徐奉命勘办南疆荒地，周历南疆的和阗、喀什噶尔、阿克苏、库车、喀喇沙尔（焉耆）等地，并且到了托克逊、吐鲁番、哈密，行程万余里。当时，沙俄帝国主义正在不断蚕食鲸吞巴尔喀什湖以南、以东的广大中国领土，新疆的边防岌岌可危。林则徐经过数年对新疆边防的实地考察，发现沙俄是中国西北边陲的可怕敌人，隐患方长。一八四三年，开明阿（字子捷）自伊犁赴任喀什噶尔领队大臣，向林则徐求临别赠言，林则徐作诗说：

---

[1] 中山大学历史系：《林则徐集·日记》，第422页。
[2] 林则徐：《出嘉峪关感赋》，载《云左山房诗钞》（卷七），第1页。

> 嗟哉时事艱，志士力须努。厝薪火难测，亡羊必补牢。……蜂虿果摄威，犬羊庶堪托。将士坚一心，讵不扬我武。行矣公勉旃，黑头致公辅。①

林则徐在提醒开明阿到喀什噶尔后，应实力筹备边防，防止外来侵略。一八四五年十月下旬，林则徐被赦入关，"人以英夷事问之"，他回答说："英夷由海道犯中国实难"，只须善守海口，英国便"无如我何"。"予观俄国势日强大，所规画布置，志实不小……陆路相通，防不胜防，将来必为大患，是则重可忧也。"②一八五〇年，林则徐告病回籍，"时方以西洋为忧，后进咸就公请方略。公曰：'此易与耳，终为中国患者，其俄罗斯乎。吾老矣，君等当见之。'然是时俄人未交中国者数十年，闻者惑焉"。③从一八五八年到一八六四年的期间，沙俄先后胁迫清政府订立了一系列的不平等条约，割占中国东北和西北一百四十多万平方公里的领土。事实充分证明了林则徐对西北边疆要加强国防力量的远见卓识。十九世纪四十年代末，林则徐一方面痛恨英国在广东沿海的侵略活动，而念念不忘"珠海何年蜃气消"，同时希望西北边防"将士坚一心，讵不扬我武"。在中国近代史上，林则徐首先提出了塞防与海防并重的国防观点。

一八七三年，新疆与内地的道路畅通了，左宗棠继承和发展了林则徐塞防与海防并重的国防观点，积极筹组收复新疆的西征军，而李鸿章却借口海防空虚，跳出来反对，甚至恬不知耻地叫嚷：新疆不复，"于肢

---

① 林则徐：《送伊犁领军开子捷开明阿》，载《云左山房诗钞》（卷七），第7页。
② 欧阳昱：《耆英》，载《见闻琐录》（卷四）。转引自：来新夏《林则徐年谱》，上海人民出版社1981年版，第438—439页。
③ 李元度：《林文忠公事略》，载《国朝先正事略》（卷二十五），汉读楼书局光绪二十八年版，第34页。

体之元气无伤",遭到左宗棠的严厉反驳。于是,在清政府内部发生了一场所谓"塞防"与"海防"之争,这种矛盾斗争,贯穿在征讨阿古柏匪帮与收回伊犁的全过程中。

一、新疆自古以来是中国的领土,沙俄帝国主义侵占中国西部大片领土

新疆,古称西域,远古时代即与中国有了交往。①《山海经》和《穆天子传》对葱岭以东的山川形势和风土物产均有记述。为了反击匈奴的入侵,公元前二世纪,西汉政府曾两次派张骞出使西域,沟通了中原与西域的交通,密切了相互之间的联系。公元前五十九年(汉宣帝神爵三年),匈奴内乱,管理西域事务的日逐王归诚汉朝,汉宣帝命郑吉为西域都护,设都护府于乌垒(新疆轮台),"都护之置,自吉始焉。"②从此,西域成为中国不可分割的一部分。汉朝以后,历代相沿,都在西域设有政权机构,管辖这块广大地区。

清康熙年间,为了维护祖国的统一与安定边境秩序,清政府出兵戡定了准噶尔部封建主噶尔丹的叛乱。一七五五年(乾隆二十年)、一七五七年,清政府又两次出兵讨伐准噶尔部上层封建主的叛乱,攻取伊犁,彻底解决了叛乱势力,不久,略定南疆。一七五九年十二月十三日,清政府"宣示中外",将西域改名新疆③,设立了伊犁总统将军(通常简称伊犁将军)为首的各级军事、行政机构④,统辖包括巴尔喀什湖以及帕米

---

① 顾炎武:《西域土地内属略》,载《天下郡国利病书》(卷一一七),蜀南桐华书屋光绪己卯版,第1页。
② 司马光:《资治通鉴》(第二册,卷二十六),中华书局1976年版,第859页。
③ 《清高宗实录》(卷五九九),第33页,影印本。
④ 赵尔巽等:《清史稿·地理志》(第八册,卷七十六),第2371—2372页。

尔在内的广大的新疆地区。清政府在新疆西境设立了许多卡伦（哨所），定期派兵巡查。清朝的官方文献《钦定大清会典图》《大清一统志》等，都标明中国西部边界在巴尔喀什湖，至于斋桑泊、伊塞克湖则是中国的内湖。一八六四年《中俄勘分西北界约记》俄方签字代表巴布科夫，在他的著作中写明中国的边界在巴尔喀什湖的北岸。[①]一九五八年苏联政府审定的《苏联历史地图集》所画中国的边界，直到十九世纪还在巴尔喀什湖。但是，自从沙俄的侵略势力不断向东方扩张以后，中国西部和北方的领土受到了它的严重威胁。

沙俄是一个欧洲国家。十六世纪末叶，沙俄开始越过乌拉尔山向东扩张，用剑与火开路，逐步并吞西伯利亚的广大地区。十七世纪上半叶，它的侵略势力扩张到了我国的黑龙江流域。一六八九年（康熙二十八年），中俄双方签订了《尼布楚条约》，从法律上肯定了黑龙江和乌苏里江流域的广大地区都是中国领土。一九六一年出版的由苏联外交部长葛罗米柯主编的《外交辞典》中说：订立《尼布楚条约》时的中俄边界谈判，是"正式的平等的谈判"，"该约巩固并扩大了两个邻国人民的和睦关系"。但条约签订后，沙俄帝国主义却背信弃义，在第二次鸦片战争期间，乘机采用外交讹诈与军事威胁双管齐下的卑劣手法，先后于一八五八年、一八六〇年强迫清政府签订了不平等的《中俄瑷珲条约》和《中俄北京条约》，割占了黑龙江以北、乌苏里江以东一百多万平方公里的中国领土，同时，为它在中国新疆西部扩大侵略制造了借口。

沙俄蚕食鲸吞中国西北边疆的领土为时已久，从十八世纪中叶开始，沙俄向中亚进行领土扩张。一八〇三年（嘉庆八年），沙俄侵略军侵入中国新疆西北部的斋桑泊地区。之后，继续向东扩张其侵略势力，对中亚三汗国浩罕、布哈拉和基发进行征服战争，并力图把它的魔掌伸向

---

① 巴布科夫：《一八五九—一八七五年我在西伯利亚服务的回忆》，彼得堡1912年版，第162页。

中国的新疆。一八四七年，沙俄出兵侵占了中国的巴尔喀什湖东南的喀拉塔勒河、伊犁河等七河地区。

一八四二年《南京条约》订立后的第二年，美国侵略者胁迫清政府订立了《望厦条约》，一八四五年，法国侵略者又胁迫清政府订立了《黄埔条约》。一八五一年，沙俄乘势胁迫清政府订立了《伊犁塔尔巴哈台章程》，清政府被迫开放伊犁、塔尔巴哈台（塔城）为商埠，沙俄攫得在上述地区的通商、贸易免税、自由居住、传教等特权。[①]此后，沙俄加紧了侵略中国西部边境的步骤，十九世纪五十年代末，已经侵占了巴尔喀什湖以东、以南的大片中国领土。

一八六〇年签订的《中俄北京条约》规定勘分中俄西段边界，"应顺山岭、大河之流及现在中国常驻卡伦等处，及一七二八年（清雍正六年）所立沙宾达巴哈之界牌末处起，往西直至斋桑淖尔湖，自此往西南顺天山之特穆尔图淖尔[②]，南至浩罕边界为界"。沙俄援引这一规定，强迫清政府举行所谓谈判。一八六二年，中俄双方代表在塔城谈判时，俄方代表横蛮要求"不论中华边疆，以常驻卡伦为界"。同时，沙俄在格根河、伊犁河及塔城地区附近部署军队，以武力相要挟。沙俄"逞兵挟制"，我"若不允其所求，必至立成决裂"[③]，一八六四年，清政府被迫签订了《中俄勘分西北界约记》，沙俄割去了巴尔喀什湖以东、以南四十四万平方公里的中国领土。

十九世纪六十年代，沙俄完成了中亚重要据点的占领。一八六七年，沙皇敕令建立了土耳其斯坦省（即后来的七河省），以高福曼为总

[①] 故宫博物院：咸丰朝《筹办夷务始末》（卷五），第7—10页。《西域释地》载：塔尔巴哈台，参赞大臣驻地，本名楚呼楚，后定今名。距北京一万零三百里，至嘉峪关五千余里。城东北五百余里为斋桑泊。见丛书集成五二五三祁韵士：《西域释地》，商务印书馆1936年版，第3—4页。（以下引用该书，不再注明丛书集成。）

[②] 即伊塞克湖。

[③] 故宫博物院：同治朝《筹办夷务始末》（卷二十九），第23页。

督，驻塔什干，其辖区自乌拉山岭以至中国西北边境。高福曼具有对布哈拉、基发以及中国的交涉权力。六十年代末和七十年代，沙俄并吞了浩罕、布哈拉和基发汗国。沙俄领土与中国西北边境接壤后，新疆岁无宁日了。

伊犁地区，在经济上是富庶之区，物产丰富，是新疆西部的粮仓；在军事上，是北疆的门户，易守难攻，"英、法人谓伊犁全境为中国镇守新疆一大炮台"。①俄将库鲁巴特金说："向东延伸的伊犁地区，像一座坚固的堡垒，合并了这块地区，会给我们在防御上带来很多的利益，相反的，给中国却造成了很大的军事威胁。"②沙俄企图侵占伊犁之心，昭然若揭。一八七〇年，阿古柏匪帮的势力扩张到了乌鲁木齐等地。③一八七一年七月，沙俄乘虚而入，派兵侵占伊犁，"宣布伊犁永远归俄国管辖"。④沙俄驻华公使照会总理各国事务衙门说：此举是为了"安定边境秩序"，"只以回乱未靖，代为收复，权宜派兵驻守，俟关内外肃清，乌鲁木齐、玛纳斯各城克复之后，即当交还"。⑤沙俄估计中国再也无力收回乌鲁木齐等城，所以讲了这些外交辞令。这时，沙俄一方面侵占伊犁；另一方面竭力拉拢阿古柏匪帮，阴谋使阿古柏变成它侵吞南疆的工具，形成南北夹击，鲸吞新疆的形势。但事物的发展，恰恰出于一切反动派的想象与估计之外，左宗棠指挥西征军，不仅在一八七六年八月收复了乌鲁木齐，并且在一八七八年初彻底歼灭了阿古柏匪帮，收复了南

---

① 曾纪泽：《敬陈管见疏庚辰四月十九日》，载《曾惠敏公全集·奏疏》（卷二），上海石印本光绪二十年版，第2页。

② A. N. Kuropatkin (Eng, Tr. A. B. Lindsay): The Russian Army and the Japanese War, Vol. I, p. 70. Printed in Great Britain, London, 1909.

③ 曾毓瑜：《新疆靖寇记》，《征西纪略》。载丛刊：《回民起义》（第三册），上海神州国光社1952年版，第44—45页。

④ 美国金楷理口述、番禺姚棻笔译：《西国近事汇编》（卷三），1978年编，第61页。

⑤ 袁大化等：《新疆图志·交涉志二》（卷五十四），宣统三年石印本，第4页。

八城，为收回被沙俄长期侵占的伊犁创造了有利条件，所以，在七十年代末，中国与沙俄间发生了紧张的伊犁交涉。

二、阿古柏匪帮侵占南疆，俄占伊犁，新疆危急

新疆东接甘肃、青海，南界西藏，西南以喀喇昆仑山与喀什米尔、巴基斯坦为界，西以帕米尔高原与阿富汗为邻，西北与苏联接壤，东北与蒙古人民共和国毗连，幅员辽阔，约占我国总面积的六分之一。新疆是我国西北边疆的战略要区。

新疆山河壮丽，有高耸云霄的阿尔泰山、昆仑山、天山，山顶终年积雪，白雪皑皑，晶莹耀眼。苍茫云海间的天山，横亘于新疆的中部，将新疆擘分为二，天山以南，通称南疆，天山以北，通称北疆。塔里木盆地在新疆南路，为天山、昆仑山所环绕，盆地的最外层为高山，其次是砾石带，为山麓区，又其次为冲积扇平原，灌溉便利，是比较富庶的农业区域。冲积扇平原的内侧为沙漠地区，面积几及盆地的一半。南疆的城市如喀喇沙尔（焉耆）、轮台、库车、喀什噶尔、和阗（和田）等，主要分布在塔里木盆地周围。北疆有准噶尔盆地，盆地在阿尔泰山与天山之间，呈三角形，东西两端较为开展，盆地内有草原，有沙漠，有沼泽，有盐湖。天山北麓的劳动人民，利用高山融雪，引水灌溉，农业比较发达，其重要城市如乌鲁木齐、玛纳斯、伊犁等，基本上分布在天山北麓。自古以来，新疆是中国通向中亚的交通孔道。

在波澜壮阔的太平天国革命运动期间，中国各族人民奋起响应革命，苗民等起义于贵州，回民起义于陕西、甘肃。一八六四年，新疆地区也爆发了维吾尔族、回族等人民起义。起义一开始，领导权就被各族封建主和宗教上层分子所篡夺，形成了互不统属、各据一方的混乱局面，其分布情况如下：

以库车为中心的黄和卓政权（和卓，意为大人、老爷，是对上层的尊称）。

以乌鲁木齐为中心的阿訇妥明（或称妥得璘，回族）政权。

以喀什噶尔为中心的回族封建主金相印、柯尔克孜族封建主思的克伯克为首的政权（伯克，意为显贵的统治者）。

以和阗为中心的玛福迪、哈比布拉汗政权。

以伊犁为中心的维吾尔族迈孜木杂特政权。

窃取领导权的这些上层分子，对外依靠英、俄帝国主义，对内残酷压迫、剥削劳动人民，他们还提出排满、反汉、卫教等口号，蛊惑人心，使起义的反封建性质逆转为各封建统治集团之间争权夺利的斗争，新疆各族人民依旧生活在水深火热之中。

一八六四年九月，金相印攻陷喀什噶尔的疏附（回城），清军坚守疏勒（汉城，喀什由汉城、回城组成），金久攻不下，向中亚的浩罕国请兵援助。一八六五年春，浩罕统治者派遣军事头目阿古柏（1825—1877）率军入侵新疆，侵占喀什噶尔，先后攻陷英吉沙尔、库车、阿克苏等地，掩有南疆，其反动势力东至辟展（鄯善）以东的七格台。①一八六七年，阿古柏悍然宣布成立"哲德沙尔汗国"（哲德沙尔，七城之意，指喀什噶尔、阿克苏、库车、莎车、叶尔羌、吐鲁番、和阗），自称"毕条勒特汗"（意谓洪福之王）。金相印背叛祖国，引狼入室，罪不容诛。

一八七〇年，阿古柏匪帮侵入北疆，打败妥明，侵占乌鲁木齐，其势力向西扩张至玛纳斯（绥来）。一八七三年，白彦虎等从陕、甘逃入新疆，投降阿古柏，为虎作伥，破坏祖国的统一，变成了背叛祖国的民族败类。

阿古柏匪帮在南疆的统治，是非常残暴、非常黑暗、非常野蛮的异

---

① 曾毓瑜：《新疆靖寇记》，《征西纪略》（卷四）。载丛刊：《回民起义》（第三册），神州国光社1952年版，第44页。

族统治,遭到了新疆各族人民的反抗。为了镇压反抗,阿古柏建立起一支由五六万人组成的反动武装。①阿古柏在南疆厉行宗教歧视和民族压迫,下令掠夺各族人民的土地,分赏给他的头目爪牙。一位维吾尔族的作者记下了阿古柏匪帮掠夺新疆各族人民的残暴行为:凡是水利建设比较完备、土地肥沃的地区,以至冬季草场和夏季草场,全部被没收,转卖给那些从前的管理人。阿克苏所属的阿克牙尔、柯坪、和什塔米、温巴什一带地方的土地卖了五十五万六千天罡两(每天罡两折合白银一两),拜城赛拉木的沃土卖了四十万天罡两,其余南六城的情况也类似。

以后每年还有一个官吏和若干同僚一同前来,还要搜刮人民几千天罡两。他们用阿古柏的名义,发给土地所有人地契,盖上他们自己的私章和阿訇的私章。后来,他们又说,卖出去的这些土地,没有收盖章钱,必须按照地价每个天罡两收一文钱。阿古柏反动政权掠夺平民的土地,征收苛捐杂税,把南疆搞得民穷财尽。当时,在喀什噶尔的一次群众集会上有人讽刺说:"真是到了安定的好时代了,成了百灵鸟在羊的脊背筑窝的时代了。"喀什噶尔的一个宗教学者在场搭话说:"陛下把七层土地都卖掉了,连百灵鸟放食粮的地方都没有了,现在不叫它在羊的身上搭窝到那里去搭呢?"阿古柏还放纵阿奇木伯克和伯克们残酷压迫平民。阿古柏"在他后来的旅行中……对任何人的诉呈和委曲都没有理睬和重视。一方面,如果遇到外来商人,就打开他们的货物查看登记,全部由国家验收。货物原主就只得把捆货的绳子、包皮的毡子等收拾了回去,紧跟着就有收扎朵提的人(收宗教税的人)向他们讨要扎朵提捐并派士兵跟随"。那些商人气愤地说,我们的货物全部被国家收去了。他们却说:"国家发给你钱的时候,你们可以接收你们的钱,现在却应当交纳扎朵提捐,不能耽误。"反动官兵们的横暴催逼,迫使商人们借了高利贷

---

① 包罗杰著、商务印书馆翻译组译:《阿古柏伯克传》,商务印书馆1976年版,第117页。

来交付扎朵提捐和维持生活。阿古柏还向平民百姓征收扎朵提（是征收财产四十分之一的宗教税）、乌受尔（是征收农作物十分之一的宗教税）。阿古柏反动政权横征暴敛，诛求无度，逼得农民群众出卖牲畜，"甚至卖了自己家中的锅、碗来交纳税款"。①在阿古柏的统治下，人民群众敢怒而不敢言。南疆各族人民把他们从阿古柏的蹂躏下解放出来的希望寄托到了汉族人民的身上。

在阿古柏匪帮的残暴统治下，维吾尔族人民中间传说着汉族人要来的消息，借以自相安慰。喀什噶尔的伽师县有个农民在犁地撒种子时，有人问他："喂！朋友请问你，你在这里种什么？"撒种子的农民回答说："还要种什么？种的是汉族人。"问话的人高兴地微笑着走了。②维吾尔族人民在怀念汉族人民。他们渴望祖国派兵去消灭阿古柏匪帮，把他们从阿古柏匪帮暗无天日的反动统治下解救出来。阿古柏匪帮不仅侵占中国的土地，在新疆建立了人间地狱的"哲德沙尔汗国"，并且变成了英、俄帝国主义的走狗，成为它们侵略中国新疆的工具。

十九世纪中叶以后，英、俄两国在中亚的殖民竞争愈演愈烈。沙俄帝国主义自从在中亚设省（即后来的七河省）后，以浩罕故都塔什干为省城所在地。此后，力谋开辟交通，拟筑一铁道，由里海经帕米尔及土耳其斯坦（沙俄侵吞中亚三汗国后，把该三汗国故地取名为俄属土耳其斯坦），以达中国边境。后来，又打算把铁道延伸至阿富汗及印度边境。③沙俄这一计划的目的，从地理关系上看，必然是侵占中国的南疆地区。同样地，英国侵略者也阴谋侵占中国的南疆地区，南疆地区成为

---

① 毛拉米沙·赛米拉：《海米迪历史》手稿。转引自鲍尔汉：《论阿古柏政权》，载《历史研究》，1958年第3期。

② 毛拉米沙·赛米拉：《海米迪历史》手稿。转引自鲍尔汉：《论阿古柏政权》，载《历史研究》，1958年第3期。

③ M. Henrie Hauserets: Histoire Diplomatique de L. Europe: Tom. I, P332—333. 转引自陈复光，《有清一代之中俄关系》（四章，二节），云南崇文印书馆1947年版。

英、俄两国殖民竞争的角逐场所。所以，阿古柏匪帮侵占南疆后，迅速被英、俄看中，英、俄都力图拉拢阿古柏，使他成为把自己的侵略势力渗透南疆，进而成为它们肢解新疆的工具。而阿古柏在南疆建立起反动政权后，自知力量薄弱，也急欲寻找一个强有力的主子，为他撑起"保护伞"，使他能苟延残喘下去。这样，中、英、俄三国之间，在新疆问题上的外交关系复杂化起来了。

沙俄抢先动手。一八六六年，阿古柏匪帮的守边官吏与沙俄方面订立所谓协议，约定双方互不干涉对方的行动，沙俄军队被允许进入南疆追捕逃犯，沙俄"也给喀什噶尔同样的权利"。①

十九世纪六十年代，中国的整个西北地区动乱不休，新疆几乎与内地隔绝，清政府无暇西顾，沙俄乘机派科尔帕科夫斯基为"伊宁远征军长官"，指挥俄军越过边境，于一八七一年七月上旬，侵占了伊犁九城地区②，"设官置戍，开路通商，晓示伊犁永归俄辖"。③当沙俄侵略军越境入侵时，在克特缅山区峡谷、霍尔果斯河一带的维吾尔族人民奋起抗击，给了俄军沉重打击。伊犁地区人民也纷纷反抗，俄军兽性大发，在一个多月中，将该地区的维、回、汉族人民"剿杀一半"。④俄军又采取诱降政策，但是，"所有满、绿、索伦、锡伯、察哈尔、额鲁特各营以及民人，并有晶河（精河）土尔扈特贝勒等人众，均已同心能死，不降俄

---

① 包罗杰著商务印书馆翻译组译：《阿古柏伯克传》，第144页。
② 据《清史稿》载：九城指惠远、惠宁、绥定、广仁、熙春、宁远、拱仁、瞻德、塔尔奇。载赵尔巽等：《清史稿·地理志》（第八册，卷七十六），第2380—2382页。据《西域释地》载：伊犁，将军驻地。"汉及北魏为乌孙国，唐为西突厥，明称瓦剌，即卫拉特之讹，后改准噶尔。"乾隆年间戡定准噶尔，改今名，"取唐书伊丽水名之。"距北京一万零七百里，东北距塔尔巴哈台一千五百余里，南距阿克苏千余里，东距乌鲁木齐一千九百余里。载祁韵士：《西域释地》，第1页。
③ 美国金楷理口译、番禺姚棻笔述：《西国近事汇编》（卷三），一八七八年编，第61页。
④ 故宫博物院：同治朝《筹办夷务始末》（卷八十三），第31页。

夷"。①俄军用散发口粮作诱饵,"劝令归顺",伊犁左近"兵民不从,亦不领粮,惟盼大兵早到,共图收复"。②

一八七一年冬,沙俄侵略军伪装成商队,偷袭乌鲁木齐,行至玛纳斯以西的石河子,被本地各族人民识破,民团设伏邀击,大败俄军,缴获驼、马二千余匹。新疆各族人民的抗俄斗争,制止了沙俄进一步的侵略行动。

侵占伊犁一个多月后,沙俄通知清政府,表示:"俄国无久占之意",是"代为收复,权宜派兵驻守,俟关内外肃清,乌鲁木齐、玛纳斯等城克复之后,即当交还"。③真是一派胡言。清政府命署理伊犁将军、乌里雅苏台参赞荣全与俄方谈判收回伊犁,俄方十分狡狯横蛮,谈判不得要领。清政府在北京与俄国驻华公使倭良嘎哩交涉,倭良嘎哩狡辩说:俄国"动兵收复伊犁,因边界滋事,断绝通商,不得不设法使边界永睦。若遽将伊犁交还,倘三五月或一年内仍行滋事,再烦本国动兵,有何益处"?甚至质询清政府:"交还伊犁后,中国是否能守?能否保俄国边界永远无事?"④这是十足的强盗逻辑。清政府因忙于镇压甘肃回民起义,无暇西顾,又深知伊犁交涉已非口舌之争,遂将收回伊犁交涉的问题搁置一边,俟诸异日。

自从侵占伊犁后,沙俄帝国主义野心勃勃,对新疆加紧了侵略活动,竭力扶植阿古柏匪帮,其目的是:第一,使阿古柏在新疆割据自雄,使新疆长期陷入混乱状态,沙俄得以借口拒绝交还伊犁。第二,使阿古柏变成它的忠实走狗,扩张它在南疆的侵略势力,造成南北夹击,鲸吞新疆的形势。为了取得沙俄对"哲德沙尔汗国"的承认,阿古柏写信给沙俄土耳其斯坦总督高福曼将军,敦请他直接派遣使节到喀什噶尔

---

① 故宫博物院:同治朝《筹办夷务始末》(卷八十四),第10页。
② 故宫博物院:同治朝《筹办夷务始末》(卷八十九),第22页。
③ 袁大化等:《新疆图志·交涉志二》(卷五十四),第4页。
④ 故宫博物院:同治朝《筹办夷务始末》(卷八十七),第7—9页。

来谈判解决彼此间存在的问题。一八七二年夏,沙俄派考尔巴斯到达喀什噶尔,受到阿古柏"最热烈的接待"。他接见考尔巴斯时,表现出走狗的媚态,向考尔巴斯献媚说:"请坐在我的膝上,坐在我的怀里,或你们所喜欢的任何地方,因为你们是上天送到这里来的贵宾。"他请考尔巴斯阅兵时又对考尔巴斯说:"我把俄国人看作是我最亲爱的朋友,如果不然,难道我会把我的军事力量给你们看吗?"①

沙俄政府派遣考尔巴斯到喀什噶尔的主要目的有三:"第一,他们想获得关于这个国家的一般情报,弄明白阿古柏伯克是否真像传闻那样强大。第二,他们希望把他们和他的关系建立在一个明确承认的基础之上,使得他们能知道他在土耳其斯坦和固尔扎(伊犁)准备采取什么政策。第三,他们想获得在他的国家里进行贸易的垄断权,使他们可以先发制人以对付英国企业,自从沙敖和茀赛斯两位先生的访问以来,英国企业已经把注意力转移到这一带地方来。"②一八七二年六月,阿古柏与考尔巴斯签订了《喀什噶尔条约》,沙俄承认"哲德沙尔"为独立王国;阿古柏容许俄国在其统治地区享有通商及旅行特权,并得在南疆七城设立商务代表和商馆,俄商在南疆纳进口税百分之二点五。③这一条约的订立,表明沙俄公开承认了"哲德沙尔汗国",暴露出它企图肢解祖国新疆的阴谋。这是对我国主权最严重的破坏。

英、俄两国是在中亚进行殖民竞争的对手。一八七三年,俄国完成了中亚三汗国的吞并。在浩罕时,阿古柏曾与沙俄侵略军作战,身中数枪。一八七三年后,英国加紧了拉拢阿古柏的外交活动,因此,在与沙俄订立《喀什噶尔条约》后,阿古柏转向英国侵略者,企图依靠英国侵略者来维护其"哲德沙尔汗国",这完全符合了英国把侵略势力从印度扩

---

① 包罗杰著,商务印书馆翻译组译:《阿古柏伯克传》,第157页。
② 包罗杰著,商务印书馆翻译组译:《阿古柏伯克传》,第255页。
③ 包罗杰著,商务印书馆翻译组译:《俄国与喀什噶尔条约》,载《阿古柏伯克传》,第255—256页。

张到南疆的需要。早在一八六八年夏，阿古柏已派穆罕默德、那札尔到旁遮普谋求英国的援助，英国侵略分子沙敖在同年十二月到达喀什噶尔，"浩罕人的所有达官显贵都一个一个地像对朋友和兄弟一样接待了他"，阿古柏本人也接见了他。沙敖把带来的来福枪等武器作为礼物送给阿古柏，示意阿古柏必须加强其反革命武装。一八六九年，阿古柏再次遣使前往印度，英印总督接见了来使，并对他说："'愿尔主与予同心和好，所有往来客商，各宜保护平安'。送其铜帽子、火药若干。又云：'欲请造枪名匠，听行择请。'"[①]不久，这个使节陪同英国派出的第一个使节荚赛斯爵士以及沙敖等来到喀什噶尔，但恰巧阿古柏到吐鲁番、乌鲁木齐等地镇压新疆各族人民的反抗斗争去了，荚赛斯败兴而归。之后，英国利用其与国土耳其苏丹的影响，笼络阿古柏。一八七三年，阿古柏遣使朝觐土耳其苏丹，称土耳其为上国，被土耳其封为爱弥尔（意为君主），并从土耳其得到许多步枪和大炮，土耳其还派军官前来帮助阿古柏训练军队。

一八七三年秋，为了抵销考尔巴斯与阿古柏所订立的《喀什噶尔条约》，英国派出由荚赛斯率领的使团，再次前往喀什噶尔。"这个使团的装备也是非常细心精选的……规模非常庞大，从人数来说，它具有一支小型军队的规模；营帐里有'三百个人员和四百头牲口'。英国旅行者怕同时成群结队地进入喀什噶尔会引起当地居民恐惧的时代已一去不复返了。荚赛斯先生带着他的君主和总督（印度总督）所授予的全权，前来和喀什噶尔的统治者谈判订立一个友好条约，当地人民大都从这个事实里看到了他们的自由和独立得到维护的保证。"十二月十一日，阿古柏正式接见了以荚赛斯为首的英国使团。荚赛斯把携带来的枪支、小炮，还有女王的亲笔信等礼物递交阿古柏，阿古柏"以毫不掩饰的满意心情"，接受了英王的亲笔信。"几次重复说：'赞美真主。'"接着阿古柏以走狗

[①]［美］林乐知著：《喀什噶尔略论》，载《小方壶斋舆地丛钞》二帙。

的姿态和口吻说:"你们的女王是一位伟大的君主。她的政府是一个强大的仁慈的政府,她的友谊是值得希求的。因为她总是以源源不绝的好处给予得到这种友谊的人。女王就和太阳一样,在她的温和的阳光里像我这样可怜的人才能够很好地滋长繁荣。我特别希望获得英国人的友谊,这对我是不可少的。你们的统治是正义的。这条路对任何人都是开放的,从这里到伦敦任何人都可以自由来往。"①

一八七四年二月,阿古柏与英国在喀什噶尔订立了《英国与喀什噶尔条约》,共十二款,其主要内容是:英国承认"哲德沙尔汗国"为独立国。英国在南疆取得通商、低税、领事裁判权;英国臣民得在阿古柏统治地区购买或租用土地、房屋或货仓,没有占有者的同意,不得强行进入搜查。"英国政府得随意任命一名代表驻在爱弥尔殿下宫廷,并任命一名隶属于他的商务代理人,驻于殿下领土内任何认为合适的市镇或地方。爱弥尔殿下得任意任命一名代表驻印度总督那里,并在英属印度任何合适的地方派驻一些商务代理人。这样的代表们应享有按国际法给予大使的级别和特权,商务代理人应享有最惠国领事的特权。"②事后,英国资产阶级学者发表评论说:"看来英国的巨大保护伞已经覆盖了他(阿古柏)整个国家。这一假设尽管不能用与道格拉斯·弗赛斯爵士签订的条约来证明,爱弥尔却是对他新发现的盟友作出了最充分的利用;大部分的英印人和英国的中亚事务权威,出于对他本人的同情,或者是由于相信英国的利益和他的事业完全一致,都主张应当支持他反对俄国的侵略,这就给了他一种表面上的理由,宣称英国在喜马拉雅山外的政策中第一次把它的保护延伸到它的自然边界以北的一个当地国家。"③之后,阿古柏先后派遣阿布杜萨马德·伊什罕伯克为首的代表团与以艾合热尔汗土烈为首的代表团到英国去觐见英王,仅从这两次外交活动中,阿古

---

① 包罗杰著,商务印书馆翻译组译:《阿古柏伯克传》,第181、184—185页。
② 包罗杰著,商务印书馆翻译组译:《阿古柏伯克传》,第257—262页。
③ 包罗杰著,商务印书馆翻译组译:《阿古柏伯克传》,第166页。

柏就得到英国步枪六万支和修理厂的设备。①阿古柏变成了英帝国主义的走狗。英国千方百计使阿古柏政权成为"独立国",用大量枪炮武装阿古柏匪帮,其目的在于使阿古柏匪帮成为英国肢解中国新疆的工具。

阿古柏匪帮侵占南疆,建立了"哲德沙尔汗国",把他的势力向东扩张到吐鲁番以东的辟展,并横越天山,向北扩张到乌鲁木齐、玛纳斯,沙俄又侵占了伊犁,因此,清军反而局促于塔尔巴哈台、古城、哈密一带的狭小地区,祖国新疆几乎沦为异域。严重的民族矛盾,促使地主阶级改革派左宗棠转化为爱国将领,提出恢复旧山河,征讨阿古柏匪帮的爱国要求。李鸿章跳出来反对,叫嚷放弃新疆,于是,在清政府的内部发生了"塞防"与"海防"之争。

三、"塞防"与"海防"之争,是爱国与卖国之争

十九世纪七十年代,中国边疆地区普遍发生了严重危机,特别是新疆危机,促使清政府中的部分官员意识到国家、民族危机的严重性,他们要求清政府制定对策。为了应付舆论,一八七四年八月二十二日,清政府授乌鲁木齐都统景廉为钦差大臣督办新疆军务,命令大学士、陕甘总督左宗棠派遣所属金顺、张曜等部自肃州(酒泉)出关,为景廉后援。

白彦虎是陕西回民军中的动摇分子,由陕西逃奔甘肃,参加了肃州回民起义军。一八七三年初夏,白彦虎"料肃城必破,率部数千窜赴新疆",②沿途掳掠,残酷异常。逃窜新疆后,白彦虎投降阿古柏匪帮,变成一个叛国逆匪,屡次率部至景廉驻地古城(奇台)一带骚扰。景廉所

---

① 毛拉米沙·赛拉米:《海米迪历史》手稿。转引自鲍尔汉:《论阿古柏政权》,载《历史研究》,1958年第3期。
② 曾镜瑜:《新疆靖寇记》,《西征纪略》。载丛刊:《回民起义》(第三册),第40页。

部疲弱，自保不暇，接连向清政府告急求救，奏请左宗棠迅速出兵增援。自肃州至哈密一千六七百里之遥，①沿途因白彦虎部的洗劫，往往百里无人烟，草莱没胫。因此，新疆驻军的粮运困难，西征军难以陆续挺进新疆，救援景廉。一八七四年十月，清政府命钦差大臣、大学士、陕甘总督左宗棠督办粮运事宜，以内阁学士袁保恒为帮办。左宗棠积极筹备饷糈，整顿部队，秣马厉兵，隐然为西征军主帅。

一八七四年夏，在美国的支持下，日本出兵侵犯台湾。李鸿章明明知道"日船非中国之敌"，却不问事理之曲直，依然力主妥协退让，同年十月，李鸿章与大久保利通在北京订立了《台事专约》三条。事后，奕䜣、李鸿章把对日妥协退让，归因于"海疆备虚"。十一月，奕䜣提出了购买铁甲舰等实力筹备海防的建议。清政府命南、北洋通商大臣暨滨海沿江各省督抚、将军于一月内议复。②直隶总督兼北洋通商大臣李鸿章想乘机建立由他控制的北洋海军，以扩大其政治资本，巩固、加强其政治地位，甘冒天下之大不韪，在复奏中提出放弃祖国西陲重地新疆，西征军应"停兵撤饷"，移"西饷作海防之饷"的卖国谬论。

早在嘉庆、道光之间，就有不识大体、腐败昏庸的反动官僚，认为新疆僻处西北，每年贴饷二三百万两，殊为不值。地主阶级改革派龚自珍严加批判，指出新疆自古以来是中国的土地。他肯定乾隆帝戡定新疆的业绩，说：乾隆年间征讨准噶尔部叛乱，"用帑数千万，不可谓费，然而积两朝西顾之焦劳，军书百尺，不可谓劳，八旗子弟，绿营疏贱，感遇而捐躯，不可谓折。……有天下之道，则贵乎因之而已矣"。新疆的土

---

① 《西域释地》载：哈密，办事大臣驻地。"汉伊吾庐地，置宜禾都尉屯田于此。晋属敦煌郡。北魏置伊吾郡。唐为西伊州，寻改伊州，置都督府。……明建哈密卫。"哈密地当天山南，北两路分道之处。北距北京六千四百余里，东距嘉峪关一千五百余里，西南距吐鲁番一千三百余里，距巴里坤三百余里。但哈密巴里坤间山势险峻，商行畏之。祁韵士：《西域释地》，第7页。

② 故宫博物院：同治朝《筹办夷务始末》（卷九十八），第19—20页。

地不仅"无尺寸可议弃之地",并且应移内地之民充实边疆。①魏源也肯定乾隆帝戡定新疆的功绩。他说:准噶尔叛乱时,在康熙年间,"烽火逼近畿,边民寝锋镝,中国运饷屯甲于科布多、巴里坤,且战且守,先后糜帑七千万"。自从新疆戡定后,西陲平安无事百余年,这种经验教训岂可忘记?现在国家穷困,是由于"名粮武俸之增,河工岁修之费,八旗口粮之重,纹银出洋之甚……不探其本,而漫咎于新疆"的协饷,轻信"耳食道听"之徒的流言蜚语,真是不智极了。②在龚自珍等的影响下,一八三三年左宗棠写出了:

　　西域环兵不计年,当时立国重开边。
　　橐驼万里输官稻,砂碛千秋此石田。
　　置省尚烦他日策,兴屯宁费度支钱。
　　将军莫更纾愁眼,中原生计亦可怜。③

在这首诗中,他对康熙、乾隆时代"立国重开边"给予很高的评价,谴责历任封疆大吏不善经营,并抒发了他对巩固西北边疆的抱负。年轻时代的志向,现在几乎变成了现实。如今他在西北手握重兵,正在为收复新疆而筹组西征大军时,却遭到李鸿章的阻挠破坏。左宗棠像好斗的猛虎,腾跃反击,猛扑过去,上奏予以驳斥。一场"塞防"与"海防"的斗争不可避免了。

一八七四年十二月上旬,李鸿章在复奏关于筹备海防问题时,摆出精通兵事,谙悉洋务,关心国防的架势,鼓其如簧之舌说:我"从事军中十余年,向不敢畏缩自甘……洋务涉历颇久,闻见稍广,于彼己长短

---

① 龚自珍:《西域置行省议》、《御试安边绥远疏》,载《龚自珍全集》(上册),第105、112页。
② 魏源:《乾隆荡平准部记》,载《圣武记》(卷四),第4页。
③ 左宗棠:《癸巳燕台杂感八首》,载《左文襄公全集·诗集》,第2页。

情形之处，知之较深"。他主张移"西饷"作海防经费。

他认为国防重点在海防，不在西北边防。"历代备边，多在西北"，但自鸦片战争以来，战争多在沿海。东南海疆万余里，各国通商传教，一国生事，各国构煽，一旦生衅，防不胜防，应该集中饷力，加强海防，于练兵、制器的同时，还应购买铁甲舰六只，每只一百万两，根钵轮①十只，以及其他辅助艇船。这样，可以组成水师舰队，沿海防务"声势较旺"。

他还认为，中国只能"力保和局"，不能进兵新疆，开罪英、俄两国。一八七二年四月三十日，英人美查出资创办《申报》于上海②，成为外国侵略者首先是英国侵略者的喉舌。英国侵略者探悉左宗棠积极筹备西征收复新疆，为了保护其走狗阿古柏，《申报》危言耸听，说阿古柏已依附土耳其，并与俄、英"通款贸易，中国不宜复问"。③又造谣说：左宗棠与"金顺军进喀什噶尔，数战未胜"。李鸿章得到这些消息，兴头十足，捞到了攻击西征军的资本，他在奏折中说：乾隆年间戡定新疆，"徒收数千里之旷地，而增千百年之漏卮，已为不值"，无事时，每年协饷三百余万，现在阿古柏盘踞南疆，北邻俄罗斯，"西界土耳其、天方、波斯各回国"，南近英属之印度，他"屡阅外国新闻纸及西路探报"，阿古柏新受土耳其回部的封号，并与俄、英两国立约通商，已与各大国勾结一气，"不独伊犁久踞已也"。英、俄皆不愿中国得志于西方。就中国的力量说，外国船坚炮利，"炮弹所到，无坚不摧"，中国必须"力保和局"，岂可进兵新疆，开罪英、俄两国？再就目前形势论，国家力量有限，"实不及专顾西域"，"尤虑别生他变"。他认为政府应命令西征将领，但严守边界，不必急图进取，"一面招抚伊犁、乌鲁木齐、喀什噶尔等回酋，准其自为部落"，这才是经久之道。最后，图穷匕见，他说："况新疆不

---

① "根钵轮"，即炮艇，是gun boat的音译。
② 戈公振：《中国报学史》，三联书店1955年版，第75—76页。
③ 左宗棠：《答吴桐云观察》、《答李筱轩侍御》，载《左文襄公全集·书牍》（卷十五），第59页。

复，于肢体之元气无伤，海疆不防，则心腹之大患愈棘。"已出塞、未出塞各军，可停则停，可撤则撤，"其停撤之饷，即匀作海防之饷"。①

为了筹建北洋海军，李鸿章利令智昏，抛出上述卖国论点，完全符合了英、俄帝国主义蚕食鲸吞祖国新疆的需要。

一八七五年四月十二日，左宗棠针对李鸿章的论点，上奏提出自己的主张：

第一，他在奏陈国防形势时指出新疆必须收复。他说：乾隆年间戡定新疆，"当时盈廷诸臣颇以为开边未已，耗敦滋多为疑"，而高宗（乾隆帝名弘历，年号乾隆，庙号高宗）不为所动，用意闳深。我国定都北京，蒙古环卫北方，百多年来无烽燧之警，不仅前代的九边皆成腹地，即由科布多、乌里雅苏台以达张家口，亦皆分屯列戍，斥堠遥通，然后畿辅之地太平无事，"盖祖宗……开新疆、立军府之所贻也"。因此，"重新疆者，所以保蒙古，保蒙古者，所以卫京师，西北臂指相联，形势完整，自无隙可乘"。反之，新疆不固，则蒙古不安，不仅陕西、甘肃、山西"时虞侵轶，防不胜防，即直北关山亦无宴眠之日"。

第二，他认为乌鲁木齐不收复，新疆无总要可扼。天山南、北两路有富八城、穷八城之说，北从乌鲁木齐迤西，南自阿克苏迤西，土地肥沃，物产丰富，所谓富八城尽在乌鲁木齐、阿克苏之西。自乌鲁木齐以东四城，地势高寒，山溪多而平川少，哈密迤南而西抵阿克苏四城，地势偏狭，中多戈壁，谓之穷八城。以南、北两路的军事地理形势而言，北八城广，南八城狭，北可制南，而南不能制北，所以，乾隆时先定北路，再及南路，用富八城的财富，养我在新疆分屯列戍之兵。退一步论，即使"画地自守，不规复乌鲁木齐，则无总要可扼"。若此时即停兵撤饷，自撤藩篱，"我退寸而寇进尺，不独陇右堪虞，即北路科布多、乌里雅苏台等处，恐亦未能宴然"。故停兵撤饷，于海防未必有益，于塞防

---

① 故宫博物院：同治朝《筹办夷务始末》（卷九十九），第12—31页。

却大有妨碍，这种利害关系，应该深思熟虑。很明显，左宗棠立论的根本精神，在于收复整个新疆，但是，他担心因此吓退了所有的军机大臣，因此，他仅提出"不收复乌垣，无总要可扼"的战略主张。他准备待到收复乌鲁木齐后，再把收复全疆的雄文继续写下去。

第三，他说：就目前形势论，西方国家断不至在沿海挑起战争，而关外贼氛极炽，收复新疆有燃眉之急。再说沿海船厂加紧造船，购船之费可省。海防本有经常之费，加强海防，所缺经费无多。"夫使海防之急倍于今日之塞防，陇军之饷，裕于今日之海防，犹可言也"，而事实上，塞防经费不足，所部官兵连年欠饷至八百余万两，一年只发一月满饷，即使停兵撤饷，于海防何益？而且乌鲁木齐未复，万无撤兵之理，即使收复乌鲁木齐，定议画地而守，"以征兵作成兵"，是"地可缩而兵不能减，兵既增而饷不能缺"，又何从停兵撤饷？

第四，为了坚定清政府用兵新疆的信心，他说新疆贼氛虽炽，但盘踞乌鲁木齐附近的叛国逆匪白彦虎所部等，"能战之贼，至多不过数千而止"，不难一举歼灭。阿古柏盘踞南疆，与白彦虎勾串一气，目前首鼠两端，"跧伏未动"，故就用兵的策略而论，首先应集中力量进剿白彦虎，收复乌鲁木齐，然后再审势而定大军行止。上海《申报》所载，本不足道。若谓俄罗斯将越乌垣挟白逆之众与我为难，"冒不韪而争此必不可得"之地，以目前形势论，尚不至出此下策。至于土耳其，距伊犁、喀什噶尔有万数千里之远，且国势分崩离析。印度即身毒，已成英国属地。报载阿古柏接受土耳其封号，又与英、俄通商，因此，如果我国此时弃置不问，则后患方长。就新疆的整个战略形势看，总"须俟乌鲁木齐克复后察看情形，详为筹画，始能定议"。如果这时便将已出塞及未出塞各军停撤，"则无此办法也"。①

---

① 左宗棠：《复陈海防塞防及关外剿抚粮运情形折光绪元年三月初七日》，载《左文襄公全集·奏稿》（卷四十六），第32—41页。

总之，左宗棠认为"塞防""海防"应该并重，不应厚此薄彼。是否停兵撤饷，"事关大局，不备细陈明，必贻后悔，身在事中，有不敢不言，言之不敢不尽者。耿耿此衷，良非有他"。他一针见血地指出：撤兵节饷之议，"辩说纷纭，横歧杂出，皆因裨益洋防起见，岂真由衷之谈哉"。为了表明他的心迹，他说：我"高位显爵，""年已六十有五，正苦日暮途长……引边荒艰巨为己任"，实有"万不容已者"，新疆"此时便置不问，似后患环生，不免日蹙百里之虑"。①

事后，左宗棠写信给两江总督沈葆桢说："《申报》本江、浙无赖士人所编，岛人资之以给中国……干涉时政，拉杂亵语，附录邸报，无纸不然。纤人之谈，不加究诘，置之不论足矣"，李鸿章竟以此入奏，议撤西防，以裕东饷，令人慨叹。如果按照李鸿章的办法，"停兵撤饷"，"分置头目羁縻之"，新疆终"必折入俄边，而我断送腴疆，株守穷八城"，形见势绌，西北之患将无已时，"求如目前局势且不可得矣"。岂有海疆无事，先弃新疆，坏我万里长城，而移"西饷"作海防经费之理？②

"塞防"与"海防"之争，双方各执一是，乍听起来，"海防"派筹办海军也不是没有道理。但问题在于：李鸿章是真办海防，还是另有其个人目的。海防经费是否如李鸿章所说，真的到了山穷水尽的地步？应不应放弃一百六十多万平方公里的大好河山以筹办海防？

李鸿章说："外间议者皆谓日本有铁甲船，而中国独无，所以屡启戎心。西洋虽小国，亦有铁甲舰数只，而中国尚缺，所以动生胁制。若欲自强，似不得不设法定购二只，逐渐造就将才，以为建威销萌之计。"③

---

① 左宗棠：《新疆贼势大概片光绪二年二月二十一日》，载《左文襄公全集·奏稿》（卷四十八），第34—35页。

② 左宗棠：《答两江总督沈幼丹制军》，载《左文襄公全集·书牍》（卷十五），第68—70页。

③ 李鸿章：《议赫德条陈海防光绪五年七月十七日》，载《李文忠公全书·译署函稿》（卷九），第37—38页。

又说："中国永无购铁甲之日，即永无自强之日。"①在"自强"的幌子下，他在一八七六年"向德国定购定远、镇远两铁甲舰，济远穹甲舰"。②定远、镇远两铁甲舰各七千三百余吨，共费三百万两白银。一八八三年两铁甲舰已一切装备齐全，可以投入海战。但中法战争爆发后，李鸿章却命令两铁甲舰滞留德国，避免参与中法战争。一八八五年六月九日，李鸿章与法国驻华公使巴德诺签订《中法天津条约》，七月三日，定远、镇远两舰即起航回国。

甲午中日战争期间，黄海海战后，旅顺危殆，海军提督北洋舰队司令丁汝昌"知旅顺堕，则北洋门户失，大局震惊，罪且不测"，亲往天津谒见李鸿章，请求率领北洋舰队出海"决死战"。"鸿章詈之，谓汝善在威海守汝数只船勿失，余非汝事也。"③以后，北洋舰队龟缩威海卫，困守挨打，终于全军覆没。以上事例充分说明李鸿章是为了扩张其派阀势力而筹办海军，为了保存其派阀力量而使北洋舰队全军覆没。他筹办海军为了"自强"是假，扩张其派阀势力是真。

李鸿章创办轮船招商局时说："无事时可运官粮客货，有事时装载援兵军火，借纾商民之困，而作自强之气。"④但是，在中法战争期间，他把招商局产隐为美籍，悬挂美旗，蛰伏港湾，何尝派出轮船为抗法战争服务？可见他把招商局看作是派阀私产。

筹备海防，是不是没有经费呢？不是的，如左宗棠所说，海防原有经常之费。西征军在一八七七年到一八七八年略定南疆的期间，军饷拮据万分，但是，李鸿章不仅化了三百六七十万两白银购买镇远、定远、

---

① 李鸿章：《议请定购铁甲舰光绪六年二月十一日》，载《李文忠公全书·译署函稿》（卷十），第25页。
② 池仲祐：《海军大事记》，载丛刊：《洋务运动》（第八册），第484页。
③ 姚锡光：《东方兵事纪略》，载丛刊：《中日战争》（第一册），新知识出版社1956年版，第69页。
④ 李鸿章：《轮船招商局请奖折光绪元年二月二十七日》，载《李文忠公全书·奏稿》（卷二十五），第4页。

济远等铁甲舰,还购买美国旗昌洋行的旧船十八只,费银二百二十余万两。另外,还开办了电报局、开平矿务局等民用企业。以上这些事例,明显地说明李鸿章筹办海防,并不是没有海防经费,何至于要西征军停兵撤饷,移西饷以裕海防经费?筹办海防原在保卫祖国领土主权之完整,岂有用丧失领土以筹措海防经费的道理?更何况李鸿章是借海防之名,筹办北祥海军以扩张其派阀势力呢。

左宗棠与李鸿章都是大学士、总督,重兵在握,论权力、地位、资格,左宗棠堪与李鸿章颉颃,现在他们两人在要不要收复新疆的问题上,意见相左,清政府不能不重视他们之间的论争,再加新疆的存亡,事关大局、人心,因此,军机处会议慎重讨论。据李应麟(字雨苍)《西陲述略》载:我因事前往新疆,进谒文祥,文祥说:当"'塞防'与'海防'之争发生后,各大臣多主张暂停西陲甩兵,画关而守,廷论疑之。余因会议时排众议之不决者力主进剿"。若"西寇数年不剿,养成强大,无论坏关而入,陕、甘内地皆震,即驶入北路,蒙古诸部落皆将叩关内徙,则京师之肩背坏",到那时海防益急,两面受敌,怎样抵御?此次以陕甘百战之师,乘锐出关,攻未经大敌之寇,乌鲁木齐不难指日肃清,然而海内元气未复,陕、甘地方凋敝,收复乌鲁木齐后,应赶紧收束,"将南八城及北路之地酌量分封,众建而少其力,以乌垣为重镇,南钤回部,北抚蒙古,以备御英、俄,实为边疆久远之计"。①可见当民族危机严重时,清政府的内部不是铁板一块,权势仅次于奕䜣的文祥也从妥协派中分化出来,基本上站到了左宗棠的一边。

如果说龚自珍、魏源反对放弃新疆,是从封建的国防观点出发,那么,左宗棠坚持收复新疆,是从防止英、俄窥伺,从新疆在中国西北边疆的战略地位,从边情、边势、国家、民族的利益出发,衡量利害得失而力主西征的。这就不是什么封建的国防观点,而是近代的国防观点了。

---

① 李应麟:《西陲述略》,载罗正钧:《左文襄公年谱》(卷七),第36—37页。

在地方督抚中，只有湖南巡抚王文韶基本上赞成用兵新疆。但左宗棠的理长，又有文祥的支持，清政府只得采用左宗棠的建议。一八七五年五月，清政府任命他为钦差大臣督办新疆军务，同时以沈葆桢、李鸿章分别督办南、北洋防务。左宗棠争取到了用兵新疆的权力。新疆有希望了。

值得强调的是，"塞防"与"海防"之争，不是左宗棠为了湘系而与淮系争权夺利。首先，放弃新疆与规复新疆，关系到国家领土主权的完整、国家的独立与民族的生存，因而这是地主阶级改革派左宗棠与代表大地主、大买办利益的淮系首领李鸿章之间的爱国与卖国的争论。其次，左宗棠的书牍和家书，都反映出他力主出兵新疆是为了收复新疆，使"金瓯罔缺"，是无可非议的。一八七一年前后，左宗棠因年事已高，百病丛生，本来一再表示倦勤，打算告病乞休。但沙俄帝国主义侵占伊犁后，他怒发冲冠，写信给部将刘锦棠说：俄人侵占黑龙江以北之地后，"形势日迫，兹复窥吾西陲，蓄谋既久，发机又速，不能不急为之备。俄人战事，与英、法略同，然亦非不可制者。本拟收复河湟后即乞病还湘，今既有此变，西顾正殷，断难遽萌退志，当与此虏周旋"。①他写信给儿子说："西事无可恃之人，我断无推卸之理，不得不一力承当。"②又写信给旧部浙江巡抚杨昌浚说："此次力疾西徂，原为剿贼，亦以俄事非他人所能了，即才力十倍于我者，亦虑人不遽信，而机绪一失……大局何堪？失此不图，恐此后求如目前局势，不可得也。"③他以英、俄帝国主义为对手，积极准备收复新疆，"还我河山"，能说这是为了湘系的利益吗？难道一个封建军阀爱国心竟能如此强烈，甘冒败则家破人亡的风险去效命疆场吗？

---

① 左宗棠：《与刘毅斋京卿》，载《左文襄公全集·书牍》（卷十一），第47—48页。
② 左孝同：《左文襄公家书》（卷下），第52页。
③ 左宗棠：《答杨石泉》，载《左文襄公全集·书牍》（卷十五），第55页。

四、边疆危急声中，左宗棠对李鸿章签订《中英烟台条约》的批判

十九世纪七十年代，帝国主义列强从东、南、西、北不同的方向加紧侵略中国，使中国的边疆地区普遍发生了危机。当列强在中国的边疆地区掀起狂风恶浪，李鸿章等对外妥协投降的气氛甚嚣尘上时，敢于坚持爱国，伸张正义，敢于摸老虎屁股，批判李鸿章在办理"马嘉里案"中英交涉中的妥协外交的，只有左宗棠。

十九世纪五十年代初，英国侵占下缅甸后，把它的侵略魔掌伸向中国西南边疆的云南。一八七四年，英国驻华使馆强迫总理各国事务衙门发给从缅甸进入云南的所谓"游历护照"。总理衙门一再向英方说明边地"不靖"，难以担当起保护责任。英国驻华公使威妥玛置若罔闻，派遣使馆随员马嘉里为翻译前往云南迎接由英国军官柏郎统率的探路队。一八七五年一月，马嘉里抵达缅甸八莫。二月，这支探路队从八莫侵入中国的云南边境，引起中国边防驻军和边民的疑惧，当这支百余人组成的武装探路队进入腾越境内时，爱国兵、民阻止他们前进。英国侵略者首先挑衅，开枪打死边民。爱国边民愤怒反击，二月二十一日，击毙马嘉里，柏郎等仓皇逃回八莫。这就是所谓的"马嘉理案"。

论理，英国侵略者借口探路，武装侵入我领土，开枪打死我边民，边民自卫反击，在英国是侵略，而中国边民是自卫，马嘉里被击毙，是罪有应得，"其曲在英"。但"马嘉里案"发生后，英国驻华公使威妥玛兴风作浪，百般要挟承办"马嘉理案"的李鸿章。李鸿章依靠英国戈登统率的"常胜军"的支持与协助，镇压了太平天国农民起义，又主要依靠英国的支持进行洋务运动，他早已变成了英国的走狗。为了得到英国更多的支持，他不惜颠倒黑白，为英国帮腔说："中外交涉，先论事理之

曲直，此案其曲在我，百喙何辞。威使气焰如此壮大，断非敷衍循饰所能了事。"①一八七六年九月十三日，英国侵略者胁迫李鸿章签订了《中英烟台条约》，条约规定除"抚恤""赔款""惩凶""道歉"和扩大领事裁判权外，还规定：

（一）增开宜昌、芜湖、温州、北海等四处为通商口岸；安徽的大通、安庆，江西的湖口，湖北的武穴、陆溪口、沙市等处，暂准英国轮船停泊上下客商货物。另外重庆可由英国派员驻寓查看川省英商事宜，在轮船未能上驶以前，该地暂不作通商口岸。

（二）租界内的洋货免除厘金，鸦片入口税与厘金在海关一并缴纳，"应抽厘金若干，由各省察勘情形酌办"。

（三）洋货运入内地请领半税单照，不分华洋商人均可请领。

（四）允许英国派员从北京起程前往甘肃、青海一带地方，或由内地四川等处入藏以达印度，探访路程。

"马嘉里案"发生前后，左宗棠正在组织指挥西征大军陆续开进新疆，兵锋直迫阿古柏匪帮。《聊斋》上经常讲到狐狸鬼怪遇到端人正士，无法下毒手时，便幻化成种种狰狞形象去吓唬人，以观察对方的动静，俾便伺机行事。左宗棠准备用兵新疆，这是中国的内政问题，英国不便直接出面干涉，但不免有兔死狐悲的预感，因此，通过美查出资创办的《申报》造谣惑众说："英国有打通西路之意，因云南腾越官军致毙英国翻译马嘉里，欲借此为词；俄人亦有与甘肃为难，欲牵制官军，使我（中国）首尾不能相顾。"②英国侵略者企图用《聊斋》上狐狸鬼怪的手法，撼动左宗棠收复新疆的决心。对此，左宗棠毫不畏惧，决心弥坚。他说：我虽然腹泻十余年，年老多病，形体支离，"动必须杖，生出玉门，谓无逾老臣也。谓戎机肆应，或无疏误。……至于马革桐棺，寂寞

---

① 李鸿章：《论滇案不宜决裂光绪元年七月二十四日》，载《李文忠公全书·译署函稿》（卷三），第46页。

② 左宗棠：《答谭文卿》，载《左文襄公全集·书牍》（卷十五），第20页。

身后，则固非所论耳。"①如前所说，他在俄军侵占伊犁后，便准备"与此虏相周旋"。至于英国从缅甸入侵云南，他更认为不足惧。他说，滇缅边境之处，犬牙交错，瘴厉之乡，非用兵之地，英兵骄佚成性，以边兵、边民敌之，"亦未尝不足固吾圉"。②这表明他对所谓英、俄夹攻之说毫不惧怕，并且有了正确的估计。

一八七四年，沙俄派索思诺福齐中校游历中国，以便探明从斋桑泊通向中国西北的便捷商道。外界纷纷谣传，索思诺福齐是沙俄派来窥探我虚实的使者，这是英、俄东西夹攻中国的朕兆。一八七五年，索思诺福齐到兰州后，左宗棠接见了他，与他周旋，"同居一月"，左宗棠从与索思诺福齐的接触中，得出结论说：英、俄矛盾甚深，"亦仇怨也，英忌俄之与我和，俄亦忌英之与我和"。③英、俄不和已十数年，"彼此忌嫉，至今如故，其衅端则肇于争印度，争土耳其"。④事实上，长期来，英、俄两国在巴尔干、近东的殖民竞争非常激烈，兵刃相见，一八五三年到一八五六年爆发了克里米亚战争，一八七七年到一八七八年又爆发了俄土战争。左宗棠对英、俄关系不睦，两国不可能"协以谋我"的判断是正确的。果然，过了一阵，这一政治谣言也就烟消云散了。

李鸿章主持的"马嘉里案"，与左宗棠用兵新疆征讨阿古柏匪帮，是清政府对英外交斗争的两个主要方面，两者互相影响，李鸿章办理"马嘉里案"的投降外交，足以动摇清政府用兵新疆的决心。再则"塞防"与"海防"之争，是李鸿章提出移"西饷"作海防经费引起的。"西饷"和海防经费都是依靠各省的协饷，在"马嘉理案"的中英交涉中，李鸿

---

① 左宗棠：《答曾沅浦宫保》，载《左文襄公全集·书牍》（卷十五），第29页。

② 左宗棠：《答董韫卿大司农》，载《左文襄公全集·书牍》（卷十五），第43页。

③ 左宗棠：《与两江总督沈幼丹制军》，载《左文襄公全集·书牍》（卷十五），第63页。

④ 左宗棠：《答两江总督沈幼丹制军》，载《左文襄公全集·书牍》（卷十五），第69页。

章曲意妥协退让，容许英国货物减免厘金，不仅打击了本国工商业，还直接影响到各省的财政收入，影响到各省解给西征军的协饷的多寡。因此，在李鸿章办案的过程中，左宗棠密切关注着他的动向。

"马嘉理案"初起时，左宗棠指责李鸿章对英交涉太软弱，他说："论洋务者非不知滇案就地可了，英人特欲开通西路，广销鸦片，掀波作浪，虚言恫喝，其技已穷"，惟办理者不敢据理驳斥，以致把事情愈办愈糟①，英国反而通过《申报》造谣，说英、俄有夹攻中国之意。左宗棠感慨地说："我能自强，则英、俄如我何？我不能自强，则受英之欺侮，亦受俄之欺侮，何以为国？自款议定后，均知以自强为急，迄未敢自信其强，然则何时乃有强之一日乎？兴言及此，吾辈误国之罪，可胜数乎？"②

"马嘉理案"发生后，威妥玛一再以武力相要挟，清政府命令整顿海防，李鸿章反而说："非空言布置所能决胜"，一旦发生衅端，兵连祸结，其害"有不可测者"。而左宗棠听说威妥玛以武力相威胁，则愤怒地说：威妥玛虚词恫喝，层出不穷，"衔骨狺狺，正如国犬之瘈，似其中有奸徒播弄"。③其实，办理这个案件，只消"明允其查办，绝其意外之求可矣"。办案者却但求目前无事，"曲意允从"，威妥玛乃"更加恫喝"，真不知将来如何结案！要知道"海防非从前疏玩可比"，如英国首先挑衅开战，我亦可有恃无恐。谁知办案者听说英国要开仗，却说淮军不敌英军，"是天下古今有泰西无中国也"！试问淮军数万分布沿海，虚糜粮饷千万，要他干什么？"伯相擅淮军自雄久矣"，一向吹嘘天下精兵无过淮

---

① 左宗棠：《答两江总督沈幼丹制军》，载《左文襄公全集·书牍》（卷十五），第69页。
② 左宗棠：《与两江总督沈幼丹制军》，载《左文襄公全集·书牍》（卷十五），第63—64页。
③ 左宗棠：《与云贵总督刘印渠制军》，载《左文襄公全集·书牍》（卷十六），第72页。

军，对英既不足恃，"又何以防，何以剿，淮军又何以雄天下乎"①？

一八七六年九月《中英烟台条约》签订后，左宗棠忧心忡忡，指责李鸿章说："孱禽为急弦所下"，不敢挣扎片刻，"屈意奉之"，"十三口之添，厘金之免，旁人无从置喙，从此饷源日窘"，"国势日卑，将来非与决战不可"。②

在围绕"马嘉里案"的中英交涉过程中，李鸿章"屈意奉之"，左宗棠却主张据理力争；李鸿章害怕开战，左宗棠却喊出了"非与决战不可"，他们两人爱国与妥协针锋相对，爱憎何等分明！

---

① 左宗棠：《答李筱轩侍御》，载《左文襄公全集·书牍》（卷十五），第59页。
② 左宗棠：《答刘印渠》、《答曾沅浦》、《答杨石泉》，载《左文襄公全集·书牍》（卷十七），第40页、25页、71—72页。

第六章　征讨阿古柏匪帮的艰苦准备

一八七五年五月，左宗棠奉命为钦差大臣督办新疆军务时，已经六十四岁。长期镇压农民起义的戎马生活，使他疾病缠身，官场中的排挤倾轧，使他厌倦宦海生涯，又且年事已高，他打算在"河湟收复以后"，告病乞休。但一八七一年七月，沙俄出兵侵占伊犁后，边疆风云突变，形势日趋险恶，民族矛盾日益激化，收复新疆舍我其谁的爱国思想，在左宗棠脑海中冉冉升起、扩大，他发出了誓与"此虏相周旋"的豪言壮语。一八七五年在"塞防"与"海防"之争中，他战胜投降派李鸿章，受命为钦差大臣督办新疆军务后，精神振奋，决心为收复新疆而"马革桐棺"，"老死西域"。办一件大事，总得有点精神。强烈的爱国思想，推动他克服疾病，他把全副精神和心血，扑到正义的西征大业上来。

为了争取西征的军事胜利，"使金瓯罔缺"，左宗棠置个人的生死利害得失于度外，排除种种干扰，调整人事，统一事权，整顿部队，筹建了一支基本上由中华民族各族的英雄儿女组成的爱国队伍。

当时，清政府的政治腐败落后，无所谓预算、决算，财政紊乱，国库空虚，西征军的经费，主要依靠各省协饷，而海防经费也大多来自各省协饷，由于李鸿章时时处处与西征军争饷，遂致西征军饷银窘困不堪，有时连盐菜、马干、官兵一年关一月满饷的饷银都发不出来。左宗棠不得不与以李鸿章为首的卖国派展开尖锐的斗争。

西北地区，特别是新疆的后方甘肃，连年战乱，人口锐减，生产破坏，从肃州至哈密，人烟稀少，千里迢迢，戈壁纵横，所以，左宗棠又得精心筹划从甘肃、宁夏、内蒙古以至外蒙古地区大量采购粮食，驼运车载，转输积储哈密、巴里坤、古城等地。左宗棠是西征军的主帅，又是负责筹措西征军饷银，主管西征军军粮、马干的后勤司令。而筹措饷银、购运粮食等，都遭到卖国贼李鸿章的重重阻挠与破坏，每前进一步，都得经过艰苦的斗争。事实确如左宗棠所说："筹饷难于筹兵，筹粮难于筹饷，筹转运又难于筹粮。"①因此，他"每一发兵，须发为白"。这绝非过甚之辞。

一、筹组西征军，整军经武

在西北用兵过程中，左宗棠逐渐认识到：陕、甘"从前无饷而多所征调，于是扰掠不堪，逼民为贼"，民皆逃亡，兵无所掠，不久，兵也变而为"贼"。现在"乱民"二十余万，回民少而汉民多，其原因在此。②他的阶级立场，决定了他"忠心王事"，尽管是"官逼民反"，但只要是反对清封建王朝，不论其起因何如，他便要大力镇压。一八七一年二月，他在家书中说：我来此当陕甘总督，所属尽是贫瘠之地，粮饷匮乏，而"乱众"股数甚多，有人代我忧虑，有人快意，有人认为我一定能把"叛乱"镇压下去，有人责备我师久无功，我都不把这些事放在心上。"天下事总要人干，国家不可无陕、甘，陕，甘不可无总督。③吾一介书生，数年任兼圻，岂可避难就易哉！"④这就暴露出他是清朝得力鹰犬的面目。但是，他年事已高，疾病丛生，开始厌倦宦海生涯了。一八

---

① 左宗棠：《答潘琴轩方伯》，载《左文襄公全集·书札》（卷十），第27页。
② 左宗棠：《答杨石泉》，载《左文襄公全集·书牍》（卷十），第29页。
③ 赵泉澄：《清代地理沿革表》载：当时的陕甘总督，辖有陕西省、甘肃省，唯甘肃省除辖有今甘肃省外，并辖有宁夏府、西宁府，其新疆乌鲁木齐以东地，亦归甘肃省管辖。载赵泉澄：《清代地理沿革表》，中华书局1955年版，第101—119页。
④ 左孝同：《左文襄公家书》（卷下），第27页。

七一年七月四日，沙俄帝国主义出兵侵占伊犁，对他的刺激极大，他的思想情感和精神状态，立刻发生了深刻的变化，对祖国的新疆心驰神往。他说：我年逾花甲，长期积劳，日益衰弱，经常腹泻，腰部酸痛麻木，筋络不舒，心血耗散。然而，现在俄罗斯乘我内患未平，"代复伊犁"，朝廷所遣带兵大员，"均无实心办事之意，早被俄人识破"。处于这种情势，"西陲之事，不能不预筹大概，关内外用兵虽有次第，然谋篇布局，须一气为之"。以大局而论，陕甘总督应从兰州移驻肃州①，以便"调度军食，以规乌鲁木齐"。收复乌鲁木齐后，钦差大臣应进驻巴里坤，进规伊犁。假使我是四五十岁的人，尚可为国宣劳，"一了此局"，无如我既老且衰，无能为力，不久当上奏陈明病况，请朝廷另简贤能，如果一时不得其人，或者遴选一个有能为的人来当我的帮办，或者叫我当他的帮办，等到布置周密妥当后，再放我告老回家。但我现在不能求退，"恐误国事，急于求退，不顾后患，于义有所不可，于心亦有难安也"。经过一番思想斗争后，他说："关外无劲军健将，又事权不一，为时太久，必启戒心。"我不得不预为调度布置。他奉命为钦差大臣督办军务后，感到自己挑上了千斤重担，任务艰巨，责任綦重，他不再提告病乞休了。特别在他听到"英、俄有暗约扰我西路"，英国从印度、缅甸进窥云南，俄国进窥喀什噶尔，使我首尾不能相顾的消息后，他愈加感觉到收复新疆任重而道远。他说："西事无可恃之人，我断无推卸之理，不得不一力承当。"激于爱国义愤，他准备豁出老命，为捍卫祖国领土的完整而斗争。进兵新疆已成定局，但有许多问题亟待解决，而这些问题都是棘手难办的。

在清朝，甘肃是协饷省份，经过长期的战乱，人口锐减，生产破坏，广大农村百里、数百里无人烟，一望"白骨黄茅"，触目惊心。左宗

---

① 《清史稿·地理志》载：肃州(酒泉)，东南距兰州一千四百余里，西距哈密一千七八百里。载赵尔巽等：《清史稿·地理志》（第八册，卷六十四），第2124—2125页。

棠既欲用兵新疆，不能不把西征大军的军粮、马干统一筹划，而甘肃境内只有少数粮食可以征购、采买。如果从四川、湖北采购军粮输送新疆，万里迢迢，不仅运输线太长，难以保证供应，而且运费太大，不堪经济负担。因此，他提出用兵新疆，"兵不在多而在精"，而这又涉及整顿裁汰分布于甘肃、新疆的各种军队。在新疆前线积储军食，整顿部队是左宗棠首先要解决的问题。

古语说"师克在和"。甘肃、新疆的统兵大员必须同心协力，才能统一意志，统一指挥，这是克敌制胜的首要条件。但是，分布在甘肃、新疆的统兵大员，有一些是腐朽昏庸的满洲贵族，与左宗棠"同役而不同心"，同床异梦。事权不一，难以统一步调，将如何与敌军决胜于疆场之上？而统一事权，涉及人事的黜陟进退，这是亟待解决的第二个问题。

收复新疆，面对的敌人是英国侵略者支持的凶悍的阿古柏匪帮以及与阿古柏匪帮同恶相济的叛国贼白彦虎等部叛匪，西征军有可能与英、俄发生对抗。因此，部队的战斗力必须提高，庸懦畏葸的将领有待黜革。这是左宗棠要解决的第三个问题。

有几个满洲贵族统兵将领的所作所为，妨碍了左宗棠用兵新疆的准备工作，他们大多是清政府倚为耳目腹心的达官显贵。左宗棠说："与旗员闹口舌，是吃亏事。与前任争是非，非厚道事。"可是收复新疆，有关国家民族的根本利益，他就顾不得什么"吃亏"与否等问题了，如他所说："既事关君国，兼涉中外，不能将就了局，且索性干去而已。"①他巧妙地排除干扰，把统一事权、整顿军队和整肃军纪等问题统一解决了。

他首先严劾成禄。早在一八六七年一月，清政府命令乌鲁木齐提督成禄进驻哈密，为景廉后援。一八六七年以来，成禄"始终畏怯，奉旨频催，则以粮运不继，卸过关内镇道"，滞留高台，摊捐入粮，擅作威

---

① 左孝同：《左文襄公家书》（卷下），第18页。

福。①一八七〇年九月十日，阿古柏匪帮侵占乌鲁木齐，新疆形势万分吃紧，清政府严令成禄出关，增援督办新疆军务的景廉，成禄置若罔闻，视陕甘总督为若有若无，不受节制。左宗棠忍无可忍，严劾成禄说：成禄奉命出关，七年以来，滞留高台，畏葸成性，视朝廷命令如敝屣。在高台克扣军粮，截留景廉所部粮饷，且所部空额太多。"成禄一军十二营，现存实数不过五六营，而尚多冗杂。成禄长期驻扎高台，蓄养戏班，宴饮听戏。"去年又派人前往北京，把他的三姨太接到军营，把高台作为"安乐行窝"，"虚报胜仗"。他还挟嫌参奏知县、知府等。种种不法，必须撤换。②成禄被革职拿问，所部十二营经过挑汰整顿，并成三营，归景廉节制调遣。

穆图善，字春岩，那拉塔氏，世居黑龙江的齐齐哈尔，镶黄旗人，以军功起家。一八六七年，陕甘总督左宗棠因忙于镇压捻军，由穆图善署理陕甘总督。一八六九年秋，左宗棠回任总督，穆图善卸任后领兵督办兰州防务。据左宗棠说：穆图善本人尚称"老实"，惟所用非人，为宵小包围。所部虚额极多，纪律废弛，横虐民人，四出剽掠。一八七三年初，清政府命穆图善移军敦煌、玉门一带，以备开往新疆，支援景廉。左宗棠表示异议，上奏请将穆图善所部移驻泾州（泾川）整顿。他奏陈说：穆图善所部吉林、黑龙江马队，新旧合计千余，尚多骁健。步队多楚、蜀勇丁；但他又广收游勇，则都不得力，我从未看见他们打过胜仗，命令这种部队出关，战守俱不足恃，非但不能立功，反而足以妨害大局。左宗棠请将穆图善所部步队"概予遣撤，以节虚糜"。③一八七五年，穆图善调京供职。

---

① 左孝同：《左文襄公家书》（卷下），第32页。
② 左宗棠：《成禄难期振作片同治十一年四月三十日》，载《左文襄公全集·奏稿》（卷四十一），第54—56页。
③ 左宗棠：《请敕穆图善驻扎泾州遣撤所部步队片同治十二年十二月十日》，载《左文襄公全集·奏稿》（卷四十四），第56—57页。

金顺，字和甫，伊尔根觉罗氏，满洲镶蓝旗人，世居吉林，军功起家。所部号称二十余营，按照官兵实数，挑强汰弱，包括整顿后的成禄所部，归并成二十营。①

景廉，字秋屏，颜札氏，正黄旗人，进士出身。一八七一年秋，清政府任命他为乌鲁木齐都统，驻扎古城（奇台）。一八七四年八月二十三日，改授景廉为钦差大臣督办新疆军务。景廉只图苟安目前，不求进取，是左宗棠西征的主要绊脚石。左宗棠说：景廉与他"同役而不同心"，遇事龃龉掣肘。"言之心晦。昔卢九台有言，不肖精力志虑，因周旋世故耗去十分之八，若得三分办贼，于事亦可有济"。以我近来的处境来说，就是这样。"同役而不同心"，是他与景廉的第一个矛盾。他与景廉的第二个矛盾是，景廉所部号称三十四营，兵数应在一万七八千名以上，而实在人数仅八千五百名左右，只有半数，而粮饷则须按虚额递解，左宗棠怎能应付得过来？兵数不足，吃空额习为惯常，师无纪律，士无斗志，怎能胜任西征军事？第三重矛盾是，新疆的镇迪道，向来归陕甘总督统辖，景廉违反定制，控制镇迪道，凡事不许禀告总督，以致总督不了解新疆的真实情况。一八七四年，清政府向左宗棠征询"关外现有统帅及现有兵力"能否胜任关外的军事。他复奏时和盘托出说：关外统帅景廉，"素称正派，亦有学问，承平时回翔台阁，足式群僚，惟泥古太过，无应变之才"，宠信小人，部将不和，所收罗之散兵游勇叛服无常。他又"泥古寓兵于农之说，误拟屯丁为战兵"，而令所部"且耕且战"，以致一遇贼兵，不战而溃，在古城自保不暇。景廉对军粮不作通盘打算，就地采买搜刮，因而粮价飞涨，有一石至十七八两之价，民不聊生。现在关外舆论，都说景廉"有粮无兵"。左宗棠深知景廉、金顺均为清政府所信任，金顺虽非佳选，但尚敢搏击于疆场，两害相权取其轻，

---

① 左宗棠：《敬筹采粮转运核实支销折同治十二年七月初三日》，载《左文襄公全集·奏稿》（卷四十三），第37—38页。

因此，他建议景廉内调，由金顺暂管关外军务。他责令金顺将景廉所部整顿汰遣，暂时归并为二十五营。①以后又继续裁并为十九营。

文麟，字瑞圃，兀札拉氏，满洲正黄旗人，曾任内阁中书、侍读等，后来外调，由道员至哈密办事大臣，率军驻扎哈密。②左宗棠提到文麟时，啼笑皆非。他说："此君似黠非黠，似痴非痴"，所部四营，虚额达一千三四百名，文案、差官等冗员尤多，大半旗人。他指示张曜在哈密就地整顿文麟所部。一八七六年夏，他致书张曜说："西事艰难万分，都由诸公好拥冗杂不战之军，虚縻饷项所致，昏愦因循，不自思量如何结束。"现在文麟物故，该军除吉林、黑龙江马队外，其余一律裁汰遣撤，"方为一了百了，否则不知将伊于胡底"！③

一八七三年十一月四日，左宗棠攻陷肃州。为了适应出关西征的需要，他对他所指挥的主力湘军也大事整编遣汰，剔除空额，汰弱留强。他规定凡是不愿出关西征的，不论是军官还是士兵，一律资遣递送回籍。既经整编成军，即不准擅离营伍，违者重惩。各部队严禁虚额冒滥，如刘锦棠接统的刘松山遗部二十四营，整编成十七营。左宗棠命令刘锦棠回湘募勇，合成二十五营，仍归刘锦棠统率。徐万福，原为左宗棠旧部，从征有年，一八七六年回湘募勇四营回到甘肃，左宗棠命陕甘军务帮办刘典（字克庵）派员点验，查知老弱疲乏者不少，饬令归并成三营，其淘汰的勇丁，一律资遣押送回籍，不许逗留甘肃。④

整肃军纪是提高部队战斗力，融洽军民关系的必不可少的措施。左

---

① 左宗棠：《答金和甫》，载《左文襄公全集·书牍》（卷十五），第61—62页。《遵旨密陈片光绪元年三月初七日》，载《左文襄公全集·奏稿》（卷四十六），第42—45页。

② 赵尔巽等：《文麟》，载《清史稿·列传》（第四十一册，卷四五四），第12627—12628页。

③ 左宗棠：《与张朗斋》，载《左文襄公全集·书牍》（卷十六），第49—50页。

④ 左宗棠：《与刘克庵》、《答刘克庵》，载《左文襄公全集·书牍》（卷十六），第52页、第70页。

宗棠严令所部官兵，不得到处需索，"骚扰百姓"，违者严惩不贷。他向官兵宣布，不许官长克扣勇丁粮饷，如遇此等情事，准许勇丁"呼诉"，上级定然代为作主。①他言出法随，雷厉风行，曾任平庆泾道道员黎献，奉命募勇出关，沿途需索骚扰，立于参劾惩办。②

经过一番大刀阔斧的整顿，西征军前进道路上的绊脚石搬掉了，事权统一了，部队精悍了，粮饷节约了，军纪加强了。他统率的西征大军的阵容是：

刘锦棠（字毅斋）统率的湘军二十五营，每营官兵五百名，长伕二百名，合计一万七千余名，其中包括董福祥统率的回军数营。

张曜（字朗斋）统率的嵩武军十六营，其中包括额尔庆额等统率的旗兵马队等。以上两支部队是西征军的主力。

金顺统率的约计四十余营，其中包括整编过的景廉、成禄等部，这支部队虚额尚多，战斗力颇弱。

徐占彪（字昆山）部蜀军七营。

以后，在新疆征讨阿古柏匪帮的过程中，随着军事胜利而战线延伸，兵力不足，左宗棠又先后奏调金运昌（字景亭）部皖军（即卓胜军）十营，易开俊（字子乔）部湘军七营，谭上连（字云亭）部湘军四营，徐万福部湘军四营等。西征军的总兵力合计约为七八万名。

西征军有其特色：

第一，在整编部队时，左宗棠饬令所部将领，凡官兵不愿出关者，不可勉强，应予资遣回籍。应该说西征军是由志愿出关的爱国官兵组成的一支爱国队伍，士气饱满，因此，这支军队蕴藏着巨大的战斗力，能够冒险犯难，一往无前。

第二，张曜，浙江钱塘人，他统率的嵩武军本来是河南的地方部

---

① 左宗棠：《与曹芝臣提军》，《左文襄公全集·书牍》（卷十一），第61—62页。
② 左宗棠：《道员募勇出关沿途骚扰片同治十二年十二月初十日》，载《左文襄公全集·奏稿》（卷四十四），第71—72页。

队。①金运昌，安徽盱眙人，以军功起家，长期为凤阳郭宝昌的部属。后来"宝昌创发"，金运昌代领其众，大部由淮勇组成。此外，尚有徐占彪统率的蜀军等，都不属于湘军系统。西征军中还有回民组成的部队，满人组成的部队。刘锦棠统率的湘军，其人数不足西征军的三分之一，我们不能不顾历史事实称西征军为湘军。确切地说，西征军基本上是由汉、回、满等族人民组成的一支中华民族的爱国部队，这反映了收复新疆，把阿古柏匪帮铁蹄践踏下的新疆各族人民解放出来，是中华民族各族人民共同的正义要求。

曾国藩一生指挥的主要是湘军，李鸿章一生指挥的主要是淮军，他们所信用的主要是湘系、淮系的将领，对非湘系、淮系的将领则排挤打击。左宗棠不同于曾国藩、李鸿章，为了收复新疆，他对刘锦棠、张曜、金顺等，在粮饷供给和使用上一视同仁。这种气魄、襟怀，非曾国藩、李鸿章等所能比拟。

左宗棠在筹备西征大业时，不仅在整编军队、统一事权等方面遭遇到重重困难，与此同时，在筹措饷银问题上，又遇到了极大的困难，受到了苦痛的折磨与严峻的考验。

二、排除干扰，筹措西征饷银

打仗离不开军饷，这是一个常识问题。左宗棠督军恢复新疆，当然离不开大量军费。他说：此次各军出关，"士气倍奋，况诸统将新承恩旨，受宠若惊，所部乐事赴功，自不待言。惟饷项盈绌，隐系军情"。②

---

① 赵尔巽：《张曜》，载《清史稿·列传》（第四十一册，卷四五四），第12614—12615页。
② 左宗棠：《请敕部议出关官军应增正饷片同治十二年十二月初十日》，载《左文襄公全集·奏稿》（卷四十四），第64页。

西征军共计一百三十余营，官兵七八万名，每年需要饷银六百余万两，外加出关粮运经费每年约计二百数十万两，一年共需军费实银八百余万两。

军费从哪里来？我们不能用现代国家的财政制度来衡量当时的情况。清政府的财政极为紊乱，说不上什么预算、决算。太平天国革命爆发后，清政府的开支浩大，收入减少，库帑空虚，即使开捐输，卖官鬻爵，行钞法，开铸当十、当百大钱，依然无济于事。以湘军而论，一八六〇年曾国藩就任两江总督后，湘军军费主要来源是：一、在两江辖境尽量搜刮田赋和各种捐税。二、到处设立厘卡，抽收厘金。三、由清政府命令各省就地方收入拨出部分经费解给曾国藩，称为协饷。陕甘总督左宗棠的辖区为陕西、甘肃，地处黄土高原，由于受到气候、地理等条件的限制，与东南各省相比较，物产较少，经济力量薄弱。当时，以甘肃一省论，"通省丁粮一岁仅二十余万两"，后来，二十余万两也收不足了。镇压回民起义后，饥民载道，地方政府须拨款救济；而"土俗不解经商服贾，外出求赢"[①]，因之，地方经济困窘。陕西省的丁粮收入，也不过四十万两。西征大军军需孔亟，清政府沿袭过去老办法，命令各省协饷支应。左宗棠说，从他一八六六年调任陕甘总督至一八七三年十一月攻陷肃州为止，协饷支应陕、甘的省份计有山东、山西、四川、福建、浙江、广东、湖北、湖南、江苏、安徽等省，此外，尚有江海关、粤海关、闽海关、浙海关等。以上这些省份，为了协饷陕、甘，有的在盐斤项下增收厘金，有的在厘金项下划款拨解，有的从省库中拨出协饷，百方腾挪。各省的年成有丰歉，厘金有旺衰，直接影响到陕甘协饷能否如期按额递解。另外，协饷多少还和各省督抚与左宗棠的私交好坏有关，例如杨昌浚原是左宗棠的部属，他在浙江巡抚任内给陕、甘的协

---

① 左宗棠：《请敕各省匀济饷需片光绪元年八月二十五日》，载《左文襄公全集·奏稿》（卷四十七），第33页。

饷就多，有的督抚是李鸿章的淮系人物，对陕、甘协饷递解得就少。西征饷银不足，左宗棠只好拖欠官兵的薪饷。现在西征军要出关作战，遇到的对手是拥有洋枪、洋炮的阿古柏匪帮以及诡计多端的猾贼白彦虎等，他们都有一定的战斗力。官兵效命于疆场，必先解决枪里有弹、肚里有饭的问题。再说新疆各族人民在阿古柏匪帮的残暴统治下，已经被剥削得油尽灯枯，他们渴望祖国派出堂堂之师前往新疆，以解倒悬。因此，左宗棠认为西征军在新疆作战，不仅不应掳掠人民财物，还要安辑流亡，使他们"如去虎口而投慈母之怀，不但此时易以成功，即后长治久安，亦基于此"。①为此，在筹备西征的过程中，如前所说，他竭力整编军队，整肃军纪，同时，不得不在整个西征过程中，为争取西征军的军饷而斗争。

西征费用浩繁，与一般情况不同，其原因是多方面的：

第一，整编军队，汰弱留强，被裁遣的官兵欠饷有年，不仅应补发全部欠饷，尚须筹措把他们遣送回籍的路费。仅一八七四年三月至十一月，共遣撤客、土各营员弁勇丁长伕等马步二万余名，费用到达八九十万两。②可见整编军队费用的巨大了。

第二，从凉州（武威）至肃州计程九百余里，从肃州出嘉峪关至玉门三百六十里左右，玉门至安西又二百里。③哈密至嘉峪关一千四五百里，即是从肃州至新疆的第一个前进基地哈密，共约一千六七百里，自哈密至乌鲁木齐又有千里之遥。西征军进入新疆，以攻取乌鲁木齐为第一个战略目标。各路采购的军粮，须从关内转运存储哈密或巴里坤、古

---

① 左宗棠：《答刘毅斋》，《左文襄公全集·书牍》（卷十七），第61—62页。
② 左宗棠：《饷源顿涸筹借洋款折同治十三年十月初四日》，载《左文襄公全集·奏稿》（卷四十五），第69页。
③ 左宗棠：《官军出关宜分起行走并筹粮事宜折同治十二年十二月初十日》，载《左文襄公全集·奏稿》（卷四十四），第44页。

城，再转输至乌鲁木齐附近的前沿阵地。①粮运路程如此遥远，而自肃州至哈密的行程又极为艰苦。自肃州至哈密，其中安西至哈密一段，平沙漠漠，居民绝少，沿途水泉缺乏，无粮食、草秣可以采买。因为路程遥远，运输艰难，军粮的运费极高。左宗棠说："合凉州（武威）、甘州（张掖）、肃州各属粮价贵贱，运脚多少，新旧牵算，每粮百斤，应合银五两五钱，自上年五月起，截至本年八九月新旧订采各色粮共一万万数百万斤，共用过粮价、脚价银二百四十万两，未发粮价、脚价银尚需百数十万两。"②甘肃本境难以供应西征军粮食，尚须派员至宁夏、包头、归化（呼和浩特）等处采购，这些粮食，经过外蒙、北疆运存巴里坤或古城，行程四五千里粮价、脚价之昂贵，是可以想象的。没有必要的饷银，左宗棠是不可能办到"兵马未动，粮草先行"的。

第三，经过长期的兵灾，甘肃省人民流离失所，亟应安抚流亡，恢复生产，一则巩固新疆的后方，再则来年可以在甘肃采买较多的军粮，以免远去宁夏、包头等地采买粮食。左宗棠从长远利益打算，从巩固新疆的后路着眼，命令甘肃地方官大量散发种子、种羊，设立粥厂，发放赈济款项，等等。这又是一笔省不得的巨大开支。

开支如此巨大，李鸿章却处处与左宗棠争饷，左宗棠挺起腰杆子，与李鸿章展开斗争。

从一八七四年四月到十一月，"西饷"仅收到库款各银三百数十万两，东南沿海各省由于日本侵犯台湾，风鹤传警，先其所急，西征协饷缓解或停解。一八七四年（同治十三年）冬，左宗棠上奏说：现在将近年底，总须在年关以前力求发出一月满饷；同时，明春应发各军盐菜、粮价、马干等款都无着落。就目前全部军需统算，"非确得实饷三百万

---

① 乌鲁木齐距古城四百余里，又东距巴里坤一千一百余里，巴里坤至哈密约三百余里。祁韵士：《西域释地》，第4页。

② 左宗棠：《饷源顿涸筹借洋款折同治十三年十月初四日》，载《左文襄公全集·奏稿》（卷四十五），第69—70页。

两",难以支持。他说经过反复考虑,不借洋商巨款,无以济燃眉之急。"查两江每年应协甘饷六十万两,浙江每年应协甘饷一百四十万两",广东八十四万两,此时要他们如数迅速拨解,万难办到。我已派员向洋商借银三百万两,请命令苏、浙、粤三省督抚转饬关道出票,督抚加印,"玉成此项借款"。①清政府既无力拨解巨款解决西征饷银的困难,只好同意左宗棠向英国怡和洋行借款三百万两。这笔借款于一八七五年成交,欠款由江苏、浙江、广东三省应协西饷分作三年偿还,其息银亦于三省应协西饷项内划还。这是左宗棠制服拖欠协饷省份有关地方督抚的杀手锏。

到了一八七五年的下半年,西征军缺饷的情况更加严重了。早在一八七四年上半年,左宗棠已命令张曜、金顺等先后率部挺进新疆的哈密、古城,实际上,规复新疆的军事行动已经开始。由于饷需不足,其他各军尚滞回关内,不能迅速开进新疆。一八七五年九月二十四日,左宗棠奏陈军饷支绌已到山穷水尽的地步。他说现在正派员至各路积极采购军粮,转输新疆,同时继续大力整顿部队,汰弱留强,裁并遣撤,在在需银。西征军饷专靠各省协饷,各省协款,"尤以添拨厘金为大宗",本年收入协款,截至六月份止,约计一百四十余万两。去年筹借洋款三百万两,分四批递解,除划还上冬、今春所借商款一百二十余万两外,实收一百七十余万两。以所有入款而言,今年上半年共收实银三百余万两,上半年的出款却极为巨大,其中筹办关外军粮已耗费一百三十余万两,筹措盐菜、马干、公费、军装、军火、车驼、什物等,共支发实银一百三十余万两,此外,裁并、撤遣以及肃州、哈密驻军屯垦水利经费等,共支发实银四十余万两,合计支出总数已三百余万两。由于军饷不足,应该继续裁遣的部队,不能裁并整顿,各项西征的准备工作如添购

---

① 左宗棠:《饷源顿涸筹借洋款折同治十三年十月初四日》,载《左文襄公全集·奏稿》(卷四十五),第69—71页。

驼、骡、马匹、皮、棉衣裤、锣、锅、皮碗口袋、棚帐、旗帜、号褂，应予更换的军械、火器、火药等，都因缺饷而不能着力进行。总之，西征军费各项统算，一年必须有实银八百余万两，始够勉强维持。因为入款太少，出款太多，目前裁并后积欠勇夫正饷七百余万两，恤赏银三十余万两。这些都应立即发给实银，"不能空言抵塞"。他向清政府郑重声言：如果各省不立即采取紧急措施，及时拨解西饷，那么，"现办诸事无项支销，待发诸军无款散给，而前途局势难言矣！盐菜、马干银、年终满饷，及准假勇夫不能照旧发给，而后路局势难言矣"！等到"事机已误"，而后议补救之策，所费益多，"求如目前局势，亦恐难得"。[①]

他知道各省欠解协饷，同李鸿章在背后捣鬼有关系，所以，他与李鸿章展开了斗争。他向朝廷申诉说：论理，"塞防"与"海防"应该并重，然而有些地方督抚昧于国家大势，不识"塞防""海防"办事之难易，不知分别轻重缓急，错误地把"海防"看得重于"塞防"，拖欠"塞防"协饷。事实上，"海防"远较"塞防"易于为力。因为：

第一，"海防"开办有年，"经始之费可减"，"塞防"则经始之费特别吃重。

第二，"海防"筹措粮饷、军火，毫不费力，"塞防"却转输万里，仅采买军粮一项，粮价、运脚费用，已占"西饷"的三分之一。

第三，沿海是富庶之区，洋关关税岁入千万缗，田粮收入亦多，甘肃则素称贫瘠，通省丁粮一年不过二十余万两，故各省办"海防"易于为力，而在甘肃办"塞防"就艰苦万分了。

第四，东南各省商市繁盛，富商大贾甚多，军需不足，可以暂向他们挪移借贷，以应急需。甘肃则本地无可筹商。然而沿海沿江各省督抚，不以大局为重，只顾自己，轻"塞防"，重"海防"。现在西征军兵

---

① 左宗棠：《军饷支绌请速筹解济折光绪元年八月二十五日》，载《左文襄公全集·奏稿》（卷四十七），第22—26页。

锋已经进入新疆，逐渐进迫乌鲁木齐，箭上弦，刀出鞘，战争有一触即发之势，"岂沿海防军重于出塞征军？今日海防之事，实急于出塞之事乎？"国家的收入只有此数，"海防"争饷，势必造成"此壅彼缺"。西征军欠饷已积至二千六百余万两之多，除开支伙食、马干、棉衣、单衣外，每年只发一月满饷，欠饷十一个月。各省只消将应发饷需短欠一二个月，以此匀济"塞防"各军，各军即可多发数月之饷，这就是"富者减一盂之食，仍免号饥，贫人利壶餐之加，即期宿饱"。① 左宗棠对形势的分析，透彻深刻，对李鸿章的谴责，切中要害。在这之后，他不断运用犀利的文笔，笔锋常带感情，要求清政府催促有关各省迅速递解协饷。

李鸿章在办理"马嘉理案"的交涉过程中，"一意屈己奉人"，散布英国将调兵舰前来攻打沿海各口的战争舆论，说什么要不满足英国的要求，东南沿海的战局不可避免，中国人力、财政都无把握，不宜因"马嘉理案"而与英国失和。他这样做的目的是：第一，推行妥协外交，以博取洋人欢心。第二，散布战争舆论，以显示"海防"的重要性，他好争到更多的海防经费，从经济上来束缚住"塞防"派首领左宗棠的手脚，迫使左宗棠就范，停止西征军事，放弃新疆。左宗棠洞烛其奸，不畏权势，愤怒地指责李鸿章居心叵测。他说："英人虚声恐吓，当事借以把持重饷，并成一谈"，"欲笼的饷归之洋防"。② 我挥师西征，是为了收复故土，如果停兵撤饷，新疆将不为我有，断无此理。玉门关外的壮丽山河，"岂能以玉斧断之"？③《中英烟台条约》订立后，他意识到各省协饷更加困难，痛骂李鸿章是"屠禽为急弦所下，不能挣扎片时"。在他的笔下，卖国贼李鸿章变成了禽兽。他忧心忡忡地说：《中英烟台条约》条

---

① 左宗棠：《请敕各省匀济协饷片光绪元年八月二十五日》，载《左文襄公全集·奏稿》（卷四十七），第32—35页。
② 左宗棠：《答谭文卿》，载《左文襄公全集·书牍》（卷十五），第58页。
③ 左宗棠：《与云贵总督刘荫渠制军》，载《左文襄公全集·书牍》（卷十六），第72页。

款如此之多，无理已甚，"实则泰西各国均无肇衅之意，只因示弱太过，致外侮频仍，国势难振，财用虚耗日甚"，不知将伊于胡底！①李鸿章的卖国罪行和卖国面目，在左宗棠等的不断揭露批判下，逐渐暴露于光天化日之下。

李鸿章利用"马嘉理案"兴风作浪，散布战争舆论，弄得沿海、沿江各省督抚惶惶不安，尽力把地方经费挹注海防，少解、缓解或停解西征军的协饷。西征军前锋既发，势不可止，而饷需奇绌。一八六七年一月十日，左宗棠上奏指责李鸿章说：西征大军待饷孔殷，以至"停兵待发，共见共闻"。我屡次派员到各省"婉恳谆催"，协饷"延缓如故"，实因东南沿海各省经费全被海防占去。今年协饷收入比往年短少一半，西征军欠饷增至二千七百万两，"前次李鸿章议停撤西师，减塞防之饷以裕洋防，意本如此"。年关即将来到，一年一月满饷，万无不发之理，出关各军费用万无节省之理，不得已，已饬粮台暂借商款六十万两应急，约定明春三四月中归还，如果失信于商人，"此后并筹借之一线生机"也将割断。无可奈何之中，请允借洋款一千万两，"仍归各省、关应协西征军饷分十年划扣发还。……以便迅赴戎机"。②李鸿章在召对时反对左宗棠借贷洋款，文祥"力驳之，并上疏直陈"。③清政府懂得，如果因经费掣肘，新疆收复无望，足以动摇它的统治，特别是一旦西征军因无饷哗溃，关内关外将不堪设想。因此，命令在户部库存四成洋税项下拨银二百万两，"并准其借用洋款五百万两，各省应解西征协饷提前拨解三百万两，以足一千万之数"。④

---

① 左宗棠：《答杨石泉》，载《左文襄公全集·书牍》（卷十七），第72页。
② 左宗棠：《饷源涸竭拟续借大批洋款权济急需折光绪元年十二月十四日》，《左文襄公全集·奏稿》，卷四十七，第49—53页。
③ 左宗棠：《答刘克庵》，载《左文襄公全集·书牍》（卷二十一），第19—20页。
④ 刘锦藻：《清朝续文献通考·国用八》（卷七十），民国十二年版，第1页。

"树欲静而风不止。"正当左宗棠派人借贷洋款时,李鸿章在暗中捣鬼,英国侵略者出面作梗,必欲置西征大军于死地而后已。左宗棠不得不腾出手来,坚决与破坏借款的反对力量作斗争。

向洋商借款,循例须由海关出票,督抚加印。在所有海关中,江海关的收入最大,左宗棠想请两江总督沈葆桢一手代为经办。谁知沈葆桢就任两江总督后,尽为两江打算盘,转化为海防派了。沈葆桢,字幼丹,福建侯官人,是林则徐的女婿。在镇压太平天国革命时,曾国藩推荐他担任江西巡抚。后来,因曾国藩对他控制、约束过严,遂与曾国藩互相参奏,左宗棠撑沈葆桢的腰,使曾国藩对他无可如何。其后,沈葆桢因母丧回籍守制。一八六六年,左宗棠卸任闽浙总督,调任陕甘总督,推荐沈葆桢担任福州船政大臣。一八七五年,沈葆桢擢升两江总督,到两江后,他竟"奉合肥(李鸿章,安徽合肥人。这里的合肥即指李鸿章)为准的"[①],上奏反对左宗棠借贷洋款[②],"与合肥联成一气"。在沈葆桢奏驳左宗棠借贷洋款之前,李鸿章写信给沈葆桢挑拨说:左宗棠拟借洋款一千万两,以图新疆,可称豪举。惟各省由陕、甘协饷下分担还款,"未免吃力,何可独诿诸执事耶"?[③]沈葆桢奏驳左宗棠借贷洋款后,李鸿章洋洋得意,进一步挑拨左、沈的关系,他又写信给沈葆桢说:大疏奏驳借洋款等,"剀切详明,词严义正,古大臣立朝风采,复见于今……倾服莫名。"他造谣说:"季帅(左宗棠,字季高)误于谍报安集延(阿古柏,浩罕安集延人。这里的安集延,是指阿古柏)有待其亲征投降之说,奉谕旨准借巨款,正拟月望后踊跃西行,得此信未免扫兴。渠向不肯服输,恐其仍执前奏,则东南各省行将搅乱,而

---

① 左宗棠:《答刘克庵》,载《左文襄公全集·书牍》(卷十六),第70页。
② 沈葆桢:《筹议出关饷需碍难借用洋款折光绪二年正月三十日》,载《沈文肃公政书》(卷六),光绪庚辰版,第9—13页。
③ 李鸿章:《复沈幼丹制军光绪二年正月二十六日》,载《李文忠公全书·朋僚函稿》(卷十六),第4页。

西事亦断无能善其后之理。但冀季老素尚推重执事，或者能受尽言。若出自鄙人之口，必是一场大讼案矣。"①确如李鸿章所说，左宗棠是不肯向海防派服输的人物。他说，你两江沈葆桢与我作难，不出票，不盖印，没关系，难不倒我，我可以请浙海关、粤海关出票，闽、粤督抚盖章嘛！

起初，左宗棠打算向英商借款，李鸿章在暗中搬动海关总税务司赫德唆使英商拒绝出借巨款。英国自始反对中国出兵新疆征讨它的忠实走狗阿古柏匪帮，李鸿章则想借此断绝西征军的借款来源，使西征大业半途而废，以实现其囊括西饷的阴谋。左宗棠很气愤，他说，你英商不借，别的洋商肯借，其奈我何！后来，他向德国泰来洋行借到了五百万两。左宗棠揭发李鸿章在借款问题上玩的花招是"家鬼弄家神"②，刻画得惟妙惟肖，画出了"家鬼"的媚骨。他又批评沈葆桢等说："于应协陇饷付之不理，并西人商借之饷亦吝之，是诚何心哉！"③对于向洋商借款，左宗棠认为是奇耻大辱，深自引疚，他慨乎言之道：由用兵而借饷，借饷而向洋商借款，"仰鼻息于外人，其不竞也，其无耻也，臣之罪也"。④寥寥数语，流露出他崇高的民族自尊心，与李鸿章之流的以卖国为荣，真是判若天壤了。

借到这笔洋款时，中国军队已经初战告捷，收复了乌鲁木齐、玛纳斯，并已长驱南下，打向南八城，逐渐进入富庶之区，可以就地筹粮，西饷支绌的情况逐渐缓和下来了。当军饷问题严重，左宗棠与李鸿章斗争时，他说他的境遇"如衣敝絮行荆棘中，动多窒碍"，凭着爱国热情，他毕竟从荆棘丛中闯过来了。他排除了国内外势力的干扰，为筹措西饷

---

① 李鸿章：《复沈幼丹制军光绪二年二月十三日》，载《李文忠公全书·朋僚函稿》（卷十六），第5页。
② 左宗棠：《与胡雪岩》，载《左文襄公全集·书牍》（卷十六），第18页。
③ 左宗棠：《与吴桐云》，载《左文襄公全集·书牍》（卷十六），第64页。
④ 左宗棠：《与吴桐云》，载《左文襄公全集·书牍》（卷十六），第64页。

作了一切的努力，终于使西征军度过了军饷的危机，为西征的胜利进军创造了起码的物质条件。

三、万里转输，积储粮秣

有了饷，不等于有粮。甘肃、新疆交通很不发达，地广人稀，城市与城市之间的距离动辄数百里上千里，物产较少，采买军粮固然困难，转运粮食至新疆前线也很艰苦。如前所说，敌军盘踞乌鲁木齐，西征军采运的粮料、马干、军械、火药等，必须从关内转运到进攻乌鲁木齐的前进基地哈密、巴里坤、古城等地。从乌鲁木齐至嘉峪关二千八九百里，路途遥远。从什么地方采购粮料，从什么路线转运至新疆的前进基地最为经济合算？粮价、运费直接影响到军费开支的多寡，而西征军的军饷如此拮据，西征军统帅左宗棠不能不亲自过问，审慎抉择。

一八七四年八月，清政府命令乌鲁木齐都统景廉为钦差大臣督办新疆军务。十月，命钦差大臣大学士陕甘总督左宗棠督办粮饷转运事宜，以袁甲三之子内阁学士袁保恒为帮办。左宗棠本来一贯主张收复新疆，他挑起为景廉筹运粮饷事宜的艰巨任务后，已意识到收复新疆的重任将要落到自己的肩上，开始慎重考虑粮秣供应在用兵新疆全盘军事斗争中的重要意义了。

《孙子兵法》说："凡用兵之法，驰车千驷，革车千乘，带甲十万，千里馈粮；则内外之费，宾客之用，胶膝之材，车甲之奉，日费千金，然后十万之师举矣。"这是说："凡兴兵打仗，出动战车千辆，辎重车千辆，军队十万，还要千里运粮；这样一来，前方后方的费用，外交使节往来的开支，物资的供应，武器装备的保养补充，每天要耗费千金，然后十万大军才能出动。"①"千里馈粮，士有饥色"，何况新疆西征军的粮运路程在三五千里路以上呢？老于兵事的左宗棠，不能不在临战前对西征军的后勤供应深思熟虑，再四运筹。

首先，他提出"自古关塞用兵，在精不在多，……筹甲兵即先筹刍粟"的原则。

次之，他指出购粮、转运二事，为西征用兵要着，"事之利钝迟速，机括全系乎此"。②

根据当时采购粮食、交通运输等方面的力量计算，他认为把粮食、马干转运前进基地的哈密、巴里坤、古城等地，非旦夕可办，是一件长期而艰巨的工作。他就各军官兵等人数所需积储的粮食算了一笔细账。步兵每营官兵五百名，长夫、戈什哈（侍从武弁）、随员等百余名。骑兵每营二百五十名。步兵每名每日配给净粮一斤十两，骑兵每营每日支粮五百斤，战马每日每匹支料四五斤，草十二斤，如以张曜所部十六营计算，其中步兵十四营，骑兵二营，合计约为万名，每月共需粮食四十八万七千余斤，马料五万斤上下。

一万名兵马所需粮料的运输力量是非常庞大的。仅肃州运至玉门，其间三百六十里，每只骆驼能负重五百斤上下，一月往返二次，运这万名官兵的粮料，需要近千骆驼、二百名左右驼夫。所运粮食，需扣除骆驼、驼夫口粮。嘉峪关外是沙碛之地，缺乏水草，人烟绝少，事先须派营哨裹粮前进，分扎嘉峪关、双井子、惠回堡、赤金堡、火烧沟、腰泉子、井子一带，作为尖宿台站，架设棚屋、掘井、割草，以备驼队往来宿夜。运粮之外，尚要把军装、弹械等转运前方。以关内而论，从凉州到甘州购买粮食，运至肃州，亦非易事。从凉州到甘州四百八十里，又

---

① 军事科学院战争理论研究部孙子注释小组：《孙子兵法新注》，中华书局1977年版，第13—14页。

② 左宗棠：《官军出关宜分起行走并筹粮运事宜折同治十二年十二月初十日》，载《左文襄公全集·奏稿》（卷四十四），第45页。

四百二十里至肃州。这段路程不是沙漠地区，可用骡、驴、车载。左宗棠饬令甘、凉地方政府匀拨台车二千辆，调集官骡一千五百余匹赶运军粮。这些牲口、台车，绝对数字不可谓少，但是，分布在九百里运输线上，每百里不过台车二十辆，骡、驴不足二十匹，运输能力仍旧很小。另一重困难是兵灾之后，在西北地区采购驼只，调用台车、骡、驴也是非常困难的。①

从肃州至玉门不过三百六十里，运输一万兵马所需粮、料，即需这些驼只，从玉门至哈密一千三五百里，又是沙碛之地，所需驼只的数字就庞大得惊人了。以上一笔细账，说明了从关内把粮食运输至新疆前线的艰苦。问题更在于采购粮料，又是难字当头。

对于采粮地区，左宗棠是经过一番调查研究和精心考虑的。比如湖北、四川是产粮地区，如果从汉口采购粮食，溯汉水而上运往陕西，经西安、兰州、肃州而哈密、巴里坤，行程万里，其运价之昂贵，耗费之巨大，是可以想象的。如果从天府之国的四川购买粮食，部分路程走水路，须逆水行舟，水势湍急，险滩甚多；走陆路，则大巴山、秦岭横亘其间，沿途崇山峻岭，羊肠小道，自古有"蜀道之难难于上青天"之说。左宗棠否定了从湖北、四川采购粮食的线路。甘肃省连年遭受兵灾，生产破坏，人口锐减；即使能从兰州采购粮食，但也仍旧免不了粮道太长的缺点。因此，主要应在甘州、凉州、肃州一带采购，但是，如左宗棠所说：肃州至玉门，虽向称膏腴之区，而当时"沿途村堡，悉成瓦砾，地亩荒废，其遗黎力能自耕者，不过十之一二，余俱流离颠

---

① 左宗棠：《全军未能迅速出关折同治十二年六月十一日》，载《左文襄公全集·奏稿》（卷四十三），第65—66页。《敬筹采粮核实支销折同治十二年七月初三日》（卷四十三），第77—79页。《请敕部议出关官军应增正饷片同治十二年十二月初个日》（卷四十四），第64页。

沛"。①因此，只能在这些地区采购到部分粮食；另一部分粮食，左宗棠决定在宁夏、包头、归化等地采买。另外，在外蒙古的乌里雅苏台和科布多等地采买少许，径运古城或巴里坤。当时的粮运路线有下列数条：

第一路　凉州哈密线。

此线从凉州、甘州、肃州，出嘉峪关，过玉门、安西至哈密，全长二千四百余里。自安西至哈密计程十一站，途经戈壁，无台站，无水、无草，砂砾纵横，中间仅安西城北四站的马莲井尚可支帐小憩，以备汲饮，但亦不宜久留。②这条线路，仅从凉州把采购到的粮食运至安西，所需民运车骡驮只、脚价、员弁人夫薪粮、牲畜草料、口袋、局费，一切均摊牵算，运粮百斤，共需银十一两七钱左右。从肃州把粮食运至古城，每粮百斤，脚价十五两有奇。

第二路　由包头、归化经乌里雅苏台、科布多至巴里坤或古城线。

此线有一条捷径：自包头、归化经射台、大巴一带十余站，由大巴至巴里坤十六站。以驼行一日为一站（驼行每日约七十里上下），从归化至巴里坤不过三十余日，且前十余站经过的地方，水、草丰美，粮产较多，粮价亦平，有驼可雇。经过此线运粮至巴里坤，各种费用牵算均摊，每粮百斤，运费约为七两五钱有奇。③

第三路　宁夏、巴尚图素庙线。

此线自宁夏经定远营、察罕庙、外蒙古边境巴尚图素庙，与归化、包头来的运输队会合至巴里坤。④

---

① 左宗棠：《嵩武军开抵玉门片同治十三年二月十六日》，载《左文襄公全集·奏稿》（卷四十五），第19页。

② 左宗棠：《复陈拟办事宜并办理营务城防各员请奖折同治十二年十二月初十日》，载《左文襄公全集·奏稿》（卷四十三），第49—50页。

③ 左宗棠：《复陈海防塞防及关外剿贼粮运情形折光绪元年三月初七日》，载《左文襄公全集·奏稿》（卷四十六），第39—40页。

④ 左宗棠：《复陈拟办事宜并办理营务城防各员请奖折同治十二年十二月初十日》，载《左文襄公全集·奏稿》（卷四十三），第49—50页。

第四路　俄国中校索思诺福齐在兰州时，向左宗棠自告奋勇，愿在邻近新疆布伦托海的桑诺尔（斋桑湖）雇用驼只，将粮食运至古城（奇台）。这一线路每百斤粮食的运价约为七两五钱。[①]

经过二年多的努力，截至一八七六年三月，哈密存粮积储至二千数百万斤；俄国索思诺福齐运至古城的粮食约计四百余万斤，另由巴里坤运往数百万斤，古城、巴里坤各积储粮食一千余万斤。[②]

在办理粮运过程中，左宗棠命令采取官办与民办双管齐下的方针。他认为官办不如民办，饬令有关部门雇用商驼、商车等协助转运，严禁地方政府或官兵拉差，责令官兵保护商队，严惩伤害商队的游匪惯窃，颁发商人骡运章程告示。[③]他又反复动员民间除留种子、口粮外，将余粮完全卖给国家，支援西征军事。个别地方的绅富恶霸有煽动抗拒粜出余粮的，立即逮捕杖毙，贪官污吏从中舞弊的，轻则黜革，重则逮捕法办。

除采购粮食、马干源源运往新疆前线储存外，为了节约粮和饷，一八七四年，左宗棠命令西征军的前锋部队张曜统率所部嵩武军马步十余营进驻哈密[④]，开荒筹粮，且耕且战。张曜躬亲其事，督部疏浚荒废的水利工程，开荒二万余亩。经过不到一年的努力，一八七五年秋，开荒初见成效，收获净粮大米八九十万斤，足供张曜所部食用两个月。这些粮食一律按照时价收购。

对于部队垦荒，左宗棠是不惜工本的。张曜在哈密疏浚水渠时，需

[①] 左宗棠：《复陈海防塞防及关外剿贼粮运情形折光绪元年三月初七日》，载《左文襄公全集·奏稿》（卷四十六），第39—40页。

[②] 左宗棠：《北路粮运情形等委付都统喜胜督办归包局务片光绪二年六月初六日》，载《左文襄公全集·奏稿》（卷四十八），第69—70页。

[③] 左宗棠：《谕商骡帮运章程示同治辛未》，载《左文襄公全集·告示》，第9—11页。

[④] 左宗棠：《嵩武军进驻哈密垦荒片同治十三年十一月初三日》，载《左文襄公全集·奏稿》（卷四十五），第79—80页。载《关外新疆军饷仍归部核发折光绪元年八月二十五日》（卷四十七），第29—30页。

用毛毡十万条，张曜顾念军饷困难，拟因陋就简，只请领六千条。左宗棠指示张曜说：你驻军哈密，开屯最为要着。开屯之要，首在水利，毡条万具，既所必需，文到之日，即檄宁夏、河湟各郡并力购造。"尊函以六千为定，然鄙意与其功亏一篑，不若多备于先，仍令购造万条，以资利用，未敢议减。"①景廉内调后，左宗棠又命令张曜接办景廉部的屯田。左宗棠所部屯田垦荒时，其特点是以主力作战兵担负战斗任务，屯兵仅为一小部分，以不削弱部队的战斗力为前提。

如前所说，西征军在粮运、屯垦方面取得这样的成绩，显然是和事权统一、精心运筹分不开的。为了避免政出多门，加强司令部的团结，左宗棠又逐走了帮办袁保恒。

袁保恒，字筱坞，河南项城人，进士出身，曾随李鸿章镇压捻军，旋以翰林院侍讲学士补用，后来为左宗棠办理西征粮台，得专折奏事。初莅任时，谨慎小心，事事请示商办，尚能同左宗棠和衷相处。一八七四年，袁保恒擢升户部侍郎，当时，左宗棠奉命为钦差大臣督办粮饷转运事宜，以袁保恒为帮办。袁保恒升任侍郎后，官大了，地位高了，企图与左宗棠分庭抗礼了。从此，左、袁之间的矛盾日益尖锐起来，他们在移设粮台、粮运线路、屯田等问题上发生了严重分歧。

第一，袁保恒奏请将原设西安的西征粮台移设肃州，并在某些地方分设粮台。左宗棠反对这种做法。

一八六六年左宗棠奉命调任陕甘总督后，在汉口设立后路粮台，负责转运粮饷、军装、军械、火药等。一八六八年后，左宗棠以其主力转向陕、甘，镇压回民起义，接管前任陕甘总督杨载福在陕西设立的西安粮台，总司催收转解各省协饷，转运来自汉口的各种军需物资。一八七四年前后，左宗棠积极筹备西征军事，西安粮台名副其实地变成了西征

---

① 左宗棠：《答张朗斋提军》，载《左文襄公全集·书牍》（卷十五），第10页。

粮台。①袁保恒提出将西征粮台移设肃州，另在玉门、宁夏、包头、归化等采购粮秣地区分设粮台。左宗棠反对这一方案，其理由是：

首先，粮台设在西安，便于向各省催解协饷和转运自汉口运来的各种军需物资，作用很大。再说西征军中有湘军、嵩武军、景廉旧部、成禄旧部、文麟旧部等，各军的协饷来源不同，如嵩武军协饷主要由河南负责，其驼银、马干由山西省拨解协饷，因之，各军有专司催解、押运协饷人员，军需实在枯竭时，再由左宗棠拨款济急。如果把西征粮台移设肃州，各军承催协饷必然松懈，齐向粮台索饷，此种局面将何以应付？

左宗棠说：今后西征军的粮食、马干虽有一部分在肃州、甘州、凉州采购，但另一部分则在宁夏、包头、归化采购，故我在以上地方设局专司采购、转运。如果撤销采购局，分设粮台，崇其体制，机构扩大，官员增加，而"历考从前兵事，多设粮台，而粮员之以贪缘冒进，以贪墨终者比比而是，厥有明证"。②所以，我总是设立粮局而少设粮台，降其体制，紧缩机构，不仅可以减少冗员，节约开支，且能提高其工作效率。这种办法已行之有素，效果亦佳，从未耽误粮运事宜。西征军饷如此拮据，岂容点滴浪费？

次之，袁保恒认定西征军军粮、马干主要应在甘肃省境采购。这涉及采粮地点、粮运路线以及运输工具等问题，左宗棠加以逐一驳正。

袁保恒一厢情愿地要把西征粮台设在肃州，由肃州转运粮食至乌鲁木齐前线。左宗棠说：万无此理，单就运脚费用来说，就极不合算。从哈密至肃州一千七八百里；从哈密至巴里坤三百余里，路程不长，但须翻越群山连绵、崇山峻岭的天山。从巴里坤至古城七百余里。即是从肃州至古城二千五百余里。从凉州至古城则有三四千里之遥。从凉州运粮

---

① 左宗棠：《复陈西征粮台不可裁撤折同治七年六月二十七日》，载《左文襄公全集·奏稿》（卷二十七），第65—67页。

② 左宗棠：《遵旨密陈片光绪元年三月初七日》，载《左文襄公全集·奏稿》（卷四十六），第47—50页。

至安西，每百斤耗银十一两多，再从安西运至古城，运费岂不是要成倍地增加？自古以来，从没有用兵天山北路，而把粮台设在肃州的道理。①

袁保恒既想把西征粮台设在肃州，主要从凉州、甘州、肃州境内购、运军粮，因此，他在赶造大批骡车，并已购到车骡三千余只。左宗棠说这是千万行不得的。因为甘肃在兵燹之后，生产远远没有恢复，凉州、甘州、肃州境内能够采买到的粮食有限，岂可因采购军粮而"夺民食"？"军兴以来，民……苦于军营之摊捐久矣，民人存者不过十之三四，田亩荒废大半。"如果尽情搜刮，因军粮而绝民食，但"无民安有军食"？②左宗棠一贯告诫部属说：甘肃战乱十年，各军营遍布省境，民间的牲畜被抢，又苦于长期供应，民人遂致转徙流离，试问"牲畜日耗，民力何以能支？于是而欲源源转馈不绝，其可得乎？……用兵所以卫民，今卫民之效未睹，而虐民之事无不毕具，不知主兵者于目前事势、日后事势，亦曾涉想否"？③即是说袁保恒那样的做法，是杀鸡取卵，将使凉、肃道上饿殍载道，出现千里鬼唱歌的惨象，这与左宗棠的施政方针是不相容的。因此，左宗棠坚定不移地增辟了宁夏、包头、归化、科布多、乌里雅苏台至哈密、巴里坤、古城等采粮路线。

袁保恒为了把凉州、肃州等地的粮食运进新疆，制造大量骡车，购买大批车骡。左宗棠批评袁保恒不识地理，不懂得精打细算。他说骡车一车二骡、一夫。一骡每日供料八斤，一夫每日食粮一斤，一车载运六七百斤。从凉州到安西一千三百余里，车行三十日左右，岂不是从凉州出发的骡车还没有到达安西，所载粮食已被骡、夫吃光？更何况关外之地多沙碛，无水、无草，不宜行车呢？关外运粮宜驼不宜车。每驼负重五百斤，日行七十里，食料三斤，加盐少数，五驼一夫，有水草的地

---

① 左宗棠：《答袁筱坞阁学》，载《左文襄公全集·书牍》（卷十四），第29—30页。

② 左宗棠：《与金和甫》，载《左文襄公全集·书牍》（卷十三），第13页。

③ 左宗棠：《与金和甫》，载《左文襄公全集·书牍》（卷十三），第13页。

方，可以白天放牧，晚上赶路，不用粮料。两相对比，关外沙碛之地，用驼运远胜骡车。

又其次，袁保恒提出设局屯田。左宗棠说开荒屯田是必要的，不过，在目前说来，这是军队的任务。现在新疆军事尚无尺寸进展，民人流离失所，只需由我命令军队抽出部分兵力开荒，同时尽量招徕民户复业。新疆收复后，屯田开荒是地方政府的事，何用西征粮台到处设局屯田？"若徒骛开屯之名，设局兴办，恐复业之民少而局员、丁员之费翻多于散赈、给种之费。""西饷"支绌如此，岂容他们虚耗靡费？

最后，袁保恒专断独行，破坏西征军的财经制度和直接、间接干预军事，使左宗棠极为恼怒，到了不能容忍、非把袁保恒逐走不可的地步。

袁保恒帮办西征转运粮台，其权限是专司开单奏催协饷，饷到即应解交左宗棠设在西安的总理军需局道员沈应奎，即是袁保恒只管入款，不管出款，出款应由总理军需局根据左宗棠的命令办理。袁保恒却违反财经制度，干预出款，"动称某款需用若干，初年若干，常需若干。浑言应需，而不条举所需数目。不仅遇事不来请示，即奏报亦不咨照"。两个老大掌舵，船要翻身。西征经费本来窘困万分，再由两处出款，左宗棠说：这叫我如何当家？

袁保恒还直接、间接干预军事，不顺心时，在背后踢脚。他奏请把粮台移设肃州，借口粮运路线二千多里，擅自奏调他在安徽的旧部皖军西来保护运道。左宗棠说：为了节约饷需，我一再裁遣部队，现在却要增调皖军前来甘肃，增加军饷开支。从凉州到新疆，沿途重要城镇关隘，都有军队驻扎，有足够的兵力保护运道，增调皖军西来，是完全多余的。袁保恒被左宗棠驳斥得体无完肤。袁保恒还上奏指控左宗棠在一八七三年冬攻占肃州后不随即进兵新疆，是延误戎机。一八七五年春，左宗棠上奏驳斥说：攻取肃州后，部队伤亡极重，缺额甚多，弁兵久役思归者亦众；成禄、穆图善、景廉等部亟待整编；哈密、巴里坤、古城无粮食积储，大军挺进新疆有哗溃之虞，岂可轻率冒进？①

很明显，袁保恒的所作所为，表明他企图在西征军内部拉他的山头，搞他的独立王国。李鸿章幸灾乐祸地说：听说袁保恒"与左相意见不协，有自募数营赴哈密筹粮饷之疏，是隐以军事自任……当轴欲为调停而苦无决断……内意于西事欲罢不能，究亦毫无主见"。②事物的发展又出于李鸿章的想象之外，左宗棠以有理制无理，一八七五年，把袁保恒逐出了西征军行列，解决了在粮运等问题上的分歧，割断牵绊，放手开辟各种渠道采购粮食，终于解决了西征军的粮食供应问题。

如左宗棠所说，袁保恒"姿性警敏"，人"尚圆通"，未任帮办之先，工作兢兢业业，"遇事启告，曲致衷诚"。为什么他在升任侍郎、就任帮办后，一反常态，与左宗棠"主意龃龉"，"意图牵制"？左宗棠不止一次地向他的僚属表示过，我年纪大了，精力不够了，希望朝廷派来替人，完成此西征大业。即使无此替人，派个得力的帮办，历练一番后作为替人亦可。袁保恒的官大了，地位高了，未免权位的欲念也跟着膨胀起来了。他风闻左宗棠欲觅替人之说，于是，不安其帮办的职位，竭力扩张自己的势力，妄图取而代之。事实上，他取代不了。西征军的将领，左宗棠长期指挥过，他摸透了他们的脾性和作战能力，而袁保恒是一个书生，没有打过大仗、恶仗、硬仗，能指挥这些将领完成西征大业吗？能指挥都统金顺吗？一个侍郎兼帮办，更不能指挥陕、甘巡抚。更重要的是，袁保恒敢与李鸿章展开针锋相对的斗争吗？不敢与李鸿章展开针锋相对的斗争，又将如何担当起西征重任？天下事就是这么复杂，蚍蜉撼大树的事是经常重复出现的，袁保恒妄想挤垮左宗棠，取而代

---

① 左宗棠：《复陈移设粮台转运事宜折光绪元年二月初三日》，载《左文襄公全集·奏稿》（卷四十六），第19—25页。载《敬筹移设粮台办理采运一切事宜折同治十三年十一月初三日》（卷四十五），第73—76页。

② 李鸿章：《复钱调甫中丞光绪元年正月初七日》，载《李文忠公全书·朋僚函稿》（卷十五），第2页。

之，可说就是属于蚍蜉撼大树，可笑不自量之类的怪事。

刘典，字克庵，湖南宁乡人，长期跟随左宗棠镇压农民军。自左宗棠提出收复新疆的爱国主张后，他坚决站在左宗棠一边，转化为爱国派。一八七五年秋，左宗棠写信给刘典说：朋友们来信说，你在家乡不以优游林泉为乐，"而以西事未蒇为忧"，"以劳人寡助为念"。闻讯之余，"且感且泣"。现在景廉、穆图善、成禄、袁保恒等与我"同役而不同心"者，皆已调走，兵事、饷事等皆由我一人经理，兼顾不遑，希望你从速出山，助我完成西征大业。①一八七六年春，刘典遄赴甘肃兰州，就任陕甘军务帮办，"接统防营，筹办后路事宜"，成为左宗棠坐镇后路最得力的助手，办一件大事，总存在着这样那样的矛盾和困难，只要看准方向，明辨是非，拿出狠心，终究是能克服困难，排除反对派的干扰，取得胜利的。左宗棠正是这样。

四、建立兰州机器局，为西征军修造枪炮

左宗棠一贯认为练兵简器，是治兵要着，加强火器的应用，是提高部队战斗力的重要手段。阿古柏匪帮拥有大量洋枪洋炮，这一严酷事实，使他慎重考虑改善西征军的武器装备。他的处境与李鸿章不同，李鸿章控制了江南制造总局、金陵机器局和天津机器局，这些军事工厂能够修造枪炮，制造子弹火药，生产出来的军火，基本上供李鸿章所部淮军使用。左宗棠创办的福州船改局，虽然能够制造商船、兵舰、枪炮、弹药，但是，一八七五年船政大臣沈葆桢调任两江总督后，船政局的领导大权就被李鸿章抢去了。左宗棠不能从他的政敌投降派李鸿章手中获得枪炮、弹药的供应，就一方面向德国购买武器，另一方面披荆斩棘，

---

① 左宗棠：《与刘克庵》，载《左文襄公全集·书牍》（卷十五），第28页。

在甘肃创建兰州机器局。

一八七三年春，他在兰州的南关地方开办了一个小型兵工厂——兰州机器局①，调派对制造兵器造诣颇深的总兵赖长总理其事②，从广东、浙江等地招聘熟练工人到该机器局做工。到了一八七四年，兰州机器局已能制造铜引、铜帽，大、小开花子，仿造德国的螺丝炮及后膛七响枪，改造中国旧有的劈山炮用合膛开花子，改装劈山炮的炮架为鸡脚。从前劈山炮要用十三人施放，经过改装后，只用五人施放。又改造了广东无壳抬枪，从前无壳抬枪三人管放二杆，改装后一人管放一杆，由于在枪身上安装上宝塔嘴，用铜帽子，"一人擎放，心手相印，较洋枪有准而更可致远"。③为了使"制器之人知用器之法，用器之人通制器之意"，左宗棠命令中军副将崇志教练本标将弁兵丁演习枪炮。一八七五年，兰州机器局制造工艺水平又有所提高，仿造了德国后膛进子的螺丝炮大小二十尊，"与布（德国）炮大致无殊"；制造了后膛七响枪数十杆；仿造成马梯尼枪；制造了大批大、小铜火，快响子、火药等。这些军火，在刘锦棠率部开拔新疆之前，解到了军中应用。上海运到一尊田鸡炮，其射程较远，炮弹自空而下，"以打马队之成团者最妙"，可惜只配有子弹三百颗，左宗棠饬赖长赶造二百颗，解赴前敌军中。④

关于兰州机器局的规模大小，工匠多寡，制造能力等，从上述生产情况和一八八一年开销外洋、浙、粤各匠工银二万四千二百九十四两三钱一分三厘等情况看⑤，大致规模狭小，设备简陋。但是，由于主持人赖

---

① 罗正钧：《左文襄公年谱》（卷六），第16页。孙毓棠：《中国近代工业史资料》（第一辑，上册），第445页。

② 故宫博物院：同治朝《筹办夷务始末》（卷五十九），第19页。

③ 孙毓棠：《中国近代工业史资料》（第一辑），一八四〇至一八九五年，第445—446页。

④ 左宗棠：《致胡雪岩》、《答刘克庵》、《与刘毅斋》，载《左文襄公全集·书牍》（卷十五），第40—41页；（卷十六），第11页；（卷十七），第14页。

⑤ 孙毓棠：《中国近代工业史资料》（第一辑，上册），第447—448页。

长是精通业务的内行,生产军火是为了支援正义的西征事业,所以厂小志气大,业务上能精益求精。左宗棠对兰州机器局颇为赞许,他说:"若果经费敷余,增造精习,中国枪炮日新月异,泰西诸邦断难挟其长技以傲我耳。"①正如他一八七五年为《海国图志》所写的叙中说的那样:鸦片战争以来,英吉利以坚船利炮"蹈我之瑕,构兵思逞",为此我在同治年间创办了福州船政局,西征用兵以前创办了兰州机器局。"陇中用华匠制枪炮,其长亦差与西人等……此魏子所谓师其长技以制之也。"②在这里,他明确说明了创办福州船政局和兰州机器局,是魏源"师其长技以制夷"的爱国思想的实践。

因陋就简创办的小小兰州机器局制造出来的枪炮等,在西征过程中起了一定的作用。如西征军攻克古牧地时,兰州机器局所仿造的德国螺丝炮、劈山炮、开花小炮、后膛快响枪等,都发挥了很大的威力,"攻占该地,深得其力"。③由上可知,洋务派中的爱国派左宗棠所创办的近代军事工业,在保卫祖国领土完整的反侵略斗争中,是起了不小作用的。

经过长期的艰苦斗争,左宗棠打击了妥协派李鸿章之流的气焰,排除了来自各方面的干扰,搬走了西征道路上的绊脚石,整顿了部队,解决了军饷、军粮等问题。左宗棠像暴风雨来到前翻腾在乌云滚滚中的海燕,迎着呼啸而来的风暴和排空浊浪,振翅搏击,在斗争中前进,战胜了重重困难,为西征铺平了道路。一切准备就绪了,一八七六年四月七日,左宗棠从兰州驰抵肃州,指挥西征战争。四月二十六日,左宗棠命令总理行营营务三品卿衔二品顶戴法灵阿、巴图鲁、刘锦棠等统率西征军主力挺进新疆,天山北麓战云密布,一场收复乌鲁木齐的进攻战即将打响。

---

① 左宗棠:《答胡雪岩》,载《左文襄公全集·书牍》(卷十五),第42页。
② 左宗棠:《海国图志叙》,载《左文襄公全集·文集》(卷一),第11—12页。
③ 左宗棠:《答陈俊臣》,载《左文襄公全集·书牍》(卷十五),第42页。

第七章　征讨阿古柏匪帮的辉煌胜利

一八七三年十一月，清军攻占肃州，新疆与内地的交通基本畅通，中华民族同帝国主义走狗阿古柏匪帮的民族矛盾，到了解决的时候了。左宗棠出兵新疆征讨阿古柏匪帮，完全符合国家、民族的利益。

阿古柏匪帮自一八六五年春入侵喀什噶尔后，先后攻陷南疆各城，一八六七年，建立了"哲德沙尔汗国"。一八七〇年，其反动势力扩张至天山北路的乌鲁木齐、玛纳斯。一八七一年七月四日，沙俄帝国主义趁火打劫，出兵侵占伊犁地区。清军局促于塔城、古城、巴里坤、哈密等地，自保不暇，坐视阿古柏、沙俄侵略者等的铁蹄在新疆横行。一八七五年五月三日，清政府任命左宗棠为钦差大臣督办新疆军务，这是解决新疆问题的转折点。左宗棠呕心沥血，经过长期的艰苦准备后，一八七六年三月，设司令部于肃州，亲自驻节肃州，指挥西征军主力挺进新疆。中国西征军的铁拳伸向乌鲁木齐，使群魔丧胆。

用兵新疆之前，左宗棠调查分析了敌我情况，制定了"缓进急战"的战略方针，指导着征讨阿古柏匪帮的整个军事行动。

一八七六年八月，西征军收复乌鲁木齐，续克玛纳斯。左宗棠以军事胜利回答了李鸿章之流对他的造谣诬蔑和攻击，粉碎了英国侵略者为阿古柏乞降"立国"的阴谋，加强了清政府收复新疆的信心。一八七七年春，刘锦棠等挥师南下，连克达坂城、吐鲁番、托克逊，南八城的门户洞开。经过一番休整，同年秋八月，西征军发动了收复南八城（喀喇沙尔、库车、阿克苏、乌什、喀什噶尔、英吉沙尔、叶尔羌）诸战役，经过半年的征战，先后收复南八城，取得了消灭阿古柏匪帮的辉煌胜利，南疆各族人民回到了祖国的怀抱。全国人民无不为此而欢欣鼓舞，有人写信祝贺左宗棠取得西征大捷说：听到西征捷报频传，"与少陵闻收蓟北之喜讯略同"。

西征的军事胜利是来之不易的。在整个西征的过程中，由于英国侵略者阴谋破坏，李鸿章为首的卖国派又一贯反对收复新疆，因此，西征过程中波澜迭起。左宗棠必须在担当起指挥西征军事的同时，与英国侵略者展开尖锐的外交斗争，与李鸿章进行针锋相对的斗争。

西征战争的胜利是辉煌的，但是是经过艰苦斗争才得来的。当西征军攻取喀什噶尔，南疆底定时，左宗棠回想到收复新疆曲折而坎坷的历程，百感交集，写信给陕甘军务帮办刘典等说：西征大军迅速攻取西四城，略定南疆，"不料浮图百尺，终有合尖之日也"，"十年焦愁苦恨，到此如释重负矣"。"朗斋库车来书，并言其物价之廉，殊为快意。……亦见腴疆不宜轻弃，从前言画地自限者，真矮子观场也。"①

一、"缓进急战"，收复乌鲁木齐

早在一八七三年，古城、哈密等地风鹤警传，关外清军接连向清政府告急求援。一八七四年左宗棠命提督张曜率领嵩武军十余营开往新疆，驻扎哈密，加强了从新疆进入甘肃的大门的防务。以后，左宗棠奏请以金顺为乌鲁木齐都统，代替景廉督办新疆军务，责令金顺严守古城、巴里坤一线运道，为日后收复乌鲁木齐保住前进基地。一八七五年，左宗棠奏调其旧部刘典为陕甘军务帮办，坐镇兰州，"凡循例月折及关内军务粮饷一切事宜"，均由刘典核定办理。总督衙门一切例案，则委

---

① 左宗棠：《答刘克庵》、《答山东臬司陈俊臣廉访》，载《左文襄公全集·书牍》（卷十九），第56页、68页；（卷二十），第14页。

布政使崇保代拆代行。"后方"安排妥善后，一八七六年四月七日，左宗棠自兰州驰抵肃州，随即命令记名提督汉中镇总兵谭上连率部开赴新疆，命令记名提督宁夏镇总兵谭拔萃、记名提督陕安镇总兵余虎恩等相继开拔。四月二十七日，总理行营营务刘锦棠率领西征军主力誓师入新。从肃州至哈密一千七百里左右，其中自安西至哈密行军于戈壁之中，"糇粮可裹带以趋，薪柴草束可储峙以待，惟水泉缺乏，虽多方疏浚，不能供千人百骑一日之需，非分起续进不可"。①西征军为了节约运输经费，行军之前，先将肃州存粮"运至玉门，然后头起开拔至玉门，又用其私驼转搬玉门存粮以赴安西，腾出官驮、官车转运第二起军粮，而后第二起继进，余均仿照办理，……层层衔接"。各军到达哈密后，如法将哈密存粮一部搬运翻越天山，转运至巴里坤，古城。统限七月下旬完成粮运任务后集结古城待命。肃州、哈密道上，遍布爱国官兵的足迹，遍洒西征将士的汗珠。对此，左宗棠受到的感染极深，赞叹说："忠哉此军。"

　　左宗棠在青年时代便研究军事，熟读兵书。他用兵的特点是重视敌情的调查研究。进军新疆前，根据各方面的探报，他分析了敌我双方的情况：逆贼阿古柏久踞南疆，严守吐鲁番、达坂、托克逊，而以叛国逆匪白彦虎等部防守乌鲁木齐。阿古柏、白彦虎等长期尽情搜刮，积储丰盈，无军食匮乏之虞，以逸待劳。这伙匪徒横暴极甚，践踏各族民人，民人敢怒而不敢言，天怒人怨，群情不服，日夜盼望祖国大军西进解其倒悬。阿古柏的军队，其骨干为浩罕逆匪，下级官兵大多为裹胁之众，军情不稳。他虽与白彦虎勾串一气，白彦虎部裹胁之众虽多，但能战之兵不过六七千，且与阿古柏离心离德，不可能死抱一团。阿古柏眼见我军西进，蜷伏不动，是"自守之虏"，不难戡平。白彦虎所部不耐大战，

---

　　① 左宗棠：《驰抵肃州各军分起出关折光绪二年四月十三日》，载《左文襄公全集·奏稿》（卷四十八），第48—49页。

仅能设伏绕袭，尤其善于逃奔窜逸。浩罕国已为俄国灭亡，阿古柏"败无所归，其必拼死力战"①，作垂死挣扎，尤且所部洋枪、洋炮极多，有相当战斗力，连俄国人都说"此贼难制"，不可掉以轻心。在中国方面，新疆是我故土，征讨阿古柏匪帮，兵以义动，"师直为壮"，必能得到各族人民的拥护、支持。新疆幅员辽阔，人口稀少，城市间隔数百里、一千里都不足为奇。"千里馈粮，士有饥色"，何况我们的军粮须从关内运来，飞挽数千里呢？但是，越是如此，前方的粮食储备，越要充足，才能使我军立于不败之地。因此，我军的军粮尚须继续源源不绝运往新疆。每当战役结束后，必须扫荡残敌，抚辑流亡，休整部队，调整部署，等等。尤其在进入另一个大战役前，应将大量粮食、军火转运积储前沿据点，因军粮、军火等的补充，皆须从关内运来，非短时期所能办到。由于以上这些原因，我军在一个战役结束与发动另一个战役之间的准备时间要充分，故前进要缓；但一旦发动进攻，就必须以雷霆万钧之力，排山倒海之势，压向敌军，迅速解决战斗，力求战役速决，以避免顿兵坚城，"钝兵挫锐"。这叫"缓进急战"。

左宗棠又向所部将领指出：新疆地势北高南低，故有"控北制南"之说②，收复乌鲁木齐是我军的首要战略任务，初战要打得稳，打得狠，才能使敌军震慑，这叫作战于北，"收功于南"。总之，阿古柏、白彦虎之类跳梁小丑，不难收拾，打几个大仗、硬仗、恶仗，将使敌军闻风丧胆，一触即溃。

---

① 左宗棠：《答刘克庵》，载《左文襄公全集·书牍》（卷十七），第11页。
② 龚自珍在《西域置行省议》中说：新疆巡抚应驻乌鲁木齐，因新疆地势以天山为界划，天山以南为南路，以北为北路。就全疆地形地势而言，"北可制南，南不可制北。"左宗棠根据这一论点，提炼为"控北制南"之说。见龚自珍：《西域置行省议》，载《龚自珍全集》（上册），第109页。

刘锦棠等部集结古城、巴里坤①等地后，左宗棠作出了进攻乌鲁木齐②的军事部署：

（一）以张曜统率的嵩武军十六营集结哈密境内，严防吐鲁番方面敌军和白彦虎等部窜犯哈密，进而窜犯甘肃。他指示张曜说：兵力不宜过分分散使用，在据点要隘扎之所，宜"深沟固垒"，多掘梅花形陷马坑，错落布置。彼此联络，"以助其险"。③万一敌军窜至哈密境内，立即痛剿，不许敌军残部窜入甘肃，以免动摇后方。

（二）以记名提督徐占彪率军五营，扼扎木垒河迤西的奇台古城一带，保护粮运大道，兼防白彦虎部回窜哈密、甘肃。

（三）以总兵徐万福率军二营又二旗，与中军副将尚北嘉领兵一营，驻扎安西、玉门，万一敌军残部窜入，立予痛剿，不使漏网。

（四）新疆军务帮办金顺所部四十营，缺额颇多，战斗力较弱，主要担任防守任务。命令他分兵一支，防止乌鲁木齐敌军败窜玛纳斯；另以一部兵力协同刘锦棠进击乌鲁木齐。

（五）以刘锦棠指挥的湘军二十五营作为进攻乌鲁木齐的主力。临战前，他指示刘锦棠注意几件事：

注意团结金顺，发动攻势前应先去济木萨与金顺会商进攻部署，这叫"师克在和"。

徐学功、孔才所部皆本地团练，长期与阿古柏对垒，在战役中要运

---

① 古城，领队大臣驻地。唐北庭都护府所领之地，其时轮台等县皆隶北庭都护府。东距嘉峪关二千五百余里，西距乌鲁木齐四百余里，与巴里坤相距七百余。巴里坤，领队大臣驻地。"汉蒲类国地，本名巴尔库勒，译曰巴里坤。"东距嘉峪关一千八百余里，哈密三百余里。祁韵士：《西域释地》，第14、16页。

② 乌鲁木齐，都统驻地。"汉车师后王庭地，唐初置庭州于此，后改北庭都护府，设后庭县。元为回鹘五城。"距北京八千六百里，东北距古城四百余里，巴里坤一千一百余里，距喀喇沙尔一千三百余里，吐鲁番五百里。"由吐鲁番军台(军台性质与驿站同，但专供八旗兵使用)至嘉峪关三千三百余里。由巴里坤营汛至嘉峪关二千八百余里。"祁韵士：《西域释地》，第13—14页。

③ 左宗棠：《与张朗斋》，载《左文襄公全集·书牍》(卷十七)，第9页。

用这股力量。乌鲁木齐领队大臣锡纶，熟悉边方情形，人亦能征惯战，拟请锡纶派出马队，与金顺派出的马队合成一千骑，你挑步兵两营，与他们同扎一路①，以备截击。

攻城夺池应先从要害入手。古牧地屏蔽乌鲁木齐，进攻乌鲁木齐必先攻占古牧地，然后直下红庙。②

进攻乌鲁木齐时，各路匪寇可能前来增援，阿古柏也可能从南疆抽兵前来助战，如胆敢前来"送死"，必须准备痛打几个恶仗，"痛剿数次"，那么，在收复乌鲁木齐后，"更易收功"于南。③至于临敌指挥，随机应变，攻守进退，一切由你指挥，我绝不遥制。粮饷当源源运解新疆，尽先供应前敌部队，绝无疏虞。

在进军新疆前，左宗棠一再向所部将领强调"缓进急战"的重要性，刘锦棠对此一战略方针是有深刻体会的。七月二十一日，刘锦棠前往济木萨会晤金顺，会商进攻部署。二十八日，金顺进驻阜康县城，刘锦棠进扎阜康城东的九里街，发现白彦虎已率领匪部移扎古牧地，阿古柏也派遣贼目前来助战。进攻乌鲁木齐的师期不宜再缓，刘锦棠决定立即发起攻击。

从阜康大路至黑沟驿七十里，城西一带"深林蔽目，野潦纵横"。城西十里为西树儿头子，尚有废渠，可以引县西之水以供汲饮。由此西行五十里为黑沟驿，尽为戈壁，无水泉，中间仅甘泉堡有督井一口，开浚之后，仅足供百人一日之用，不宜安营。本地居民告知黑沟驿之上为黄田，该地"水盈沟浍"，上流即为古牧地。敌军已在黄田筑卡树栅，严密防守，其目的在于断绝西征军的饮道，企图迫使官军沿大道跨越戈壁五十里而来，陷入前阻坚城，人马饥渴的困境，然后乘其敝而攻之。

---

① 左宗棠：《与刘毅斋》，载《左文襄公全集·书牍》（卷十六），第40页。
② 红庙子，在乌鲁木齐城东南三里，该地山色皆赤，上建玉皇庙，以赤土涂壁故名。祁韵士：《西域释地》，第13—14页。
③ 左宗棠：《与刘毅斋》，载《左文襄公全集·书牍》（卷十六），第68页。

经过一番侦察调查后，刘锦棠决定将计就计，麻痹敌军。八月八日，刘锦棠调集步骑各军进抵阜康城西十里的地方修浚沟渠，节节疏通，引水至西树儿头子，就地筑垒。翌日，命马步各队排列甘泉堡，佯掘智井，作出将由大道跨越戈壁进攻古牧地的态势。黄田方面派出敌骑前来侦察，满以为西征军中计，防守疏懈。八月十日深夜，刘锦棠从间道突然袭击黄田卡栅，守敌从梦中惊起顽抗；西征军预伏山冈上的骑兵分驰下山，势如暴风骤雨，步骑协作，左、右攻击前进。守敌"见官军锐不可当"，狂窜古牧地、红庙子。西征军首战告捷，克复黄田，即以黄田作为前进基地。

八月十二日，西征军逼近古牧地，分扎古牧地正东及东北。翌日黎明，发现敌骑数千由红庙子前来古牧地。刘锦棠一面通知金顺，同时命令余虎恩、黄万鹏等率领骑兵驰赴山前，严阵以待，另饬步兵策应；又以步兵分两路进攻南关山垒。这时，安设在城东南的炮兵轰击山垒及城关守敌，顷刻间炮声隆隆，硝烟滚滚，大火熊熊。步骑兵乘势勇猛冲入敌阵，杀声震天，守敌崩溃。西征军占领山垒、城关以及古牧地周围的据点，古牧地已被四面包围。

八月十六日，西征军步、骑、炮兵协作，总攻古牧地，激战二时，董福祥部回军由城东南角打开缺口，一拥入城，各军亦蜂拥登城，在巷战中击毙大量顽抗悍贼，"拔出难民男妇幼孩甚众"。从收复黄田到攻取古牧地，先后毙俘阿古柏部浩罕夷兵三百五十余名，缴获洋炮、硝磺、膏油、旗帜、刀矛无数，仅古牧地一仗，即缴获贼马二百余匹。

刘锦棠在巡视古牧地时，拾得乌鲁木齐贼首给古牧地贼首告急求援的复信，信中说：乌鲁木齐的精锐已几乎全部调去古牧地，城中"防守乏人，南疆之兵不能速至。尔等可守则守，否则退回乌城，并力固守亦可"。截获这一重要情报后，刘锦棠当机立断，命令所部乘胜急进，直捣乌鲁木齐，金顺部步骑兵随后跟进，不战而下七道湾堡，留步队一营守堡，其余部队马不停蹄，疾趋乌鲁木齐。行至离乌鲁木齐十里地方，侦骑探报乌鲁木齐骑贼纷纷逃窜。西征军主力迫近乌垣时，发现骑贼千余向南狂奔。十八日，刘锦棠兵分两路，命谭慎典等率军从城北攻入城中，一举收复乌鲁木齐；同时余虎恩等率领骑兵分左右两路追击从乌木齐向南逃窜之贼，至盐池墩而回。收复乌鲁木齐时，夺获战马七十余匹，拔出城中难民及逃匿山谷中的难民无数，随即委派迪化州知州，赈济、安辑难民，办理一切善后事宜。据俘虏供称：白彦虎原守古牧地，大军攻克山垒、城关后，白逆见官兵大至，锐不可当，遂向南狂奔，逃往南疆。

当西征军进攻乌鲁木齐时，阿古柏派来援贼四五千，行至距乌城一百八十里的大坂地方，知官军已收复乌鲁木齐，心虚胆怯，迅速退走。

左宗棠奏称：自一八七〇年阿古柏匪帮侵占乌鲁木齐以来，苛敛重征，"令汉、回剃发易服，效其旧俗，皆光顶圆领以自别"，而乌鲁木齐地区"沦为异域矣"。白彦虎窜来乌城后，投降阿古柏，改易服色，为虎作伥。现在三军用命，锋锐正盛，新疆北路阿古柏的残余势力当可肃清，时局大有可为。[①]

西征军收复乌鲁木齐后，据守昌吉、呼图壁以及玛纳斯北城的逆匪闻风丧胆，先后撒腿南逃，西征军兵不血刃，收复了这些城市要隘，惟有玛纳斯南城[②]之贼负隅顽抗，金顺等督军进攻，屡攻不克。刘锦棠派兵助战，十一月六日，光复玛纳斯南城。至此，盘踞北疆的阿古柏匪帮的势力及白彦虎部势力被彻底肃清，除伊犁地区为沙俄侵略军侵占外，北疆全部光复。

收复乌鲁木齐的意义很大：

第一，这是一个"缓进急战"的典型战例。为了收复新疆，左宗棠

[①] 左宗棠：《详陈攻拔古牧地克复乌鲁木齐迪化州城战状请奖恤出力阵亡各员弁折光绪二年八月初二日》，载《左文襄公全集·奏稿》（卷四十九），第3—6页。

[②] 《西陲要略》载：玛纳斯，在乌鲁木齐西近四百里处。祁韵士：《西陲要略》，第9页。载《小方壶斋舆地丛钞》，二帙。

费尽心血,不急不躁,花了两年多时间,整顿军队,统一事权,筹措饷银,采购、转输粮食,然后从容进兵。西征军主力在一八七六年七月集结古城一带,一个月后发动攻势,八月十日占领黄田,十八日收复乌鲁木齐。收复乌鲁木齐的战役耗时先后不到半月,可见"缓进"是为作好充分准备,"急战"是因饷糈有限,必须力求战役速决,避免顿兵坚城。

刘锦棠、金顺运用了三十余营的兵力,以泰山压顶之势,攻取古牧地,乘胜克复乌鲁木齐,客观上形成在局部战役上,以绝对优势的兵力来解决敌军。这就为西征军实施"急战"的战术原则树立了榜样。如果说收复乌鲁木齐是讨伐阿古柏匪帮的序战,那么,这场序战是打得很漂亮的。这应归功于各族人民的支持,西征军全体官兵的勇敢作战和刘锦棠指挥的正确。

这一战役的胜利,坚定了西征军将领对"缓进急战"战略方针的信心,并使他们初步摸清了敌军的战斗力。序战的胜利,鼓舞了士气,树立了全歼阿古柏匪帮的信心。相反的,经过这次打击后,阿古柏匪帮的士气逐渐消沉,将领心惊胆战,畏缩不前,以至形成株守挨打的局势。

第二,收复乌鲁木齐后,西征有"总要可扼"。乌鲁木齐城南有福寿山耸峙,城东南三里又有红山屏蔽,易守难攻。该城雄踞东、西天山的结合部,西控昌吉、呼图壁、玛纳斯,东通哈密。城东南二百余里,有博克达山,重山叠嶂,"山南有俗呼七箇达坂者,即此山岭最高处,路通吐鲁番,为军台孔道,过岭凡七上下,计四十余里"。①从整个新疆的地形地势看,北高南低,北疆进兵南疆易,南疆攻入北疆难。所以,左宗棠认为收复乌鲁木齐,扫清北疆,不仅敲断了阿古柏伸入北疆的触角,并且控扼南疆,为进兵南疆创造了有利条件。从经济上说,乌鲁木齐以东多戈壁之地,为瘠苦之区,乌城以西为富庶之地,屯军乌垣,恢复生产,驻军基本上可以就地采购军食。因之,收复乌鲁木齐,对盘踞南疆

---

① 祁韵士:《西域释地》,第13页。

的阿古柏匪帮说来，无疑是一次沉重的打击，同时，使西征军在战略形势上占据了有利地位。左宗棠致书刘锦棠表扬他说："两复坚巢，两下坚城，摧朽拉枯，莫喻其易，军威之盛，近无伦比，拊髀称快，遐尔攸同。……十数年羶薉之物，今始扫除尽净，并且助逆外夷，亦识天威，此后办理顺易，固有必然。"他提醒刘锦棠说：处在屡胜之后，"尤宜慎益加慎，勉力图维"。①

第三，一八七五年春左宗棠与李鸿章发生"塞防"与"海防"之争时，清政府中央只有文祥站在左宗棠一边，力排众议，支持他收复新疆。但是，文祥认为收复乌鲁木齐后，即应停兵不进，划地自守。而左宗棠则认为应该收复新疆全部土地。他为了减少阻力，特地在奏折中留有余地，在《复陈海防塞防及关外剿抚粮运情形折》中，重点强调了收复乌鲁木齐，没有明确提出应否用兵南疆的问题。现在乌鲁木齐收复了，压下了李鸿章等的气焰，取得了清政府对他用兵新疆的信任。为了避免节外生枝，他不提什么应不应用兵南疆的问题，而是以巨大的军事胜利开道，直接上奏收复乌鲁木齐后的军事任务是"搜剿窜贼，布置后路，进规南路"。②很明显，左宗棠在利用收复乌鲁木齐的巨大军事胜利，逐步迫使清政府批准他征讨阿古柏匪帮、用兵南疆的宏伟军事计划。

正当左宗棠悉心筹划进军南疆、征讨阿古柏匪帮时，英国侵略者迫不及待地跳到了台前，为在他卵翼下的儿皇帝阿古柏乞降"立国"，迫使左宗棠在为全歼阿古柏匪帮而运筹帷幄的同时，不得不腾出手来，同英国侵略者展开一场尖锐激烈的外交斗争。

---

① 左宗棠：《答刘毅斋》、《与刘毅斋》，载《左文襄公全集·书牍》（卷十七），第9—10页，第13—14页。

② 左宗棠：《布置后路搜剿窜贼进规南路折光绪二年九月十七日》，载《左文襄公全集·奏稿》（卷四十九），第35—38页。

二、义正辞严，粉碎英国肢解新疆的阴谋

中国政府在用兵新疆讨伐阿古柏匪帮的过程中，一再遭到英国侵略者的横蛮干涉和阴谋破坏，围绕着收复南疆的外交斗争是非常尖锐激烈的。在粉碎英国肢解新疆阴谋的外交斗争中，挂帅的仍是左宗棠。

一八七六年八月，西征军收复乌鲁木齐后，敲断了阿古柏伸入北疆的触角，显示出中国军队的威力，英国侵略者大为惊惶不安，意识到左宗棠将挥师南下，阿古柏匪帮的寿命不长。九月十三日，威妥玛与李鸿章订立《中英烟台条约》后，他感觉到李鸿章是百依百顺的"好对手"。二十八日，他亲自去拜访李鸿章，道出了他盘结胸中的心事。李鸿章兴头十足，转告总理各国事务衙门大臣奕䜣说：

> 喀什噶尔回王现求印度大臣介绍，转嘱该使探询中国之意，能否准喀酋投诚作为属国，只隶版图，不必朝贡，免致劳师糜饷，兵连祸结。喀酋深畏俄国之逼，已与印度订约通商，该使愿为居间调停。如可准行，当令喀酋派使来京妥议。……该酋不敢深信左帅，欲向朝廷乞命，嘱为密致钧处。①

如前所说，李鸿章一贯主张出卖新疆，反对左宗棠收复故土。在办理"马嘉里案"的过程中，他一再对英妥协退让，与此同时，不断攻击左宗棠用兵新疆。一八七六年八月二十二日，他向总理各国事务衙门上《论海防饷匮》的报告，过了六天，二十八日，他又上奏论《中国人才财

---

① 李鸿章：《述威使代喀酋乞降光绪二年八月初三日》，载《李文忠公全书·译署函稿》（卷六），第27—28页。

政均无把握不宜因滇事与英国失和片》，奏片中颠倒黑白，攻击左宗棠说：“左帅进图新疆，倾国之力断不足以接济，识时务者多议其非。”"各省穷困若此，既欲图新疆，又须大办海防，必至穷兵黩武，继以颠覆。心窃危之。"[①]此后不到二十天，他同威妥玛签订了卖国的《中英烟台条约》，条约的墨沈未干，威妥玛居然去拜访李鸿章，要求李鸿章转告奕䜣，英国愿为阿古柏乞降"立国"。威妥玛与李鸿章的言行，何其合拍乃尔！蛛丝马迹，令人深思！

一八七六年十月中旬，左宗棠接到总理各国事务衙门转来威妥玛愿意居间调停，代阿古柏乞降"立国"的咨札，征询左宗棠的意见。他据实验斥说：

逆匪阿古柏"窃踞南八城及吐鲁番"，占有乌鲁木齐等地，与叛国贼白彦虎等勾结，这是中外所共见共闻的事，威妥玛即代阿古柏乞降，又称阿古柏为"喀王"，"若不知吐鲁番、南八城为我疆土，帕夏（'帕夏'，原意为军事头目，此地指阿古柏）为我贼也"。

英既代阿古柏请降，又说并非阿古柏所央托；既称阿古柏愿降，又只请为属国，免除朝贡，对于"归我故土，缚献逋寇"，只字未及，是何居心？令人莫测。

英国方面担心俄国乘我讨伐阿古柏匪帮的时机，兴兵侵占我南疆土地，那是搪辞，是无稽之谈。探闻今春浩罕旧部为了复国，纠党袭取塔什干。俄国伊犁驻军仅有一千，毫无动兵迹象。近年英国与俄国的外交关系很坏。近来，俄人经常越过边界，至阿古柏统治地区抢闹，阿古柏被迫留兵该处驻扎。从以上一些情况看，俄国不至于乘我用兵南疆之际，出兵侵占南疆，或支持阿古柏匪帮对抗我西征大军。其实，"俄、英共争印度数十年矣，印度东南之地为英所有"，俄国则觊觎其西北之地。

[①] 王彦威：《直督李鸿章奏中国人才财政均无把握不宜因滇事与英国失和片》，载《清季外交史料》（卷六），1932年版，第22—23页。李鸿章：《论海防饷匮光绪二年六月初二日》，载《李文忠公全书·译署函稿》（卷五），第40页。

英国代阿古柏乞降,其目的在于保存侵占我南疆的阿古柏匪帮,阻止我国收复南疆,"更欲我保护彼疆不被人侵扰",说到底,是为了"保其印度腴疆耳"。

为了进一步坚定总理各国事务衙门大臣奕䜣收复新疆的信心,他说:"南路贼势重在达坂即噶逊营、吐鲁番、托克逊三处,官军南下,必有数大恶仗,三处得手,则破竹之势可成。"他认为,根据新疆的地理地势,以及我军的具体情况,西征军仍须"缓进急战"。只要粮、饷、军火应手,"不至久滞戎机",胜利是有把握的,"无须英人代为过虑也"。①

威妥玛通过李鸿章代阿古柏乞降"立国"一事,风声传播,足以动摇军心。左宗棠特地指示前敌总指挥刘锦棠说:"阿古柏窃踞数城十余年,为我必讨之贼。"白彦虎等逃窜南疆,阿古柏"招纳容隐",是可忍,孰不可忍!这次办理"马嘉里案","李相"专一示弱,时局未堪设想。近来英人进京,似专为阿古柏乞降,"骄气稍敛"。我决心在明春进兵南疆,"战阵之事,权在主兵之人,非他人所可参与"。如果南路军事"节节顺手",英国便无所施其技了。②他写信给朋僚揭露英国的阴谋说:威妥玛眼看西征军将挺进南疆,忽然代阿古柏乞降"立国","图入场扰事",使我回想到当年西征军初进新疆时,"沪上《申报》历言西师不可轻动及我军败退关内"。后来因饷银涸竭,我要借贷西债,英方又从中揸勒,原来都是为了包庇阿古柏。③

左宗棠的一番议论,理直气壮,驳斥得老奸巨猾的威妥玛再也不敢饶舌。李鸿章自己既阻止不了左宗棠锐意征讨阿古柏匪帮的军事行动,威妥玛也碰壁而回,李在无可奈何之余,采用卑鄙的手段,散布流言蜚语中伤左宗棠说:英国福西特(即莆赛斯)来说,"彼曾住喀什噶尔七

---

① 左宗棠:《上总理各国事务衙门》,载《左文襄公全集·书牍》(卷十七),第30页。
② 左宗棠:《与刘毅斋》,载《左文襄公全集·书牍》(卷十七),第22—24页。
③ 左宗棠:《答曾沅浦》,载《左文襄公全集·书牍》,(卷十七),第25页。

月,谓回王雄杰能军,与俄狼狈一气,左军殊难制胜"。①李鸿章日夜巴望西征军被阿古柏打得弃甲曳兵而走,但事与愿违,一八七七年四月,西征军在不到半个月中间,连下达坂、吐鲁番、托克逊,歼灭了阿古柏匪帮的主力,给了投降派李鸿章及其洋主子威妥玛等一记响亮的耳光。

三、连克达坂、吐鲁番、托克逊,全歼阿古柏匪帮主力

《孙子兵法》说:"夫未战而庙算胜者,得算多也,未战而庙算不胜者,得算少也。多算胜,少算不胜,而况于无算乎?吾以此观之,胜负见矣。"②左宗棠用兵好算、能算,善于料敌决胜。他说:"不同兵情,因贼势而生","用兵一事,先察险夷地势,审彼己情形,而以平时所知将士长短应之,乃能稍有把握。其中有算至十分而用七八分已效者,有算至七八分而效过十分者。"③总之,用兵之前,必先审定贼情,对自己部队的士气、战斗力,特别是"所部饷需计之已深",做到"知己知彼",才能克敌制胜。因此,我"每一发兵,须发为白"。

自从西征军攻克乌鲁木齐后,左宗棠积极筹备用兵南疆,他在运筹帷幄时,遇到了许多新的矛盾、新的问题,需要他去战胜困难:

继续整编部队。如前所说,西征军的军饷极为困难,再加上军粮转输数千里,劳民伤财,西征经费更加紧张。现在刘锦棠、张曜等部即将进入南疆作战,天山北路主要应由金顺所部防守。金顺所部号称四十营,缺额仍多,战斗力薄弱,难以胜任防守北路的重任。因此,左宗棠

---

① 李鸿章:《复沈幼丹制军光绪二年三月十七日》,载《李文忠公全书·朋僚函稿》(卷十六),第12页。
② 军事科学院战争理论研究部:《孙子兵法新注》,第9—10页。
③ 左宗棠:《遵旨密陈折光绪元年三月初七日》,载《左文襄公全集·奏稿》(卷四十六),第44—45页。

制订了一个解决军饷、军粮和整编金顺所部的一揽子计划。

一八七七年十二月，左宗棠上奏请整顿裁汰金顺所部各营。他说：金顺所部号称四十营，与刘锦棠、张曜、徐占彪等部合计约略相等，月饷达二十二万，军粮、马干耗费尤多，其实其兵额与营制规定数字相差悬殊。金顺军本有专饷，军粮亦有来路，粮饷问题本可自己解决，但是，金顺按照部队虚额发给粮饷，以致粮饷亏空甚多。自今年四月至十二月，我已拨济他军粮五百六十余万斤，粮价、脚价牵算，费银约六十余万两。如果不加整顿裁汰，挑强去弱，去其虚额，任其靡费，则"弱者与壮者、勇者与怯者同一缺饷，何以鼓舞群情，收战胜攻取之效？饷以积欠而愈薄，兵气以缺饷而愈疲，将何以战？何以守？且恐因循日久，患有不可胜言者"。不久将用兵南疆，金顺所部驻扎北疆，防守乌鲁木齐以西之地是其专责；该部若不加以整顿，则难以担当防守任务。就金顺所部缺额情形看，该军应裁并成二十营。①

继续解决军粮问题。军饷不足，军粮问题有待根据形势的变化而改弦易辙，以节军饷。西征军七八万群集北疆，粮食消耗甚大。攻取乌鲁木齐时，刘锦棠部虽然缴获敌粮一百万斤，并在附近地区采购若干，但是，经过阿古柏匪帮和白彦虎部长期蹂躏，民穷财尽，不宜广为收购，致陷民人于饥饿。用兵南疆需要大批粮食，如何解决？一八七五、一八七六年，甘肃连年丰收，左宗棠命令采粮人员重点在甘肃采运，转输新疆。金顺等部驻军乌鲁木齐以西之地，这里是膏腴之区，可以采购到部分粮食。为了节约军饷，左宗棠命令裁撤设在宁夏、包头等地的采运机构。这条粮运线路最长，费力费饷甚多，停撤后节约了大批饷银。整编裁汰金顺所部各营和停撤宁夏、包头、归化等线采运机构，提高了北疆防守部队的战斗力，缩减了饷银开支。同时，左宗棠又争取借款、户部

---

① 左宗棠：《请裁汰北部征军折光绪二年十一月十一日》，载《左文襄公全集·奏稿》（卷四十七），第67页。

拨款，催收各省协饷，为西征军进兵南疆创造了必要的物质条件。

部署南进军事。何时进兵南疆？有关的军事部署怎样？进兵南疆应该执行怎样的政策，才能使祖国的边疆"长治久安"？对以上这些问题，左宗棠都作了周密的考虑，提出了正确的策略方针。

在军事部署上，左宗棠认定用兵南疆，必须巩固后路，使自己立于不败之地。进攻南疆时应由刘锦棠、张曜等部分进合击，不给敌军还手余地。他指示刘锦棠说：巴里坤到古城是粮运要道，应切实保护。从巴里坤到古城之间的穆家地沟、噶顺沟有山路直达吐鲁番①，其距离仅为七百里左右。收复乌鲁木齐后，北疆残匪有的逃窜达坂或吐鲁番、托克逊，有的伏匿山谷，阿古柏有可能挑选轻骑前来骚扰粮运大道，这些蛰伏山谷的亡命之徒，可能为其前驱。因此，他命令刘锦棠从乌鲁木齐分兵二营，会同防守古城、巴里坤间运道的徐占彪部，分道入山搜索残敌；另外从乌鲁木齐抽兵南下搜索达坂方向的盐池、小东沟、金口峡一带，"务使虮虱搔除，方免牵制之患"。②张曜、徐占彪等部将于明春进击吐鲁番，左宗棠奏调金运昌部卓胜军十营前来巴里坤、古城填防。③总兵徐万福亦从关内移调至古城、巴里坤之间防护运道。徐万福不安心于本职工作，要求参加进攻吐鲁番战役，对防护任务漫不经心，以致芨芨台等地受到敌寇的游骑骚扰，掳去民人，抢走牛羊牲畜，击毙粮运委员。左宗棠申饬徐万福说：分工各有专职，前方、后方同等重要，同为国家出力，该镇轻视后路防护任务，劫案迭出，疏防违令，不准参与会攻吐

---

① 左宗棠：《答刘毅斋》，载《左文襄公全集·书牍》（卷十八），第5页。

② 左宗棠：《答刘毅斋》，载《左文襄公全集·书牍》（卷十八），第5页。《搜剿窜贼布置后路折光绪二年九月十七日》，载《左文襄公全集·奏稿》（卷四十九），第35—36页。

③ 左宗棠：《筹调客军以资厚集折光绪二年九月十七日》，载《左文襄公全集·奏稿》（卷四十九），第40—42页。

鲁番战役，如果"未候批示，已专擅离营，立予撤参，濡笔以俟"。①可见左宗棠对防护后路的重视。

西征大军即将进入南疆作战，采取怎样的方针政策对待南疆各族人民，影响到西北边疆的"长治久安"。在这个关键性问题上，左宗棠高瞻远瞩，超越流辈。他一再教育前线的统兵大将刘锦棠、张曜等说：新疆的维吾尔、回、哈萨克、蒙古等族人民是爱国的。一八六三年，俄国借口划界，侵占中国伊犁河塔城附近的中国领土，那里的哈萨克、蒙古族民人曾经协助清军抗击俄军。②阿古柏占据吐鲁番后，偷逃出来的吐鲁番居民"每言欲仍归天朝"。达坂城偷逃出来的居民，要求大军迅速进剿。③"闻南八城回情亦颇不服安集延"（阿古柏，浩罕安集延人）。"盖经外国征敛之苦，愈知复载之恩也。"④此次进兵南疆，应剿对象是阿古柏匪军、白彦虎所部逆匪及积年叛弁，至于被裹胁之众，"均应宽贷，亦天理人情所宜"。各部官兵对待各族民人，"如能以王土、王民为念"，"申明纪律"，恪遵"行军五禁"，严禁杀掠奸淫，则八城民人"如去虎口而投慈母之怀，不但此时易以成功，即后此长治久安亦基于此"。⑤"前发各示稿，希与同袍诸公共勉之。"

关于在南疆筹措军粮问题，他指示刘锦棠、张曜说：自古以来，无数千里外转馈军粮之事，"非但糜费应节，且师难宿饱，最滞戎机"。辟展降人来说：伊拉里克水地产粮⑥，"托克逊贼粮即取给于此，此外产粮之所，当亦不乏"。你们要办到"进兵时秋毫无犯，居民安堵，庶采粮容

---

① 左宗棠：《统带建威军徐镇万福请会剿吐鲁番各情由》，载《左文襄公全集·批札》（卷六），40—41页。

② 故宫博物院同治朝《筹办夷务始末》（卷二十一），第31页、33页。

③ 左宗棠：《答刘克庵》，载《左文襄公全集·书牍》（卷十七），第34—35页。

④ 左宗棠：《答张朗斋》，载《左文襄公全集，书牍》（卷十七），第36页。

⑤ 左宗棠：《与张朗斋》、《与刘毅斋》，载《左文襄公全集·书牍》（卷十七），第36—37页、62页。

⑥ 伊拉里克，在吐鲁番与托克逊之间，产水稻。

易，运价可省，而善后又易办。"他一再强调："大军规复旧疆，是吊伐之师，与寻常讨贼有异。师行至此，蠲其从贼之罪，免其徭役之苦，购买粮料草束，雇佣车辆，复按照民间价脚给以实银，不折不扣。"①总之，前进作战，"只打真贼，不扰平民，不愁乏食"。②

对进攻达坂、吐鲁番、托克逊的师期问题、兵力运用、前敌司令部的组织等问题，左宗棠纠正了一些错误的观点，进行了具体而正确的指导与安排。

在师期问题上，当一八七六年十一月六日攻克玛纳斯后，刘锦棠准备进攻达坂。左宗棠不同意这种做法，予以制止。他向刘锦棠指出：古城一带的粮秣，须至腊月才能运足，然后抽出车骡、骆驼交给张曜运粮至辟展前沿据点。巴里坤、古城之间常有劫案，运道附近山谷有逆匪流窜袭扰，有待肃清。塞外天气严寒，冰凌凝沍，非师行所宜。你是主将，久病初愈，不宜隆冬远征。金运昌部明春始能抵防。你部将士征战数月，亦须休整补充。为了巩固后路，养精蓄锐，使湘军、嵩武军、蜀军能够分进合击，进兵时间以一八七七年暮春初夏为宜。他谆谆叮嘱刘锦棠："进兵南路，又是缓进急战之局。"③

在前敌司令部的指挥权问题上，左宗棠也拿出了自己的主张。攻取乌鲁木齐时，刘锦棠所部各营封存敌粮一百余万斤，后来收到赏银八万两。刘锦棠也许因此对金顺心有余疚，打算请金顺所部联兵南下征讨阿古柏匪帮。左宗棠立即制止。他指示刘锦棠说：攻取乌鲁木齐缴获敌粮，我发给你部赏银八万两，金顺所部也发给了八万两，原无彼此厚薄之分。金顺所部不宜调往南征。金部各营整编尚未就绪，虚额尚多，战斗力薄弱，差能担任后路防御任务。将来收复南疆，防守后路各军，皆

---

① 左宗棠：《湘军刘总统禀会克吐鲁番各情由》，载《左文襄公全集·批札》（卷六），第55页。
② 左宗棠：《答刘毅斋》，载《左文襄公全集·书牍》（卷十七），第62页。
③ 左宗棠：《答刘毅斋》，载《左文襄公全集·书牍》（卷十七），第54—55页。

能同膺懋赏。金顺绝不宜参与南下的指挥工作。金顺其人，官大位贵，"承世职双眼花翎"，你指挥不了他。再者此人"阴柔成性，喜用挟智任数之人"，"为人和平宽缓寡断，工于伺便取巧，耻过文非，有时失于急切"，无论如何你不能邀他同行南征。

刘锦棠拟邀驻守古城、巴里坤之间的徐占彪联兵南下。左宗棠批示说：刘部二十五营，进攻达坂，兵力已厚。徐占彪部蜀军的使用，我已另有安排。

在进攻吐鲁番、达坂的军事部署上，左宗棠决定两路进兵，使达坂、吐鲁番、托克逊敌军不能互相应援。他以刘锦棠率军从乌鲁木齐南下进攻达坂，以张曜合同徐占彪部分进合击吐鲁番。张曜从哈密沿大道由东向西，徐占彪部从古城、巴里坤之间的穆家地沟出发，从东北向西南，"分途并进，大举搜山而前"。他命令刘锦棠在进攻达坂时，应分军二三营会攻吐鲁番。又指示张曜说：从哈密至吐鲁番计一千三百余里，哈密至辟展九百余里。大军从哈密出发，须经瞭墩、七克腾木（七格台）等地。进军时必先夺取沿途据点要隘，粮运队伍应随军跟进，储存沿途据点，然后猛攻吐鲁番。从乌鲁木齐至达坂二百三十余里，古城到吐鲁番七百余里。进兵时原则上你部先行，徐部次之，刘部出发最迟。出师的具体日期，如何分进合击，达坂、吐鲁番同时动作等细节，你可与刘锦棠共同商决。他勉励前敌将领努力作战说：此次征讨阿古柏匪帮，"贼势以托克逊为重，吐鲁番次之"。阿古柏所部拥有洋枪洋炮，有一定战斗力，尤其是浩罕已被俄国灭亡，"败无所归，其必并死力战，与我争此土地"，若能狠打"数大恶仗"，聚歼顽寇，则"风驰电掣"，"廓清可期"。[①]经过半年的休整、准备，诸事齐备，讨伐阿古柏匪帮的进攻战，引弓待发。

---

① 左宗棠：《答刘克庵》、《答张朗斋》，载《左文襄公全集·书牍》（卷十七），第11、16—17、54—55页。

中国军队收复乌鲁木齐的巨大军事胜利，使阿古柏心惊胆战，一方面，他请求英国出面代他乞降"立国"；另一方面，他并不甘心自己的死亡，进行垂死挣扎，在吐鲁番、达坂、托克逊等地集结精锐，部署防务，困兽犹斗。一八七六年冬，阿古柏在叶尔羌、喀什噶尔等地搜集军火武器，搜刮军需物资，运送前线据点要隘，妄图螳臂当车。

达坂雄踞乌鲁木齐通向南疆的一条隘道中间，从达坂东南行二百里上下为吐鲁番，西南行百余里为托克逊。西征军若攻占达坂，则居于高屋建瓴之势，控扼吐鲁番、托克逊，使敌军在战略上处于劣势地位。因此，阿古柏重点设防达坂，在达坂山口另建新城，"高厚坚整，迥殊常度"。以作战慓悍的大通哈（大总管）爱伊德尔呼里督率步骑兵五千凭险据守。吐鲁番旧有满、汉两城，阿古柏命令所部"日役万夫，修筑王府，雄阔坚固"，以白彦虎等部负责防守。托克逊是由北疆乌鲁木齐进入南路的总要隘口，"形势最胜，坚筑两城于此"，阿古柏以其次子海古拉守御该城。他自己则驻守喀喇沙尔①指挥全局，自以为"设险重叠，有恃无恐"。

一八七七年四月十四日，刘锦棠指挥步、骑、炮兵二十余营，自乌鲁木齐南下达坂，十六日，进至距达坂二十余里的柴窝铺，留兵构筑工事，分扼要口，主力继续前进。黄昏后，步、骑兵衔枚疾走，盘旋于山谷曲径之中。据捕获的俘虏供称：达坂守军"尚谓官军在红庙未来也"。十七日凌晨，刘锦棠所部各营逼近达坂城，发现敌军放引湖水，"图阻官军"。近城一片草湖淤泥，"深及马腹"。余虎恩、陶生林等部骑兵涉水而进，占领城左山冈。谭上连、谭和义、戴宏胜等率领步兵抢占城后山阿。黄万鹏、崔伟、禹中海等各以马队围城，与余虎恩、谭上连等部联

---

① 《西域释地》载：喀喇沙尔东距吐鲁番八百余里，城西南一百五十里左右为库尔勒。祁韵士：《西域释地》，第6页。另据《莎车行记》载：回语喀拉，黑也，以城久色黑，故名，汉焉耆国地。祁韵士：《西陲要略》，第91页。倭仁：《莎车行记》，第159页。载《小方壶斋舆地丛钞》二帙。

结成阵,达坂已被四面合围。天明,雾气消失,守城敌寇在城头瞥见西征军已锁围达坂,"环列圆阵,匀布整齐",惊惶失色,连放枪炮,西征军伤亡十余名,"屹立如故"。刘锦棠策马周览达坂,坐骑中枪倒毙,易马而行。他命令各营构筑工事,严防敌军突围。翌日,海古拉派骑兵自托克逊前来增援,被击溃。入夜,围城各军"列燧照耀如白昼",敌军不敢乘黑突围。十九日,环城安置的开花大炮轰击城垛及城中敌寇,击中城内火药库,顿时轰然一声,"山崩地裂,大风骤起"。敌军拒绝投降,屡次冒死突围,被打回城内。刘锦棠严令各营统领,不准城逆一名漏网。二十日,炮兵加强轰击,大炮轰鸣,烈焰飞腾,步、骑各军从缺口猛冲入城,炮毙、阵毙敌军数千名,生俘一千余名,缴获战马八百余匹,精利枪炮军械一千四百余件。西征军阵亡员弁勇丁五十二名,受伤一百十六名。①攻取达坂的战役,是一次极为漂亮的歼灭战,西征军杀出了威风。刘锦棠严令锁围,不许敌军一人一骑漏网,其目的在使"逆夷震慑异常",以后不敢顽抗我师。

攻克达坂后,西征军审讯被俘的达坂指挥官浩罕大通哈爱伊德尔呼里,浩罕胖色提(营官)爱什迈特等,爱伊德尔呼里"愿遣人报知帕夏缚送白彦虎表归顺之忱,缴回南八城地方再求恩宥。各胖色提同声代帕夏乞款"。刘锦棠批准放他们回去向阿古柏当面陈述。他们"坚称情愿留军中候阿古柏回音,以明心迹"。从达坂到托克逊不足两天路程,释放的俘虏到达托克逊后,达坂歼灭战的消息在敌营中迅速传播开来,阿古柏的"各级官兵都乱成了一团,在那疑虑和失去理智和惊恐时刻,他的大多数士兵或者投向敌方(指西征军),或者逃回喀喇沙尔"。②《孙子兵法》说:"故用间有五:有因间,有内间,有反间,有死间,有生间。五

---

① 左宗棠:《攻克达坂城及托克逊坚巢会克吐鲁番满汉两城详细情形请奖恤出力阵亡各员弁折光绪三年四月二十五日》,载《左文襄公全集·奏稿》(卷五十),第33—35页。

② 包罗杰著,商务印书馆翻译组译:《阿古柏伯克传》,第201页。

间俱起，莫知其道，是为神纪。"①刘锦棠不仅善于指挥作战，并且是一个善于用间的将领。

攻克达坂后，西征军随即安抚平民，遣散被俘裹胁之众，恢复城中秩序，协助恢复生产，分兵驻守。经过四天整顿后，四月二十四日夜，冒着风霜寒气的侵袭，刘锦棠挥师进击托克逊。翌日拂晓，至白杨河，分兵六营由罗长祜、谭拔萃、席大成等统率，疾进吐鲁番，与张曜、徐占彪等部会攻吐鲁番。刘锦棠亲率主力十四营直捣托克逊。行九十里至小草湖，托克逊的维吾尔族民人前来报告：阿古柏得知达坂失守，"大小头目无一幸脱，惊惧不已，急图逃窜"。"白彦虎唆其死党四出抢掠人畜"，焚烧村堡，胁迫维吾尔族民人随同奔逃。他们"泣求大军速援"。刘锦棠立即传令官兵就地进食，然后以骑兵在先，步兵继进，奔袭托克逊。下午三点左右，进抵托克逊近城十余里，遥见"火光四起"，枪炮声隐约可闻，知贼正"围攻庄堡"。黄万鹏率领骑兵奔驰前进，敌寇从空庄冲出，双方对战。刘锦棠率步、骑大队驰来，兵分三路，横截而出，"号鼓齐鸣，杀声震天"，敌军崩溃，放火自焚存粮火药，弃城逃窜，官兵猛追，酣战终宵，贼尸遍野。二十六日，刘锦棠收复托克逊。此役共计毙敌二千余名，生擒百余，夺获战马数百匹，枪械二千余件。我军伤亡九十余名。②

当西征军刘锦棠部攻取托克逊时，张曜等部也攻占了吐鲁番③。

---

① 军事科学院战争理论研究部：《孙子兵法新注》，第136页。
② 左宗棠：《攻克达坂城及托克逊两坚巢会克吐鲁番满汉两城详细情形请奖恤出力阵亡各员弁折光绪三年四月二十五日》，载《左文襄公全集·奏稿》（卷五十），第33—37页。
③ 据《西域释地》载：吐鲁番，领队大臣驻地。汉车师前王庭地，又名前部壁。晋为高昌郡。北魏为高昌国。唐以其地为西州，置安西都护府。明为火州地，以后称吐鲁番。至北京七千七百余里。至嘉峪关二千七百余里。距辟展二百里左右。东北距哈密一千三百余里，西南距喀喇沙尔八百余里。火山在城东，肃州称作火焰山。祁韵士：《西域释地》，第6—7页。

早在刘锦棠从乌鲁木齐进兵达坂之前,广东陆路提督张曜派所部记名提督孙金彪率领五营进驻东、西盐池。四月十四日,张曜亲督嵩武军主力自哈密西进,徐占彪从古城、巴里坤之间的穆家地沟搜山南下,不久,与孙金彪会师盐池。十八日,徐占彪部暗度戈壁。二十一日,袭取七格腾木。二十二日,徐占彪、孙金彪部协同作战,攻占离吐鲁番二百里左右的辟展。二十五日,续克连木沁台、胜金台、鲁克沁。二十六日凌晨,张曜,徐占彪等部主力进至吐鲁番城郊,发现守敌白彦虎先已逃窜。这时,罗长祜等部前来会师,兵势愈厚。西征军允许白彦虎部头目马人出城投降,"命呈缴马、械","逐加抚慰,各安生业"。

攻克达坂、托克逊、吐鲁番三城的关键性战役是达坂歼灭战。如果将达坂、吐鲁番、托克逊三城用直线连接,就成为一个等腰三角形,吐鲁番、托克逊是底边的两个顶点。阿古柏在三城设防,以其主力部署在达坂,其他两城也各有守军五六千名,使达坂、吐鲁番、托克逊形成了一个三角防御体系,击其一点,其他两点成为被击点的支撑点,可以分兵驰援。此外,阿古柏还在南山水西沟、板房沟一带埋设伏兵,企图绕袭西征军后路,牵制南下西征军主力。左宗棠老谋深算,以绝对优势的兵力,分进合击达坂、吐鲁番,并命刘锦棠、徐占彪分道搜山排进,既击破了阿古柏派兵绕袭西征军后路的狡计,又击破了阿古柏的三角防御战术。值得强调的是刘锦棠"心精力果",大胆锁围达坂,不许敌军一人一骑漏网,事后优待俘虏,释放俘虏,这样,终于在托克逊敌营内部吹起了阵阵楚歌,以致敌方军心散乱,士无斗志,被裹胁之众纷纷企图乞抚求降。这就决定了外国入侵者阿古柏所部匪军面临崩溃的危局。左宗棠评价连克三城的战役说:阿古柏在达坂、吐鲁番、托克逊三城设防,自以为"设险重叠,有恃无恐也,不料达坂遽为官军所破,一人一骑不返。官军乘胜进攻托克逊,风声一播,白彦虎即弃吐鲁番,海古拉即弃托克逊,跟跄而逃,曾不停趾也"。三城攻克,用兵南疆征讨阿古柏匪帮的战略形势发生了根本变化,"南八城门户洞开"。阿古柏匪帮的军队,震慑于中国军队的威力,将发生内变。各族被压迫人民渴望祖国军队及早莅临解放他们,准备迎接西征大军。阿古柏匪帮已经到土崩瓦解、朝不保夕的时候了。

四、郭嵩焘为虎作伥,左宗棠严斥英国侵略者

郭嵩焘,字筠仙,湖南湘阴人,进士出身,是左宗棠壮年时期的好友,早年追随曾国藩镇压太平军,以后转入李鸿章幕下,是洋务派的要人,在政治、外交上仰李鸿章的鼻息。李鸿章在办理"马嘉理案"时,立意妥协投降,上奏《中国人才财政均无把握不宜因滇事与英国失和》,危词耸听。中国驻英公使郭嵩焘上奏《办理洋务宜以理势情三者持平处理》,为李鸿章对英妥协投降唱赞歌。①西征军攻克达坂、吐鲁番、托克逊后,阿古柏匪帮的所谓驻伦敦使臣赛尔德拼命展开外交活动,交结英国议员,要求英国政府出面阻止中国西征军继续前进。英国外交大臣屡次派暂时回国的驻华公使威妥玛找中国驻英公使郭嵩焘陈说,后来,郭嵩焘又接到英国政府"照会章程"三条。郭嵩焘向朝廷奏陈说:英国"蓄意保护喀什噶尔(指阿古柏匪帮),已于四年前订立条约,互相遣使驻扎,观其意旨,尤惧俄罗斯侵有其地,为印度增一屏障,是以护持尤力"。接着,郭嵩焘提出了他自己对这件事的看法,他说:"回疆不足经营。"阿古柏占有南疆各城,结纳英国,资其保护。似应乘英国调处之机,妥立章程,以为保境息兵之计,其利有数大端:

第一,今英国以"调处为义,奉中国以建置小国之权……正宜划定疆界,杜其侵扰",并乘此机会,责令阿古柏缴还一二城池。"以自输

---

① 王彦威:《使英郭嵩焘奏办理洋务宜以理势情三者持平处理折》,载《清季外交史料》(卷八),第15—18页。

款，解和息兵，尤为有名。"此一利也。

第二，现在进兵新疆，"穷兵糜费，以事无用之地，而未必即能规复，何如捐以与之，在中国不失为宽大之名，在喀什噶尔（指阿古柏匪帮）弥怀建置生成之德"。此二利也。

第三，阿古柏占据新疆南路，兼及北疆若干城市要隘。其辖境各城，声势联络，实力颇强。现在北疆回部，占据城市，各立名号。因此，我与英国外相德尔比酌拟数条，南、北两路无论是否为阿古柏所管辖，凡是占据城市、自立名号的，皆责成阿古柏"解散"，"庶几一举而兵戈可息，是捐西域数城之地，而南、北两路数千里皆可设法抚绥"。此三利也。

第四，阿古柏结纳四邻，与英、俄两国通商已久，盘根错节，根底已固，"此时允准立国，亦可与俄罗斯明定章程，交相犄角，以为巩固边防之计"。此四利也。

第五，听说新疆南路土地肥沃，人烟稠密，英国因在该地区具有通商之利，故而支持阿古柏政权。而南疆地区与内地"河碛险远，声气相隔"。现在如果停止西征，"消弭兵端"，那么，英国就能在那里依次兴办它所发明的机轮车、电报等，不仅贫民的生活有所依靠，"不肯轻易从乱"，而且数十年后，关外各城"尽成都会"，即可渐次推行其法于内地。此五利也。

第六，现在办理新疆军务，专靠左宗棠一人，左宗棠年已六十有六，接替乏人，此时与喀什噶尔和解，左宗棠得保令名，亦可"规国家久远之计"。①

郭嵩焘完全站到了英国侵略者及其走狗阿古柏的立场上，他的卖国论点，与李鸿章如出一辙。在这个奏章中，郭嵩焘颠倒是非，混淆黑

---

① 王彦威：《使英郭嵩焘奏英外相调处喀什噶尔情形折》，载《清季外交史料》（卷十一），第1—4页。

白，荒谬绝顶。他把西征军收复故土、征讨阿古柏匪帮的正义战争，颠倒成"穷兵黩武"，把出卖新疆，对英投降，美化为"解和息兵"，"不失宽大之名"。

阿古柏匪帮是新疆各族人民的死敌，也是中国人民的死敌，郭嵩焘却要假阿古柏的反动势力去镇压一切反抗阿古柏匪帮的爱国力量，说什么这样可以"一举而兵戈可息"。丧心病狂，至于斯极！

阿古柏伪立"哲德沙尔汗国"后，与英、俄立约通商，结援英、俄，这是他的罪行。但在郭嵩焘的笔下，这竟成了阿古柏在新疆"根柢盘固"碰不得的论据，岂非一派胡言！

为了崇洋卖国，甚至连左宗棠六十六岁的年龄，都成了他出卖新疆的立论根据。

正当清政府在处理郭嵩焘的奏折时，九月下旬，英国代办傅磊斯再次向清政府陈说，为阿古柏乞降"立国"。①

总理各国事务衙门把郭嵩焘的奏折等钞咨左宗棠斟酌议复，左宗棠怒不可遏，复奏说：阿古柏窃据南疆，又复窜犯天山北路，蹂躏各族人民十余年，英国"明知为国家必讨之贼，从无一语及之者，盖坐观成败，阴持两端之故智也"。前次英国愿为"居间调停"，"请许其降"，而于交还我土地城池，缚献叛国逆匪白彦虎等只字不及。现在英国外交当局方面又提出这个问题与郭嵩焘纠缠不清。阿古柏本是浩罕国的安集延人，"非无立足之处，何待英人别为立国？即欲别为立国，则割英地与之，或即割印度与之可也，何乃索我腴地以市恩"？英国的所谓"奉中国以建置小国之权，实则侵占中国为蚕食之计"。喀什噶尔即古代的疏勒国，"汉代已隶中华"，英人以保护阿古柏为词，企图侵占我边陲固有之地，其狼子野心，昭然若揭。"英人从前恃其船炮横行海上，犹谓只索埠

---

① 王彦威：《总署奏议复郭嵩焘奏英外相调处喀什噶尔片》，载《清季外交史料》（卷十一），第33页。

头，不取土地"，现在却欲占我疆土，为印度增一屏障，此何可许！他把笔锋转向李鸿章、郭嵩焘说："时论以西事耗费至多，意欲中止"西征，殊不知甘肃、新疆每年协饷五百余万两，即使停兵不进，此五百余万两之协饷岂能减少？伊犁地区和南八城是膏腴之区，"弃而不收"，仅扼守乌鲁木齐以东"寒苦瘠薄之区"，岂能久守？现在达坂等三城已经攻克，破竹之势已成，敌寇一片惊慌，阿古柏忧惧服毒自毙，如不乘胜直前，西为画地自守之策，"何以固边圉而示强邻？异时追究贻误之人，老臣不能任也"。①他表示决心说：大军西驱，欲止不能，在我"惟有勉竭驽钝，以效驰驱，成败利钝，听之而已"。

左宗棠以犀利的笔锋，简洁的语言，辨清了阿古柏入据新疆的性质，一针见血地揭露了英国侵略者为阿古柏乞降"立国"的阴谋，立论光明正大，分析事理丝丝入扣，语言铿锵有力。他的奏折是一篇声讨英国侵略者、阿古柏匪帮以及投降派的义正辞严的绝好檄文。

总理各国事务衙门既执掌外交大权，又是决策机构。左宗棠致书总理各国事务衙门大臣奕䜣，指陈国际形势，揭露英国的外交手法说：目前英、俄"交讧"，俄土战争正在进行，英国是土耳其的后台，英国、俄国都无暇东顾，何况我国出师讨伐阿古柏匪帮"义在除侵犯之贼，以复旧有疆域，俄、英固无能难我也"。英国向外侵略，"以阴谋称雄海上"，其一贯的外交手法是"先嗾其交斗，而后因其利钝以用机"。②我只消胜利进军，英国便无所施其技了。左宗棠复奏驳斥郭嵩焘的奏折时，已是一八七七年十月下旬，这时西征军以秋风扫落叶之势，长驱西进，连克喀喇沙尔、库车等地。辉煌的军事胜利，粉碎了英国侵略者代阿古柏乞

---

① 左宗棠：《与谭文卿》，载《左文襄公全集·书牍》（卷十八），第48页。
王彦威：《陕甘总督左宗棠奏英人以保护安集延为词图占边疆万不可许折》，载《清季外交史料》（卷十一），第20—21页。
② 左宗棠：《上总理各国事务衙门》，载《左文襄公全集·书牍》（卷十八），第55页。

降"立国"、肢解中国新疆的阴谋。郭嵩焘也觉得自讨没趣，而李鸿章却去信安慰他说："左帅新复吐鲁番、托克逊等城，自谓南路折箠可下，朝廷日盼捷音，协饷如星火……然将来势必旋得旋失，功不复过。"①

当西征军进攻南八城胜利进展时，驻守北疆的金顺拟乘俄土战争（1877—1878）俄国有事于西方，伊犁俄军薄弱的时机，出兵袭取伊犁，左宗棠断然制止。他上书奕訢说：现在南疆尚未底定，多树一敌，绝不相宜。金顺所部战斗力差，"北路兵事未必足恃，即令确有把握，亦无须舍堂堂正正之旗，为乘间抵隙之事"。即使进兵得胜，与俄国正面冲突，"将来更难了结"。②应俟南疆收复后，再行收复伊犁。他致书金顺说：俄国"代复"伊犁，"本非公义"，应在收复南疆之后再议收回伊犁。"大抵疆场之事，总要自强，不管邻敌之强弱，亦不在一时之强弱"，这样才能使"强邻渐识兵威，不复萌狎侮之念"。③在围绕讨伐阿古柏匪帮的外交斗争中，左宗棠眼光锐利，他的外交斗争的方针是区别轻重缓急，以军事力量作后盾，集中力量解决主要矛盾，一切斗争服从于收回南疆的政治需要。他不仅是一个卓越的军事家，并且是一个出色的外交家。

五、全歼阿古柏匪帮，收拾金瓯一片

一八七七年初夏，西征军攻取达坂、吐鲁番、托克逊等三城后，南八城"门户洞开"；阿古柏已惊惧服毒自毙，敌军内部矛盾重重，众心解

---

① 李鸿章：《复郭筠仙星使光绪三年六月初一日》，载《李文忠公全书·朋僚函稿》（卷十七），第13页。
② 左宗棠：《上总理各国事务衙门》，载《左文襄公全集·书牍》（卷十九），第30页。
③ 左宗棠：《答金和甫》，载《左文襄公全集·书牍》（卷十九），第18—19页、34页。

体,已经面临崩溃的绝境。西征军进入喀喇沙尔以西地区,逐步进入富庶之区,军粮基本上可以就地解决。西征军全体官兵在屡胜之余,士气旺盛,斗志昂扬。这些都是解放南八城的有利条件,然而,有利条件只是蕴含着战胜敌人的可能性,尚须经过全体官兵的共同努力,才能使可能性转化为现实。同时,只看到有利条件,看不到事物变化发展中产生的不利因素,也是危险的。《孙子兵法》说:"夫兵形像水,水之形,避高而趋下……水因地而制流,兵因敌而制胜,故兵无常势,水无常形,能因敌变化而取胜者,谓之神。"①作为西征军统帅的左宗棠,摆在他前面的问题是如何发扬西征军的优势,克服不利因素,制定正确的策略方针去猎取解放南八城的胜利。他全面估计了完成西征大业存在的问题:

南八城(南八城指喀喇沙尔、库车、阿克苏、乌什、喀什噶尔、英吉沙尔、叶尔羌、和阗。前四城通称东四城,后四城通称西四城)之间距离遥远。从吐鲁番西行八百余里至喀喇沙尔,从喀喇沙尔西南行九百余里为库车,库车之西七百余里为阿克苏。阿克苏东距拜城四百五十里,西北距乌什二百里,乌什西南七百余里为喀什噶尔。从吐鲁番至喀什噶尔共计三千五百余里。喀什噶尔东南二百余里为英吉沙尔,更东南行三百余里至叶尔羌,叶尔羌至和阗七百余里。塔克拉玛沙漠横亘于东四城与西四城之间,一片浩瀚。从阿克苏横跨沙漠一千三百余里,有间道可通叶尔羌。南八城比较富庶,军粮虽然可以大量就地采购,但在战争期间,因生产破坏等原因,毕竟不能完全依靠就地办粮,仍须飞挽部分粮食,而在这样人烟稀少、辽阔的地区作战,转输军粮是异常艰巨的。这个问题应该怎样解决?

阿古柏匪帮在新疆的残暴统治已经十余年,各族人民深受其害,被胁迫加入军队的人数不少,应该以什么样的政策对待他们?

白彦虎部叛匪并不耐战,但善于逃窜奔逸,如何一鼓聚歼?

---

① 军事科学院战争理论研究部:《孙子兵法新注》,第58页。

进兵南八城以何时为宜？应该采取怎样的军事部署来解放南八城？

自从一八七六年秋收复乌鲁木齐以来，始而威妥玛通过李鸿章欲为阿古柏居间"调处"，继而在攻取达坂、吐鲁番、托克逊三城后，在英国的怂恿下，郭嵩焘又转达英国政府愿为阿古柏乞降"立国"，并且为虎作伥，竭力为乞降"立国"辩护。投降舆论沉渣泛起，动摇了清政府解放南八城的信心。这种情况应该怎样对付？

各种问题互相纠结，如乱麻一团，亟待解决。

左宗棠首先坚定清政府收复南八城的信心。他从用兵南八城的正义性，南八城在巩固西北边防中的地位，阿古柏匪帮已经到了分崩离析、众叛亲离的绝境等方面，向清政府奏陈形势，指出"地不可弃，兵不可停"，迫使清政府不得不对他的奏章批示："该大臣所称，地不可弃，兵不可停，非收复腴疆无从着手等语，不为无见。着即督饬将士，戮力同心，克期进剿。"①左宗棠取得了进兵南八城的权力，这是对英国侵略者的最大打击。

进兵南八城，行程四五千里，虽说库车以西是膏腴之地，粮食基本上可以就地采购，但是，应该把情况估计得复杂些。左宗棠说：暮春初夏季节，吐鲁番只有二麦、青稞可以采买，高粱要到八月"乃可多采"。吐鲁番、喀喇沙尔、库车之间，距离遥远。喀喇沙尔是贫瘠之地，无粮可采。这样长的行军作战路程，万一军粮不继，后果不堪设想，因此，大军攻击前进，粮运须紧紧跟上。即使西征军进入富庶的库车地区，但战争期间，人民流离失所，阿古柏匪帮余孽、白彦虎部残匪又肆意烧杀抢掠，能否就地采粮，尚成问题。于是，他下令赶制大车，征调驮骡上千，骆驼四五千只，把哈密、巴里坤存粮，分路赶运至吐鲁番，然后分批转输前线。

---

① 左宗棠：《遵旨统筹全局折光绪三年六月十六日》，载《左文襄公全集·奏稿》（卷五十），第35—39页。

关于师期问题，他认为西征军在达坂等三城大捷后，阿古柏已忧惧服毒自毙，"本应急起乘之，无如粮饷转运，一切不能应手"。①此其一。"伏暑鏖兵"，兵家所忌，"吐鲁番及喀喇沙尔伏暑燥热异常，蚊虿最多"，要谨防疾疫。此其二。"视卒如婴儿，故可与之赴深溪"。当官的爱兵，士兵才能闻鼓而进，赴汤蹈火。西征军在连克三城战役后，需要休整，养其锐气。此其三。他的结论是：进攻南八城，仍是"缓进急战"之局。

在军事部署上，他认为大军西进，攻击前进固然重要，巩固后路，也显得同等重要。他分析敌情说：白彦虎一股分踞喀喇沙尔西南一百五十余里的库尔勒附近，极为散漫，现偷息开都河（亦称通天河）两岸，一旦我军西逼，"其避兵鼠窜，自在意中"。大致贼之窜路有三：一、西窜库车、阿克苏一带；二、迤西北窜入伊犁境内；三、向东南奔窜罗布泊，取道吐鲁番界，觅荒僻无人之路，东窜敦煌以窥青海。就这三条窜路而论，西窜库车、阿克苏，本来是大军追剿道路，不必另筹布置；旁窜罗布泊，希图窜入河湟之地，该路地僻人稀，逆匪队伍盘旋山泽之间，"难以善脱"，流窜此路的可能性不大；最可虑的是翻越深山间道，北窜伊犁边界，然后向南回旋，窜犯昌吉、绥来，威胁乌鲁木齐，牵动后路，危害极大。他对金顺所部的战斗力最不放心，为此，奏请提拔统率卓胜军的金运昌为乌鲁木齐提督，加强乌垣以西的防务，咨照伊犁将军金顺、驻扎精河的广州副都统福珠哩等，"严饬所部选发侦探，加意预防"。他指示刘锦棠在日后作战中，对败逃敌军应蹑踪追剿，或是包抄拦击。②在吐鲁番、托克逊等城市要隘，节节驻兵，以备迎击窜犯之敌。

值得强调的是，左宗棠根据攻取达坂等三城的经验教训，以及南八城的地理形势和具体的政治情况，在兵力部署和政策要求上，有了新的

---

① 左宗棠：《答刘克庵》，载《左文襄公全集·书牍》（卷十八），第48页。
② 左宗棠：《官军克期进剿应防贼踪分窜折光绪三年七月十九日》，载《左文襄公全集·奏稿》（卷五十一），第11—12页。

发展：

第一，将进入南疆作战的刘锦棠、张曜所部四十余营西征军组成两个兵团，以刘锦棠统率的二十余营组成攻击兵团，其任务是攻取南八城；以张曜统率的十余营组成后续兵团，两个兵团作梯次配备前进，以适应数千里长途作战的需要。他规定刘锦棠率部攻击前进到达阿克苏后，应俟后续兵团至阿克苏，才可继续前进。命令张曜率军尽可能随攻击兵团跟进。张曜的主要任务是在收复地区督率留驻部队修筑道路，建立驿站，淘井，盖屋，积储柴草，设立伙店（设在驿站旁，专供商旅歇宿），协助地方官恢复地方秩序；责令驻军搜缉游匪散贼，设立关卡，抽收茶厘，等等。左宗棠认为张曜"文武兼资"，且无"急功近名之念"，"器识宏远"。①他嘱咐刘锦棠说："朗斋（张曜，字朗斋）治事之才，人不易及，阁下但倾怀相与，必可有成。"②这样的军事部署，左宗棠认为既保证了攻击兵团的锋锐之气，万一受挫，尚有后续兵团，后劲可继，又能洗涤阿古柏统治的腥膻之气，有力地巩固攻击兵团的后方。

第二，他再次不嫌其烦地告诫刘锦棠、张曜等统兵将领说：乾隆朝"荡平准、回两部以来，累世深仁厚泽，旁皇周浃，洽于人心……久享乐利，实古今所未有。……闻南八城回情亦不服安集延，盖皆畏诈力驱迫，而仍思旧恩之故。此次大军所至，非申明纪律，严禁杀掠不可"。如能以"王土王民为念，则南八城易复而亦可守矣。前发各示稿，希与同袍诸公勉之"。③他说，你们如能办到此层，就一定能得到他们的欢迎和协助。他指示张曜进到阿克苏后，应派本地各族民人，潜往叶尔羌、和阗等处，张贴招抚告示，宣布国家德意，促使敌军内变。④沿途应雇请本

---

① 左宗棠：《提督张曜恩仍改文职片光绪四年二月初二日》，载《左文襄公全集·奏稿》（卷五十二），第61页。
② 左宗棠：《答刘毅斋》，载《左文襄公全集·书牍》（卷十八），第27页。
③ 左宗棠：《与张朗斋》《与刘毅斋》，载《左文襄公全集·书牍》（卷十八），第36—38页。
④ 左宗棠：《答张朗斋》，载《左文襄公全集·书牍》（卷十九），第47页。

地民人当向导，或为我军谍探敌方军情。作战时要剿抚兼施，被裹胁者，除持械反抗者立予格杀外，其余求抚者一律招抚。即使是浩罕官兵，亦应许其归降，绝不容许任意乱杀。他说：过去我一再命令申严纪律，你们尚能善体我意，惟有徐占彪"纵兵扰掠"，已派员前往吐鲁番察看蜀军。①后来查清了徐占彪部的扰民实情，左宗棠大为震怒，将徐部蜀军从吐鲁番调守古城、巴里坤，逐步裁撤，另以易开俊率步骑七营扼守吐鲁番。以后，又将易开俊部移驻库车，使张曜部能紧随攻击兵团前进。他指示易开俊说：管理部队全在平时申儆纪律，"勿稍宽纵，致失民心。营中差官、大旗，断不可令其放恣"。②把徐部蜀军从前方调回后方，逐步遣撤，这是对前线各将领必须恪守纪律的最严厉的警告。

用兵新疆以来，所向克捷，刘锦棠年少气盛，屡胜而骄。左宗棠写信给陕甘军务帮办刘典说："毅斋（刘锦棠）心精力果，自是无双，近颇有才气横溢之虑。弟于所请，每思裁抑，俾竟全功，无如左右无人随事规劝，且怂恿以遂其过，其禀请开缺回籍，尤近于挟有勋劳，弟颇不取之"③，并一再去信开导刘锦棠，"凡百详慎出之"，"宁静致远四字，幸时留意，千万千万"。④

收复托克逊等城后，经过三四个月的休整、部署，一切基本准备就绪，一八七七年九月四日，刘锦棠披挂上阵，指挥所部进攻南八城。立秋以后，南疆依旧艳阳高照，尘沙飞扬，热不可耐，忠勇的爱国官兵吃大苦，耐大劳，为了收复祖国的新疆，跃马横枪，重上千里征途。他们将在那里演出一场威武雄壮的话剧。

（一）阿古柏恶贯满盈，服毒自毙

在分层铺叙进攻南八城之前，须先回叙阿古柏服毒自毙的一出丑剧。

---

① 左宗棠：《与刘毅斋》，载《左文襄公全集·书牍》（卷十八），第33页。
② 左宗棠：《与易子乔提军》，载《左文襄公全集·书牍》（卷十九），第66页。
③ 左宗棠：《答刘克庵》，载《左文襄公全集·书牍》（卷十八），第59页。
④ 左宗棠：《答刘毅斋》，载《左文襄公全集·书牍》（卷十八），第36页。

凡是当走狗的，从来没有好下场，尽管走狗的主人为了利用它而爱抚它。走狗，总得"走"嘛！当它变成了"乏走狗"，就有被主人随时抛弃的危险。做惯走狗的阿古柏是懂得这个简单的道理的。在中国军队取得达坂等三城大捷后，阿古柏感到他是那么疲乏，随时有被其英国主子弃之如敝屣的可能。他忧思万重，愁云满腹。

走狗，总有狗仗人势的狗性。阿古柏一贯把英国侵略者看成是万能的神。当走狗的走狗白彦虎等叛国匪徒从乌鲁木齐鼠窜南疆时，他意识到了中国人民不可侮，预感到末日的来临，于是，乞求其主人英国出面干涉中国出兵新疆，为他撑起"保护伞"，打掩护。然而，左宗棠据理驳斥，把他的主人驳得理屈词穷，目瞪口呆，把威妥玛代他乞降"立国"的横蛮要求顶了回去。接着在一八七七年春冰雪消融、绿草如茵的季节，西征军从乌鲁木齐长驱南下，这是中国人民给英国侵略者阴谋破坏中国西征事业最有力的回答。这不能不使阿古柏为其主子伤心，为自己的前途悲哀。重重忧虑、绝望包围着他，使他益加气沮心惊，坐卧不安。

在惶恐不安的时刻，他还怀有一线希望，幻想达坂等三城的守御足以螳臂当车。但是，没打几天，他的主力部队在达坂城全军覆没了，他的爱将爱伊德尔呼里派人回来劝降，宣扬中国军队的能征善战和投降不杀的政策，这无异于一记铁拳猛击在他的胸膛，使他喘不过气来，他四顾茫茫，希望变成了泡影。今天他蛰伏库尔勒，但深恐明天西征军从天而降，突然冲杀到他的面前。与其束手就擒，不如自找门路，于是日夜"忧泣"，终于在一八七七年五月二十二日服毒自毙。他罪行累累，死有余辜。

阿古柏明明是穷蹙自杀，英国侵略者却别有用心地硬说阿古柏不是服毒自毙，而是因病去世。关于阿古柏的死，左宗棠有详细的调查研究，占有第一手资料。他向清政府汇报说：哈密回王迈哈默特所派头目绕孜买卖提等六名，携带逃出遭难回民到托克逊军营诉称：我们前后三次奉命派赴南路寻访老福晋（清朝王妻称福晋），入吐鲁番境，均被浩罕兵盘获，送托克逊见帕夏。我们被监押，随帕夏（军事头领之意，这里指阿古柏)到库尔勒。上年打听到官兵破古牧地,攻占了红庙子,南八城浩罕人都很害怕。今年官军破达坂城,"安集延人尽死",其头目也被擒。缠头九百余人(指被胁的维吾尔族人民)"蒙恩释放",阿古柏杀了其中数十人,监押一半,其余全都逃走了。各城被裹胁之众,畏官兵之威,感官兵之德,愈恨阿古柏,"不服其约束。帕夏知人心已去,日夜忧泣,四月(阴历)上半月服毒死了。其子海古拉将尸沉水中三日取出,用香牛皮包裹,嗾其死党异行"。闻库车回民已将海古拉拿去,防守库尔勒的安集延大通哈、胖色提等听到这一消息,即将库尔勒的粮食、军火、财物交白彦虎接管,星夜逃往库车。左宗棠说,此外我还派鲁克沁回目等外出打听,所报情况与上述情形相同。① 三城克复,尤其是达坂一仗,使敌军"无一人一骑得还,老贼尤为胆落"。后来,爱伊德尔呼里派人回去劝降,使他"闻败震惧,不能自制"。他长期压榨南疆民人,"怨毒已深,群思报复,帕夏有所闻,忧惶无措,决计自毙"。左宗棠进一步指出:英国捏造事实,胡说阿古柏病死,无非是掩饰阿古柏匪帮内部的众叛亲离,一团混乱,妄图为阿古柏的长子伯克胡里在喀什噶尔争取立国余地。②

(二)收复东四城诸战役

攻克喀喇沙尔(焉耆)、库车③战役

一八七七年八月二十五日,刘锦棠派提督汤仁和由托克逊进扎苏巴什、阿哈布拉两处,续派总兵董福祥、张俊等率步兵三营由阿哈布拉、

---

① 左宗棠:《逆首帕夏仰药自毙折光绪三年六月十七日》,载《左文襄公全集·奏稿》(卷五十),第71—73页。

② 左宗棠:《上总理各国事务衙门》,载《左文襄公全集·书牍》(卷十九),第30页。

③《西域释地》载:喀喇沙尔,汉焉耆国,唐置焉耆都督府,后改碎叶镇,宋为西州回鹘。距北京八千六百余里,至嘉峪关三千八百余里,西距布古儿(轮台县)四百五十里,距库车九百余里,西北通伊犁。开都河,或名通天河。库车,汉龟兹国,唐置安西都护府于此。"库车犹言衢衕",其地为通达西南要道,故名。东至嘉峪关四千七百余里,西距阿克苏七百余里,西南所属之沙雅尔,可通和阗。祁韵士:《西域释地》,第6页。

榆树沟一带进兵至曲惠安营，又派提督张春发从伊拉湖小道至曲惠，与张俊等部会合，收割柴草，开挖井泉，为主力来到作准备。十月二日，刘锦棠统率主力到达曲惠。翌日，刘锦棠等派余虎恩等部骑兵取道乌沙塔拉，沿博斯腾淖尔西行，出库尔勒之背为奇兵。五日，刘锦棠指挥主力从大路进迫喀喇沙尔为正兵。白彦虎早已将开都河决堤，制造泛区，阻止西征军前进。河水漫流，"泛滥阔可百余里"。西征军绕道至开都河东岸，饬马步五营搭造浮桥，堵塞上流，掘修车行大道。十月七日，西征军不战而下喀喇沙尔。九日，收复库尔勒，追斩白彦虎部十余骑，生擒二名。俘虏供称：白彦虎抢掠秋粮后，胁迫维吾尔族民众运粮西走库车。这时，因开都河泛滥，粮运中断，西征军粮食断绝。刘锦棠下令悬赏掘粮，在库尔勒掘得粮食数十万斤，解决了粮食危机，各营遂得裹粮西进。

刘锦棠从探报中得悉白彦虎到处抢掠，胁迫各族人民随行，行动滞缓，随即挑选健卒一千五百名，精骑一千名，作为头队，亲率前锋部队奋勇追击，披星戴月，日夜趱行。十六日，至洋萨尔，"但见各村堡火光烛天，杳无人声，知该逆临行放火，传令后队扑救"，仍率头队追击，急行一百里，至布告尔（轮台），正是中午时分，敌骑千余排列迎战，西征军步骑联合向前猛击，大败敌军，阵斩百余，生擒十余。据供白彦虎家属在十日前过此西窜，随行悍贼二千。十月十七日五更，西征军前锋西行四十里，瞥见前方敌军步骑数万，"其中持械者不过千余"，其余扶老携幼，驱车牵牛，尽是被胁难民。刘锦棠传令："手执军械者斩，余均不问。"顷刻之间，战鼓咚咚，步骑并进，逆匪弃难民而逃。刘锦棠分兵陶生林等保护难民回后方交后续兵团安插，主力继续西进追击。十八日，进至库车附近，遥闻枪炮之声不绝，官军疾驰而前，"见缠回数万散布郊原，皆库车之不愿随贼西行者"。敌军集队抗拒，官军猛击敌阵，追杀四十余里，阵斩千余，当日收复库车，缴获羊一万二千只。①西征军六日六夜奔驰九百余里，连复喀喇沙尔、库尔勒、库车三城，救出各族难民十万左右。②

收复阿克苏、乌什战役

左宗棠对喀喇沙尔、库车战役的战斗实践和各方面的探报进行一番分析研究后，认为敌军内部的确发生了争权夺利的内讧，海古拉为其长兄伯克胡里所杀，主兵者伯克胡里已经逃往喀什噶尔，一则抢权，再则布置防务，妄图负隅顽抗，而以白彦虎殿后，阻滞大军西进。白彦虎一再被西征军打败，完全丧失了战斗意志，一意向西奔逃避战，但是，他仍沿途胁迫各族民人随他逃向喀什噶尔，"投帕夏长子伯克胡里为进身之阶"。③左宗棠曾一再指示刘锦棠对白彦虎要穷追猛打，解救被胁难民，直捣喀什噶尔。又提醒刘锦棠说："事到将成之际，总要慎益加慎，切不可视事太轻。冲锋非大将事，攻城不可性急，并须留意。"他指示张曜说：攻取库车后，刘锦棠自以穷追为上策，你部必须迅速跟进，推进库车。到库车后，如刘军已离库车前进，你应移军扼扎要隘，其后路宜责令孙金彪派拨营哨扼要布置，保护运道，严查游勇。只要营哨官兵恪遵纪律，不扰百姓，后方便可相安无事。左宗棠再次提醒张曜：到阿克苏后，应觅熟悉途径回民，持檄前往和阗、叶尔羌等地招抚，宣布朝廷威德；回民头领转相告知，"必有应之者"，"似无须重烦兵力矣"。④

十月十八日攻克库车，刘锦棠命停兵三日，稍事休整，处理善后。二十一日黎明，攻击兵团继续西向追击，急行至拜城，城门紧闭。城中派出通事告知：白逆彦虎股匪昨日经过拜城，与本城浩罕胖色提等率党

---

① 左宗棠：《答刘克庵》，载《左文襄公全集·书牍》（卷十九），第46页。
② 左宗棠：《进规新疆南路进复喀喇沙尔库车两城现指阿克苏折光绪三年十月十四日》，载《左文襄公全集·奏稿》（卷五十一），第27—30页。
③ 左宗棠：《答张朗斋》，载《左文襄公全集·书牍》（卷十九），第47页。
④ 左宗棠：《答张朗斋》，载《左文襄公全集·书牍》（卷十九），第47页。

胁迫维吾尔族民众随行，本地维吾尔族民众头领阿克奈木厘不从被杀，城中维吾尔族民众不服，聚众闭城抗拒，白彦虎攻城被挫，今晨已与浩罕胖色提等率党向西狂窜。刘锦棠遍加抚慰，停兵驻扎城外，召集逃亡。各营就地进食后，紧蹑贼踪，穷追猛打。二十二日五更，"履冰而行，霜凌凝积，手足冻皲"，真是一幅"月黑雁飞高，单于夜遁逃。欲将轻骑逐，大雪满弓刀"的鏖战情景。追击部队行至铜厂，发现敌骑胁迫民人渡河，于是挥戈"猛扑"，拔出难民二万，遣返拜城，安置复业。各营乱流而渡，在上铜厂追及贼队，步骑张两翼进攻，刘锦棠亲率骑兵从中路突进，敌军溃败，毙贼数千，生擒百余，夺获战马二百余匹、军械无算。二十四日，军锋追近阿克苏，遥见城头枪矛林立，西南、正西两面飞尘蔽天。刘锦棠探悉白彦虎、胖色提等早已远飏，城中十余万维吾尔族民众守城以待大军，于是不战而下阿克苏①，进驻满城。刘锦棠命令谭慎典、夏辛酉等从西南一路紧追残匪，另以黄万鹏、崔伟等部从正西旁出截敌。

谭慎典、黄万鹏率军离开阿克苏后，怒马驰骋，如箭脱弦，飞奔胡玛纳克河，适遇悍贼数百骑保护白逆眷属，悍贼拼死抵拒，谭、黄亲率步骑"突前陷阵"，击毙悍贼四五百名，救出难民数百，俘虏逆贼眷属千余。十月二十六日，西征军收复乌什。②翌日五更，谭拔萃、黄万鹏拔队继续西追，行九十里至阿他巴什，弥望戈壁，杳无贼踪，乃回兵乌什。

---

① 《西域释地》载：阿克苏，办事大臣驻地。汉及北魏为温宿国。元、明为巴什伯里地。今名阿克苏，阿克是白的意思，苏即水的意思，河水色白，故名。距叶尔羌一千三百余里，距乌什二百里。距伊犁千余里。从乌什经树窝子至喀什噶尔，仅七百余里。祁韵士：《西域释地》，第6页。

② 《西域释地》载：乌什，办事大臣驻地。汉及北魏为尉头国。唐置尉头州。宋仍称疏勒。元、明为巴什伯里，即别失八里。三面大山耸峙，乌什是峰峦飞峻的意思。距北京一万零五百余里，至嘉峪关五千七百余里。经树窝子通喀什噶尔七百余里。有小道可通伊犁。祁韵士：《西域释地》，第5—6页。左宗棠：《穷追回夷连复阿克苏乌什两城请奖恤出力阵亡员弁折光绪三年十月初五日》，载《左文襄公全集·奏稿》（卷五十一），第45—49页。

（三）收复西四城诸战役

攻占阿克苏，是进兵西四城的关键。阿克苏为兵家所必争。西征军收复阿克苏后，白逆的窜路已绝，非至喀什噶尔，别无归宿。占有阿克苏，就控制了西四城。张曜率部于十一月五日疾趋库车，在军事上形成"前茅既锐，后劲仍遒"的态势。西征军进入库车后，粮食大部可以就地采购，无匮乏之虞。就各方面的情况看，西征军居于绝对有利的地位。

光复阿克苏后，刘锦棠下令分兵搜山，肃清余孽，部署收复西四城的战斗。当时有几种因素，促使刘锦棠兵分三路，直捣喀什噶尔。

第一，当发动进攻南八城之前，传闻英国企图为阿古柏的长子伯克胡里立国。因此，左宗棠指示刘锦棠、张曜说：我国进兵南八城，是"恢复旧疆"，与英何涉？攻势发动后，应奋力猛进，急取喀什噶尔，剿抚兼施，"自易了结，英人奸谋自沮"。①

第二，探报和阗求抚回目尼牙斯听说官军西进，统率所部攻打叶尔羌，伯克胡里被迫自喀什噶尔带兵五千赴援，打败尼牙斯，和阗亦被占领，但喀什噶尔敌军的部署已乱，正可乘机分兵急进。

第三，何步云，前署喀什噶尔镇标中营守备；英韶，前喀什噶尔粮饷回务章京花翎即补知府。一八六五年春，阿古柏侵入喀什噶尔，攻陷汉城疏勒，何等被俘。此次听说大军西来，遂据汉城反正，伯克胡里派兵进攻，双方对战正烈，何步云派员往求刘锦棠迅速赴援。②

刘锦棠原拟先取叶尔羌，然后进攻英吉沙尔、喀什噶尔，现在形势发生了这些变化，他认为机不可失，决定分兵三路进攻，"掩贼不备"。他命令余虎恩率步兵三营、马队一起和总兵桂锡桢率马队一营，从阿克苏取道巴尔楚克玛纳巴什，直捣喀什噶尔为正兵，以黄万鹏率骑兵六

---

① 左宗棠：《答刘毅斋》、《答张朗斋》，载《左文襄公全集·书牍》（卷十九），第18、36页。

② 左宗棠：《前署喀什噶尔镇标中营守备都司何步云等十六员请革职免罪片光绪四年二月初二日》，载《左文襄公全集·奏稿》（卷五十二），第59—60页。

旗，张俊率步兵三营从乌什"取道布鲁特边界进为奇兵"，规定两军于十二月二十八日会师喀什噶尔城下，会师后均听余虎恩节制。左宗棠闻报西征军分兵进攻西四城，命哈密、吐鲁番至库车各城驻军全线依次推进，以便策应前敌各军。他说：自托克逊至库车，各城皆有驻军，是为防军；自库车至巴尔楚克玛纳巴什，为张曜统率的后续兵团，是且防且战之军；自巴尔楚克玛纳巴什至英吉沙尔、喀什噶尔，是刘锦棠统率的攻击兵团作战之区，为主战之军，"常山率然势成，首尾相应，数千里一气舒卷"，将士心目中皆有全局洞观之象，收复喀什噶尔，底定南疆，定操左券，指顾可期。①

余虎恩、黄万鹏奉命后，率领步骑兵分道急进喀什噶尔，十二月十七日夜三鼓，两军各抵喀什噶尔附郭。这时，城内火光烛天，城外贼骑遍布。余虎恩督率步骑从城东中路攻击前进，命提督萧元亨从左，提督戴宏胜从右，总兵桂锡桢、副将夏辛酉等率骑兵出左路之右，提督陈建厚等出右路之右，各路分进合击，霎时"金鼓齐鸣，马步如墙而进"，贼众仓皇弃垒逃走，官兵奋威搏击。一股贼骑千余向中路反扑，各军奋勇直前，全歼该股逆匪。这时，城西北隅敌军步骑兵三四千奔救东面之贼，黄万鹏等部冲杀迎击。各军奋威力战，何步云等凭城呐喊助威，群匪气沮胆怯，从西门夺路狂奔，"时天色尚未明也"。此役毙敌七八千人，生擒千余。十二月十八日，沦敌十二年的喀什噶尔②重回祖国怀抱，阿古柏匪帮的巢穴被彻底摧毁。

光复喀什噶尔的隔日午后，喀什噶尔附郭贼匪探知官兵将到，一片慌乱，被胁迫西来的东四城维吾尔等族民众，以及从乌鲁木齐、吐鲁番

---

① 左宗棠：《剿除沙雅尔逆回分道进窥喀什噶尔折光绪三年十二月初八日》，载《左文襄公全集·奏稿》（卷五十一），第71页。
② 《西域释地》载：喀什噶尔，参赞大臣驻地。"汉疏勒国。唐置疏勒都督府于此。"距北京一万零九百里。至嘉峪关七千二百余里。东南距英吉沙尔二百余里。距叶尔羌五百余里。祁韵士：《西域释地》第4—5页。

等地被胁西来的回民等，群起反抗，群贼不战而溃，纷纷鼠窜。白彦虎、伯克胡里等目击全局崩溃，分途逃窜，黄万鹏等领兵追击，截住其掩护部队，歼敌甚众。伯克胡里与白彦虎等已于十二月二十八日从中俄边界的纳林桥逃入俄境，黄万鹏停兵边境监视。

黄万鹏、余虎恩等出发的当日，刘锦棠亲率步骑挺进叶尔羌①，沿途攻击前进，二十一日，收复该城，逆匪已先一日逃走。攻克叶尔羌后，他派道员罗长祜、提督谭拔萃等搜剿余孽，安抚民人，自己则率领主力进击英吉沙尔，城逆闻风逃窜，十二月二十四日，光复英吉沙尔。②这时，刘锦棠得到余虎恩等收复喀什噶尔的战报，遂派总兵董福祥率回军进取和阗，一八七八年一月二日，和阗③光复。董福祥率部离开英吉沙尔东进后，刘锦棠立即轻骑飞驰喀什噶尔，部署搜剿残敌，处理善后事宜。

总计收复西四城战役，先后毙俘敌军万余，生擒叛国贼金相印父子、余小虎、马元等，一并斩决。俘获阿古柏第五子引上胡里、第六子迈底胡里等，均加监禁候办。喀什噶尔一役，夺获后膛进子开花大炮七尊，开花螺丝铜炮四尊，前膛进子开花铜炮百余尊，战马一万余匹，至于枪械刀矛旗帜之类，更是不计其数。④

南疆收复，左宗棠如释重负，他认为西征军在阿克苏分兵攻取喀什噶尔、叶尔羌、英吉沙尔、和阗，是西征军得意之笔，他说：我军以风卷残云之势，迅下喀城，"俄、英皆作壁上观，幸赖有此"，杜绝了英国

---

① 《西域释地》载：叶尔羌办事大臣驻地。汉莎车国地。叶尔羌名取义土宇广大。至嘉峪关六千五百余里。距阿克苏三百余里。东南距和阗七百余里。祁韵士：《西域释地》，第5页。

② 《西域释地》载：英吉沙尔，领队大臣驻地。"汉依耐国地。"英吉沙尔是新城之意。至嘉峪关七千余里。祁韵士：《西域释地》，第5页。

③ 《西域释地》载：和阗，领队大臣驻地。"汉于阗国，唐置于阗都督府于此。距京师一万零五百里。距嘉峪关六千六百里。有径通库车之沙雅尔，仅五百余里。"祁韵士：《西域释地》，第5页。

④ 左宗棠：《克复南路四城新疆肃清恩奖恤出力阵亡各员弁折光绪四年二月初二日》，载《左文襄公全集·奏稿》（卷五十二），第26—32页。

蚕食鲸吞南疆的阴谋。他写信给陕甘军务帮办刘典说：自从担任督办新疆军务以来，历尽艰辛，"诚不料浮图百尺，终有合尖之日也"。现在全歼阿古柏匪帮，还我河山，"依然金瓯罔缺……吾辈数书痴一意孤行，独肩艰巨，始愿何曾及此，而俸能致之者，无忌嫉之心，无私利之见，苟利社稷，生死以之耳"！[①]他批判李鸿章抛弃新疆，划地自守，是鼠目寸光，"真矮子观场也"。

以左宗棠、刘典、刘锦棠、张曜等为首的西征军全体爱国官兵，收复新疆，把祖国新疆各族人民从阿古柏匪帮的铁蹄下解放出来的卓越功勋，就像那苍茫云海中的天山，巍峨矗立，万世长存。

六、征讨阿古柏匪帮获胜的原因

阿古柏匪帮拥有洋枪洋炮武装起来的五六万军队，在南八城节节设防，建筑了坚固的防御工事，又有英国侵略者作后盾，为什么西征军能在南疆地区"横扫千军如卷席"，取得全歼阿古柏匪帮的辉煌胜利？这是一个值得探讨的问题。

西征军之所以能取得这样辉煌的胜利，是由于这次战争是收复旧山河的正义战争，兵以义动，得到了全国各族人民和全体爱国官兵的拥护与支持。

在西征的过程中，左宗棠反复教育部属说，新疆在汉代即隶属中国，用兵新疆是收复故土。阿古柏是异族人，是入侵者。他们在新疆吸吮民人的脂膏，残害民人，因此，这次战争是把新疆各族人民从阿古柏匪帮残暴统治下解放出来的战争，西征军是"吊伐之师"。上级的教育，

[①] 左宗棠：《答刘克庵》、《答山东臬司陈俊臣廉访》，载《左文襄公全集·书牍》（卷二十），第5、14页。

使全体官兵懂得了为什么而作战。正因为是义战，兵以义动，所以，西征军始终士气振奋，斗志昂扬。如西征军从关内挺进新疆时，军粮困难，有些官兵只能领到一些山芋作为行军的粮食，但他们也含辛茹苦地熬过去了。冯玉祥说，他的父亲参加了西征战争，在从肃州进入新疆的行军途中，"士兵的口粮一次发给八天，全是生红薯，由各人自己背负着。从内地到新疆，一条黄沙漠漠几千里的长途，本来尽够人走的了，如今再加上八天口粮的生红薯，总计至少在十五六斤以上，压在背上"，真叫人够受的。"这样长途的跋涉，一天一天，好像永远走不到头。一路上，饿了的时候，是以红薯充饥，渴了的时候，仍然以红薯止渴。"他们就是这样坚持走进了新疆的。①爱国思想鼓舞着全体官兵吃大苦，耐大劳。

在南八城地区作战期间，刘锦棠指挥攻击兵团，从一八七七年八月二十五日开始进击库尔勒，到十月二十四日收复阿克苏，两个月中间追奔逐北二千里，一路攻击前进，"遇贼即击"。这样旺盛的士气，这种勇于出生入死的献身精神，只有充满爱国热情的军队才能具有。攻取西四城，收复南疆后，清政府论功行赏，晋封左宗棠为恪靖侯，他上奏辞让说：这次战争，"威弧所向，逆焰渐销，劲旅长驱，回疆速复"，"借将士之同心"，"借群策以告成"。在这里，左宗棠把西征胜利的原因归于官兵的同心一致，群策群力。官兵之所以能同心协力，则决定于战争的正义性质。

战争的性质决定人心的向背。由于西征战争的正义性质，在战争期间，不但全体官兵抱着有我无敌的必胜信心，冲锋陷阵，赴汤蹈火，在所不辞，南疆各族人民也冒险犯难，采取了这样那样的手段，起来反抗白彦虎匪部和阿古柏匪帮，有力地支援了祖国的西征军。在进攻达坂之前，从达坂城中潜逃出来的维吾尔族人民求见刘锦棠，报告达坂城中敌

---

① 冯玉祥：《我的生活》，黑龙江人民出版社1981年版，第7页。

军守御情况。吐鲁番、辟展等地的维吾尔族人民早与西征军暗通声气，并告知依拉里克盛产水稻，将来攻克托克逊后，大军有粮食可以采买。①吐鲁番的阿哈默特等，向刘锦棠报告了阿古柏服毒自毙的军情。白彦虎部股匪败逃时，沿途遭到各族人民的反抗，拜城、阿克苏各族人民聚众占据城池，抗击白彦虎的进攻，以待官军。和阗尼牙斯率众起事，进攻叶尔羌，打击阿古柏匪帮，迫使据守喀什噶尔的伯克胡里营救叶尔羌，打乱了伯克胡里的军事部署。南八城之间距离遥远，有的地区戈壁纵横，有的地区崇山峻岭，小道曲径，各地民人为西征军带路。各族民人纷纷出卖余粮，或是为西征军转运粮食，使西征军得一意遄征。左宗棠说："本年官军规复托克逊后，南路各城投诚缠回相望于道，军行所至，或为向导，或随同打仗，颇为出力。克复地方应办各事，皆委缠回头目承办，数月以来，该回目等凡搜剿马贼，采办粮料柴草，侦探贼情，防守卡隘，均能督率回众办理无误……实属深明大义。"②西征军正是在南疆各族人民的有力支援下，才能以破竹之势席卷南八城，取得全歼阿古柏匪帮的辉煌胜利。

西征军之所以能取得这样辉煌的胜利，是和以左宗棠为首的统帅部制定出正确的政策和策略以及正确的战略战术分不开的。在用兵南疆之前和征讨阿古柏匪帮的攻势发动以后，左宗棠制定了一系列正确对待南疆各族人民的政策和策略，起了动员群众投入战争的巨大作用。

首先，他对部属反复告诫这次战争是收复旧疆的义战，西征军将士应以"王土王民"为念，西征军是"吊伐之师"，任务是艰巨而光荣的。因之，"大军所至，非申明纪律，严禁杀掠不可"，这样，"南八城易复而亦可守矣"。③可以明显地看出，他认为西征不仅在于收复故土，还应进

---

① 左宗棠：《答刘毅斋》，载《左文襄公全集·书牍》（卷十七），第61—62页。
② 左宗棠：《新疆缠回打仗出力请酌量奖叙并委署各城阿奇木伯克折光绪三年十二月十八日》，载《左文襄公全集·奏稿》（卷五十一），第74页。
③ 左宗棠：《与张朗斋》，载《左文襄公全集·书牍》（卷十七），第36—37页。

一步为新疆奠定"长治久安"的局面。

在用兵新疆期间,分清敌我是一个十分重要的问题。左宗棠一再指示部将说:这次用兵主要的打击对象是阿古柏匪帮、白彦虎等叛国逆匪和积年叛弁,对于平民百姓自无波及之理。至于被胁迫参加阿古柏匪军的各族平民,除持械顽抗、死不悔改者予以格杀外,其余一律招抚,并应资遣他们回籍,安排他们的生产、生活。即使是阿古柏匪军官兵等,只要他们放下武器,输诚归降,也应准予收抚,决无乱杀之理。他的正确的政策,感动得阿古柏手下的悍将、镇守达坂的司令官大通哈爱伊德尔呼里宁愿留在中国军营,而要求派员至托克逊劝说阿古柏献出南八城。刘锦棠、张曜等在战争期间,忠实执行了上级的政策和策略,特别在安排难民的问题上,花了很大的气力,体现了西征军确是祖国派去解救各族人民的"吊伐之师"。每当西征军救出成千上万的难民后,刘锦棠或其部将总是好言抚慰,拨兵保护,把他们资遣回籍,如在东四城战役时,遣返乌鲁木齐难民二千八百名,送归哈密原籍者二千五百名,"皆给以牛、种、赈粮,俾得各安生业"。①达坂收复前,达坂城中"潜赴乌垣求抚土回三百余名",在收复达坂后,"发给牛、种,令就达坂旧城水地耕种栽植,俾复故业"。②在阿克苏一带俘虏到白彦虎等的眷口上千,也一律送往库车,听候安插,给予出路。好事不胫而走,"远近闻风景附,不约而同"。拜城、阿克苏、和阗民人起事迎接西征军的到来,正是正确的政策所产生的威力。左宗棠在论及这些问题时,神采飞奕,掀髯微笑,他说:"此次师行顺迅,扫荡周数千里,克名城百数十计,为时则未满两载也。……至其本原,则仁义节制,颇有合于古之用兵。理主于

---

① 左宗棠:《逆酋帕夏仰药自毙折光绪三年六月十日》,载《左文襄公全集·奏稿》(卷五十),第79页。

② 左宗棠:《攻克达坂城及托克逊坚巢会克吐鲁番满汉两城详细情形请奖恤出力阵亡员弁折光绪三年四月二十五日》,载《左文襄公全集·奏稿》(卷五十),第36页。

常，而效见为奇……贼以其暴，我以其仁，贼以其诈，我以其诚。不以多杀为功，而以妄杀为戒"，"使八城回民如去虎口而投慈母之怀……故回部安而贼党携，中国服而外夷畏耳"。①

没有区别对待，便没有政策。对于从逆分子中怙恶不悛，拒绝改邪归正，继续作恶的，西征军坚决镇压，不稍姑息。麻木耳，离库车百余里的沙雅尔人，曾任阿古柏匪军中的玉子巴什（哨长），在达坂被俘后释放回籍。西征军攻克库车，麻木耳率领党伙，逃窜哈番地方，继续助敌作乱，刘锦棠派兵镇压，麻木耳负伤逃匿。在收复叶尔羌后，麻木耳再次被俘，立即归案处死。②再如生擒的叛国贼金相印父子和白彦虎部死党贼目等，一律处以死刑。

次之，左宗棠制定正确的"缓进急战"的战略方针，也是西征军取得辉煌胜利的重要原因。左宗棠根据新疆的地理形势，首先提出"控北制南"，攻取乌鲁木齐，居于高屋建瓴之势，然后下兵南路。实践证明，先取乌鲁木齐"以为总要之地"，然后用兵南路的战略决策是正确的。他制定的"缓进急战"的战略指导方针，实践证明，也是非常正确的。关于"缓进急战"的战略方针，前已多所论述，兹不赘。值得注意的是左宗棠能使前敌将领深刻领会其本意，在进攻前搜剿残匪，巩固后方，粮食、军械转运积储前沿阵地，作好发动攻势的充分准备，然后发动进攻。战斗打响后，战役要速决，即是在局部战役上集中优势兵力，一举解决敌军。为了达到这一目的，在进攻南八城前，左宗棠把进入南疆的西征军组成两个兵团，作梯次配备，规定攻击兵团要排除一切困难，攻击前进，后续兵团应及时跟进。这样就保证了攻击兵团不因攻城夺池分兵留驻而削弱兵力，形成了"前茅既锐，后劲方遒"的态势。

---

① 左宗棠：《答张朗斋》，《左文襄公全集·书牍》（卷十七），第61—62页。《左文襄公家书》（卷下），第58页。

② 左宗棠：《剿除沙雅尔逆回分道进窜喀什噶尔各城折光绪三年十二月十八日》，载《左文襄公全集·奏稿》（卷五十一），第69—70页。

在整个西征战争中,左宗棠忙于组织西征大军,为前方调兵遣将,统一西征司令部的事权;忙于制定正确的政策和策略,反复教育前敌将领要"申明纪严",以"王土王民"为念;忙于指挥军粮、马干的采购转输,源源运济新疆各军;忙于与投降派作斗争,力争饷银;忙于同英国侵略者作斗争,粉碎其破坏西征,妄图肢解新疆的阴谋,忙于争取新的军事胜利,来坚定清政府征讨阿古柏匪帮的信心。毛泽东同志指出:作为战争的统帅,"指挥全局的人,最紧要的,是把自己的注意力摆在照顾战争的全局上面。主要的是依据情况,照顾部队和兵团的组成问题,照顾两个战役之间的关系问题,照顾我方全部活动和敌方全部活动之间的关系问题,这些都是最吃力的地方,如果丢掉这个去忙一些次要的问题,那就难免要吃亏了"。①左宗棠作为西征的统帅,他除了忙于"照顾战争的全局",还得忙粮运转输和反投降、反侵略斗争。他忙这忙那,终于忙出了辉煌的军事胜利。英国资产阶级学者说:阿古柏"和中国人的权力比较起来,他的权力等于零,和中国人的坚韧比较起来,他的坚韧等于软弱,和中国人的战术比较起来,他的战术只是一个小学生的战术……不仅有人数上的悬殊这一静止的压力,还有更优越的智力这个活动的压力对他不利",终于把阿古柏"压得粉碎"。中国人"在一场光明正大的战争中,用谋略战胜了他,打倒了他"。②

毛泽东同志指出:"战争的胜负,主要地决定于作战双方的军事、政治、经济、自然诸条件,这是没有问题的。然而不仅仅如此,还决定于作战双方主观指导的能力。军事家不能超过物质条件许可的范围外企图战争的胜利,然而军事家可以而且必须在物质条件许可的范围内争取战争的胜利。军事家活动的舞台建筑在客观物质条件的上面,然而军事家

---

① 毛泽东:《中国革命战争的战略问题》,载《毛泽东选集》,1971年合订本,袖珍版,第160页。

② 包罗杰著,商务印书馆翻译组译:《阿古柏伯克传》,第233页。

凭着这个舞台，却可以导演出许多有声有色威武雄壮的活剧来。"①应该说在全歼阿古柏匪帮收复新疆的过程中，在刘典、刘锦棠、张曜等的协助下，左宗棠导演出了许多有声有色的威武雄壮的活剧。读这段历史，使人缅怀他们的爱国热忱和敢于斗争、善于斗争的爱国精神，追念西征军全体爱国官兵收复新疆，巩固西北边陲的不朽功勋。

西征军之所以能取得全歼阿古柏匪帮的辉煌胜利，还同左宗棠自始至终坚持反对李鸿章等分不开。

在一八七四年冬到一八七五年春的"塞防"与"海防"争论中，从执掌清政府中枢权要的议政王奕䜣，到各省地方督抚，绝大多数反对西征。"沧海横流，方显出英雄本色。"左宗棠毫不退却，出于爱国热忱，知难而上，一再奏陈收复新疆的重要性与必要性，驳得李鸿章等理屈词穷，赢得了舆论的同情，促使统治集团中分化出爱国派来，连李鸿章的旧部江西巡抚刘秉璋都不赞成李鸿章要西征军停兵撤饷的观点。②左宗棠的"塞防"观点，终于赢得了爱国派的支持，争取到了用兵新疆的权力。

一八七五年五月，左宗棠奉命为钦差大臣督办新疆军务后，李鸿章到处造谣诽谤说："西师不撤，断无力量兼谋东南，此所已知者也。"还说：虽然添兵、添饷，左宗棠岂能平定新疆？这是三尺童子都懂得的道理。一八七六年二月（光绪元年十二月），西征军军饷"涸竭"，临近农历年关，全军一年一月满饷都发不出来，左宗棠提出借贷洋款以济燃眉之急。李鸿章抓紧这个时机，阴谋在经济上束缚左宗棠的手脚，迫使他停兵撤饷。但左宗棠终于粉碎了他的阴谋。

一八七六年七月下旬，西征军开始发动进攻古牧地、乌鲁木齐的攻势，待饷正殷。在这关键时刻，李鸿章却写信给山西巡抚鲍源深说：户部既不通筹大局，又不深体时艰，西征军一有催求，"羽檄立至"，即海

---

① 毛泽东：《中国革命战争的战略问题》，载《毛泽东选集》，第166页。
② 李鸿章：《复刘仲良中丞光绪元年正月初八日》，载《李文忠公全书·朋僚函稿》（卷十五），第3—4页。

防全撤，岂足供这个无底欲壑？老兄留饷自顾藩篱，实在是"老诚之见"。李鸿章是在挑唆鲍源深停解西征协饷。他又攻击左宗棠说：西征军纷纷出关，将牵动全国大局，"以致骚然不靖，患且与国终始，悔可追耶"！[1]左宗棠以收复乌鲁木齐的军事胜利，回击了李鸿章的恶意攻击，激发了人们的爱国思想。

一八七七年四月，西征军取得达坂等三城战役的巨大胜利，应该是了不起的天大的喜事，李鸿章却大为不快，暗地议论左宗棠"自谓南路折箠可下"，将来势必"旋得旋失"。

当左宗棠一再拒绝英国居间调停，为阿古柏乞降"立国"时，李鸿章写信给他的亲信中国驻英公使郭嵩焘说：达坂等三城既下，阿古柏服毒自毙，左宗棠岂肯接受外国的调停。他专靠一个刘锦棠，其实刘锦棠想告退，"则前敌事势掣肘可知"，纵能恢复"无用之新疆，而腹地脂膏逼削殆尽……内变若作，岌岌可危"。[2]事物总是向着投降派的相反方向发展。西征军攻占地区，不仅不"旋得旋失"，相反，西征军在这些地区抚辑流亡，恢复生产，巩固了地方秩序。左宗棠利用英国一再为阿古柏乞降"立国"的时机，进一步申论解放南八城的必要性和重要性，使清政府批准了他进兵南八城的正义要求。左宗棠在与投降派李鸿章等斗争的过程中，运用了巧妙的"战略战术"，不断打击投降派。例如他在驳斥威妥玛、英国政府为阿古柏乞降"立国"的谰言时，从爱国立场出发，尽情揭露英国侵略者的侵略手法与侵略阴谋，充分申论收复全部新疆的必要性，立论正大，措词严厉，不仅驳斥得英国侵略者瞠目结舌，而且也在旁敲侧击那些投降派的卖国谬论，使他们望而生畏。

一八七八年一月，西征军收复西四城，略定南疆，理应普天同庆，

---

[1] 李鸿章：《复鲍华潭中丞光绪三年六月初三日》，载《李文忠公全书·朋僚函稿》（卷十六），第17页。

[2] 李鸿章：《复郭筠仙星使光绪三年七月十八日》，载《李文忠公全书·朋僚函稿》（卷十七），第18页。

但李鸿章却向左宗棠发出冷箭。他写信给两江总督沈葆桢说：西征军收复喀什噶尔，红旗捷报不久到京，然而白彦虎与伯克胡里"不投俄人，便归浩罕，终无了期"。[①]以后，左宗棠在痛剿窜犯边境的白彦虎等的军事胜利的基础上，进一步提出收复伊犁地区来回敬李鸿章。在左宗棠与李鸿章的爱国与卖国斗争中，左宗棠始终居于上风。可以毫不夸张地说，西征军每前进一步，左宗棠都得与李鸿章经过一番斗争，不斗倒投降派李鸿章，是不可能取得西征的辉煌胜利的。

---

① 李鸿章：《复沈幼丹制军光绪四年正月初七日》，载《李文忠公全书·朋僚函稿》（卷十八），第3—4页。

第八章　坚持收回伊犁的爱国斗争

一八七一年七月四日，沙俄帝国主义乘中国多事之秋，悍然出兵侵占伊犁，声明俟中国收复乌鲁木齐、玛纳斯后，即将伊犁交还中国。一八七八年一月，中国军队不仅早已收复乌鲁木齐和玛纳斯，并且全歼阿古柏匪帮，收复南疆，但是，沙俄仍旧赖在伊犁，拒不交还中国，暴露了沙俄帝国主义侵吞中国伊犁的狼子野心，由此引起了中俄伊犁交涉。

略定南疆后，主持新疆军务的左宗棠事事处处立足于收回伊犁这一爱国目标上。为了杜绝沙俄借口边境不宁，拒绝交还伊犁，他命令新疆边防驻军勤发哨探，务必做到声势联络，"示形作势"，切实备战；放手痛剿敢于窜扰边境的伯克胡里和白彦虎等部残匪。痛剿这些余孽的军事胜利，既向沙俄显示了军事实力，又杜绝了沙俄拒绝交还伊犁的借口，并且消除了边境不安的因素。

左宗棠在收回伊犁的问题上，立足于打，准备以武力收回伊犁，是建筑在他对敌我双方战略形势的客观分析基础上的。在中国，收回伊犁，是恢复国土，师出有名。西征军是百战精锐，老于战阵。扫除南疆阿古柏匪帮、白彦虎等的反动势力后，中国军队立足已稳。在沙俄，则征服中亚三汗国布哈拉、基发、浩罕不久，三国人民不服，抗俄复国的活动时伏时起，沙俄的后方隐患方长。一八七七年到一八七八年的俄土战争结束不久，沙俄元气损伤。沙俄与英国等国的矛盾，并没有因俄土战争的结束而缓和下来，相反的愈加恶化。沙俄内部的革命力量日益增长，危机潜伏。所以左宗棠说：俄国对内赋敛重重，诛求无度，"内乱方兴，仍勤远略"，是必败之道。他的这种估计，基本是正确的。当然，他坚持收回伊犁，首先是从伊犁是中国的故土，以及伊犁在整个新疆的战略重要地位上着眼的。

值得注意的是，自从七十年代初，帝国主义列强加紧侵略中国的边疆地区以后，左宗棠一贯驳斥李鸿章的妥协外交，宣扬了爱国思想。特别是在"塞防"与"海防"之争中，左宗棠不仅从爱国理论上驳倒了李鸿章，并且以自己的军事实践，收回了南疆等广大地区，生动有力地说明：只有进行反侵略斗争，才能保卫祖国领土的完整。这就进一步提高了士大夫们的爱国意识。中俄伊犁交涉中，中华民族同沙俄帝国主义之间的民族矛盾不断激化，又促使封建统治集团中分化出更多的爱国派来，所以，在中俄伊犁交涉中出现了爱国力量的空前集结，爱国人士对崇厚、李鸿章口诛笔伐，使他们变成过街老鼠似的人人喊打的卖国贼，其影响是重大而深远的。如果没有这种爱国力量的斗争，而是按照李鸿章的妥协外交方针去办理中俄伊犁交涉，真不知将落到何等可耻的结局！

斯大林说："在各个国家的历史上，在各国军队的历史上往往有这样的情形：虽然有成功和胜利的一切可能性，因为领导者没有看见这些可能性，不善于利用这些可能性，这些可能性没有发生作用，于是军队也就失败了。"[①]西征军统帅左宗棠凭他的军事经验和对敌我战略形势的分析，出于强烈的爱国思想，铁定了武力收回伊犁的决心，看出了武力收回伊犁的可能性，积极备战，准备抗俄，终于使沙俄知所戒惧，交还了伊犁地区，吐出了特克斯河流域的广大土地。

---

① 斯大林：《论经济工作人员的任务》，载《斯大林全集》（十三卷），第31页。

一、中俄伊犁交涉过程中的反卖国、反侵略斗争，爱国力量的空前集结

左宗棠自始主张收复伊犁。一八七一年七月，沙俄侵占伊犁后，总理各国事务衙门函咨左宗棠说，已派伊犁将军荣全与俄国就近谈判收回。左宗棠复书说：俄占伊犁，又称"代为收复"，不免"以索兵费为要挟之计，如所欲无多，彼此明定地界……自可权宜允许。……若志在久踞，多索兵费，故意与我为难，此时曲意允许，后难践诺，彼翻得有所借口，以启兵端。纵此时收复伊犁，仍虑非复我有也"。①他认为俄国军队使用洋枪大炮，比较强大，现在新疆乱麻一团，又无劲兵健将，收复伊犁为时尚早。但他已在暗中积极为收复伊犁作准备。同年秋，他写信给刘锦棠说：俄占伊犁，"不怀好意"。"俄人侵占黑龙江北地，形势日迫，兹复窥吾西陲，蓄谋既久，发机又速"，亟宜及早准备，希从速募兵九千前来。"俄人战事与英、法略同，非不可制者。"现在俄国驻兵伊犁，去其国界一千余里，若再深入新疆，"如遇能战之军，未有能善其归者"。我决心与"此虏周旋"到底。②

一八七三年春，总理各国事务衙门将荣全与俄方谈判失败的详细情形咨照左宗棠，在复函中他慷慨陈词："俄国欲久占伊犁，已情见乎词"。"自古盛衰强弱之分，在理而亦在势"，俄"既狡焉思启，必将不夺不餍，恐非笔舌所能争也"。欲杜绝俄国的侵略，必先收复乌鲁木齐，"然后明示以伊犁我之疆索，尺寸不可让人"。如果俄国首先挑起战争，"主客劳逸之势攸分，我固立于不败之地。俄国虽大兵强……如果整齐队

---

① 左宗棠：《上总理各国事务衙门》，载《左文襄公全集·书牍》（卷十一），第45—46页。

② 左宗棠：《与刘毅斋》，载《左文襄公全集·书牍》（卷十一），第47—48页。

伍，严明纪律，精求枪炮，统以能将，岂必不能转弱为强，制此劳师远袭之寇乎"！当前的问题在于精选出关之将，不在先索伊犁，而在急取乌鲁木齐。①

一八七六年下半年，西征军收复乌鲁木齐、玛纳斯后，左宗棠对伊犁念念不忘，写信给陕甘军务帮办刘典说：俄国原有我军打开乌鲁木齐、玛纳斯后，即将伊犁交还的诺言，现在二城已克，俄国默不作声。就局势而论，宜集中兵力收复南疆，再议收复伊犁，"一则此时兵力难分，一则兵力不及，先与议交还，反受其累，且俄人必多要挟也"。②他指示前敌统将刘锦棠说：俄人并未议及交还伊犁之事，其欲久占之心，昭然若揭，"则我之急规南八城，缓置伊犁，乃一定之局"。③一八七七年俄土战争爆发，伊犁将军金顺企图"乘间抵隙"，乘伊犁俄国防军空虚，袭取伊犁。左宗棠制止了金顺的行动。以上说明左宗棠在收复伊犁问题上始终主张寸土不让，即使打仗也在所不惜，也未尝无战胜敌军的把握。但是，他认为应在收复南疆后，立足既稳，再来解决伊犁问题，可收事半功倍之效。

一八七七年十二月，西征军光复喀什噶尔，伯克胡里、白彦虎窜入俄国境内，得到俄国的庇护。左宗棠认为罪大恶极的罪魁必须惩办，他上书总理各国事务衙门要求与俄国交涉，应把"交还伊犁和送出白逆两事并为一谈"。④他提醒总理各国事务衙门说："与外人交涉，当强者不可示弱"。他预计在索还白逆和收回伊犁问题上的纠葛甚多，又风闻俄国增兵边防，指示刘锦棠说："俄人蓄怀叵测，与泰西各国不同，而其惟利是

---

① 左宗棠：《上总理各国事务衙门》，载《左文襄公全集·书牍》（卷十三），第2—3页。
② 左宗棠：《答刘克庵》，载《左文襄公全集·书牍》（卷十七），第11页。
③ 左宗棠：《答刘毅斋》，载《左文襄公全集·书牍》（卷十八），第11页。
④ 左宗棠：《上总理各国事务衙门》，载《左文襄公全集·书牍》（卷二十），第38页。

图,不夺不屑,却不肯轻露痕迹,必欲人堕彼圈套,尤觉难耐。"就现在情况看,俄国企图并吞伊犁,但"任彼如何摆布,我总暗作准备,佯为不知"。驻兵处所,防守要严密谨慎,"静以待动"。乌什、喀什噶尔、阿克苏等地驻军要勤发哨探,与金顺在精河一带的部队应互通声气,"彼示形作势,以张虚声,我示形作势,兼务实事,看他如何动作再说不迟。疆场之事,一彼一此,原不可稍存成见,致滞戎机"。但不可"轻启衅端……曹孟德意思安闲,如不欲战,而每战辄利,于今为宜"。①这是说收回伊犁,将先通过外交途径解决,如果不能达到目的,就用军事手段来收复失地。中俄之间围绕着收复伊犁问题的斗争,一天比一天紧张起来了。

一八七八年六月二十二日,清政府派崇厚为全权大臣便宜行事,赴俄办理收回伊犁及中俄新约事宜。崇厚(1826—1893),字地山,完颜氏,镶黄旗人,举人出身,曾任三口通商大臣,在办理天津教案时,他是代表清政府赴法"谢罪",回国后任吏部侍郎。在崇厚赴俄之前,有识之士对清政府给予这个满洲贵族、纨绔子弟以全权大臣的头衔和权力很不放心,上奏说:传闻崇厚决定由南洋取道地中海、黑海前往俄都彼得堡,令人不解。他此行的主要任务是"修约、定界",而其关键是在收回伊犁,那就应该身历西陲,"体察形势",知己知彼,才能于双方的辩论中言之中的。现在他决定从海道前往俄都,不知边塞的实情,不了解左宗棠的成算,哪能办到胸有成竹?这样前往谈判,难免"一味迁就",模棱其辞,"不必许而许之,则贻害,不必缓而故缓之,则失机"。应令崇厚取道新疆前往俄国,与左宗棠"定议而后行,庶胆识坚定,不致受绐而召悔",更不宜给予崇厚全权大臣便宜行事的头衔和权力,应责令崇厚到俄后,遇有重大决定,"驰奏候旨",否则贸然从事,"一诺之后,便成

---

① 左宗棠:《与张朗斋》、《与刘毅斋》,载《左文襄公全集·书牍》(卷二十),第41—42页。

铁铸"，追悔何及！①崇厚官大架子大，自恃朝廷宠信，更不愿涉足艰苦的西北，只顾个人的舒适，不顾国家的利益，依旧从海道前往俄国。谈判时，沙俄政府对崇厚软硬兼施，十月二日，在克里米亚半岛上的里瓦机亚签订了丧权辱国的《里瓦机亚条约》，共十八款，其主要内容是：

（一）俄国交还伊犁，中国偿还俄国"代收""代守"伊犁各费五百万卢布（合白银二百八十万两）。

（二）霍尔果斯河以西和伊犁山南的特克斯流域大片中国领土割归俄国。

（三）塔城附近边界尚待修改。

（四）准许俄国在乌里雅苏台、科布多、哈密、嘉峪关、吐鲁番、乌鲁木齐、古城等处添设领事。

（五）增辟俄商运俄货经嘉峪关、张家口赴天津，经汉口、汉中、西安运中国土货回俄国的通商线路等。

（六）许俄商在天山南北路、蒙古贸易免税。

（七）俄人在伊犁置有财产，准其照旧管业。伊犁民人入籍俄国，准照俄人看待。②

条约订立后，崇厚将条约内容电达总理各国事务衙门，因事关重大，总理衙门奏请命令左宗棠、李鸿章、沈葆桢等酌议复奏，命左宗棠统筹全局。

一八七九年前后，李鸿章为了扩大其派阀势力，正在继续筹建北洋海军，他所想的，仍是西征军及时停兵撤饷，移西饷以"裕海防经费"。如前所说，为了这个卑鄙目的，在"塞防"与"海防"之争中，他恬不知耻地提出放弃新疆。在这次中俄伊犁交涉中，存在着中俄对抗的危

---

① 王彦威：《侍讲张佩纶奏请勿给崇厚全权及便宜行事字样折》，载《清季外交史料》（卷十四），第8—9页。
② 王彦威：《总署奏准使俄崇厚电称已与俄立约签押折》，载《清季外交史料》（卷十六），第25—26页。

险，使他更加害怕。因此，他重弹其卖国老调，提出放弃伊犁。一八七九年十一月十五日，他复奏说：

（一）"收回伊犁，尚不如不收回之为愈。"

（二）崇厚是出使全权大臣，有便宜行事之权，既经立约，"若先允后翻，其曲在我"。

（三）如果推翻崇厚所订条约，"侮必自招"，难免发生战争。中俄接壤万里，"实属防不胜防"，一旦开衅，恐怕俄方的要求，有"照现议而不可得者"。

（四）关于商务方面的条款，中俄旧约原许俄国在蒙古贸易，现在埠头扩充虽多，只须当事者督同地方官妥议章程，由总理衙门核定划一，暂为试办，以便筹商经久之道。①

总之，崇约不能"翻悔"，"收回伊犁，尚不如不收回之为愈"。

左宗棠知道崇厚所订卖国条约的内容后，怒气冲霄汉，上奏逐条驳复，其要点是：

伊犁虽然收回，但俄国又割去我霍尔果斯河以西和伊犁以南的特克斯河流域的大片土地，居心险恶。自从俄国出兵侵占伊犁后，"将大城西北三城庐舍堕为平地，其迤东清水河、塔尔奇、绥定三城均毁弃以居汉、回"，而取各城堡木料于大城东九十里的金顶寺营造市廛几二十里，具见"久假不归，布置已有成局"。我国名为收复伊犁，而霍尔果斯河以西、特克斯河流域的大片膏腴之地为俄国占有，伊犁驻军的军食何出？此其一。

伊犁与阿克苏遥遥相对，自伊犁南渡伊犁河，逾索果尔达巴哈，过特克斯河六百五十余里，再跨越冰岭而至阿克苏，共一千二百二十里，其中有间道可通。此次割去特克斯河之地，其目的在于侵占伊犁以南至

---

① 王彦威，《直督李鸿章奏遵议交收伊犁补救崇厚订约失败事宜折》，载《清季外交史料》（卷十七），第16—19页。

阿克苏以北之地，切断阿克苏与伊犁的通道即南、北疆西部的通路，兼裹哈萨克、布鲁特各部，使他们归属俄国。这样，喀喇沙尔、赛立木、阿克苏之北境，将均与俄境相毗连，在我就防不胜防了。"今一矢未闻加遗，乃遽捐弃要地，餍其所欲，譬犹投犬以骨，骨尽而噬仍不止。目前之患既然，异日之忧何亟！此可叹息痛恨矣。"①此其二。

伊犁之北塔城中俄边界又须修改，将被侵蚀，俄部环居伊犁三面，官军接收，"堕其度内"，伊犁已无可守之势。此其三。

伊犁民人入籍俄国者，准照俄人看待，其目的是利用这条规定，诱胁伊犁民人归俄，而以伊犁空城还我。俄人既得在伊犁照旧管业，伊犁民人又被胁迫加入俄籍，是伊犁虽还，中外杂处，我将何以自守？此其四。

条约准允俄国增设通商埠头、领事，增辟南北通商路线，俄国明明知道这两条通商路线遥遥万里，无利可图，然而他们一定要这么办，"盖欲借通商便其深入内地，纵横自恣"，"化中为俄"，使我无从禁止。这方面的条款，岂可允许？此其五。

左宗棠说：自从同治三年（1864）中俄划界之后，中国边民被俄国胁诱者不知凡几，"肆其凭陵"。俄国在并吞中亚三汗国后，与新疆接界。阿古柏因其故国沦亡，久踞南疆，等到我国收复南疆，伯克胡里、白彦虎等率其残部逃窜俄境，受其包庇，是"俄乃认安集延为其所属，欲借为侵占回疆腴地之根"。现在俄国又名为交还伊犁，却割我伊犁西境、南境之地，联系包庇伯克胡里等事考察，其阴谋甚深。俄人对我西部边疆的野心如彼，这个国家又是最狡猾、最不讲信义的，如它侵占我伊犁之初，表示俟我收复乌鲁木齐、玛纳斯二城，当即交还伊犁，但官军收复该二城后，俄军占据伊犁如故，官军光复南疆，俄方仍不交还，

---

① 左宗棠：《上总理各国事务衙门》，载《左文襄公全集·书牍》（卷二十三），第60页。

"稳居如故",并且反而唆使纵放白彦虎、伯克胡里所部残匪窜扰边境。其欲侵吞新疆,是显而易见的。处于这种情况,怎可将霍尔果斯河以西之地、特克斯河流域之地割给俄国!邦交之道,"论理而亦论势"。划定疆界,彼此遵守,这是理。至于争城夺池,"不以玉帛而兴干戈,彼此强弱之分,则在势不在理。"所谓势,"非仅直为壮,典为老也"。从俄国的既往种种考察,如不急起力争,"新疆全境将有日蹙百里之势"。甘肃、陕西、山西、河北边防,也将因之危急,那时再议筹边,"正恐劳费不可惮言,大局已难复按也"。

最后,左宗棠提出了反对俄国侵吞伊犁的方针:"就时势次第而言,先折之以议论,委婉而用机;次决之以战阵,坚忍而求胜"。即是先通过外交途径的谈判来解决问题,解决不了,应不畏强暴,与俄国兵刃相见,以战争的手段来收回伊犁。他明确表态说:我虽"衰庸无似,敢不勉旃"。现在我已调兵遣将,部署中俄边境防务,明春准备出屯哈密,亲自指挥抗俄战争。只要军饷应手,内外一心,胜利是有把握的。[①]一八七〇年,曾国藩接到要他去处理天津教案的命令时,他怕得罪法国,惹起杀身之祸,吓得浑身发抖,立遗嘱,写家信,叮嘱他儿子曾纪泽说:我即日前往天津,查办殴毙洋人、焚毁教堂一案,"外国性情凶悍,津民习气浮嚣,俱难和叶。将来构难兴兵,恐致激成大变,余此行反复筹思,殊无良策……恐邂逅及难,而尔等诸事无所禀承,兹略示一二"。[②]左宗棠对外国侵略者的态度与曾国藩恰巧相反,第一不怕,第二准备挥戈上阵,肩负起保卫祖国领土的反帝爱国事业,确是"烈士暮年,壮心未已"。

总理各国事务衙门将李鸿章的奏折钞咨左宗棠,请他提出自己的意见。左宗棠上奏说:我的意见已经奏明,请在崇厚复命之日,将所订各

[①] 王彦威:《甘督左宗棠奏遵议伊犁交涉应付事宜折》,载《清季外交史料》(卷十八),1932年版,第2—7页。

[②] 曾国藩:《致纪泽、纪鸿》,载《曾文正公六种·家训》(第六册),第88页。

款交军机大臣：总理衙门、六部九卿、将军督抚会议，俾得各抒所见。①他的巧妙措词，迫使清政府将崇约各款交给六部九卿等议复，无异在六部九卿等中撒下一把爱国火种。果然，清政府中掀起了一股爱国浪潮，爱国力量集结起来了，那些较有爱国思想和正义感的非当权派纷纷上奏参劾崇厚卖国。翰林院侍读学士黄体芳参奏崇厚"专擅误国"，应"敕下廷臣会议，重治其罪"。②司经局洗马张之洞奏劾崇厚说：更改崇约，"未必有事"，不改崇约，"不可为国"。改议之道有四：一曰计决，二曰气盛，三曰理长，四曰谋定。"立诛崇厚则计决"。将"俄国不公不平"之条约交与"臣民公议"，"明示中外则气盛"。崇厚虽已画约，朝廷尚未批准，据理驳斥则"理长"。命令左宗棠、李鸿章备战，明告"计无中变"，战胜有功，战败有罪。急修武备则"谋定"。③伊犁将军金顺、四川总督丁宝桢、修撰王仁堪、太仆寺少卿钟佩贤、尚书万青黎、侍郎尚叙、钱宝廉、司业周德润、少詹事宝廷、中允张楷、给事中盛昱、郭仁矩、余上华、吴镇、吴聘之、御史孔宪谷、叶荫防、黄元善、田翰墀、邓炳麟、邓承修、员外郎张华奎、赞善高万鹏、侍读乌拉布、王先谦、编修于荫霖、肃亲王隆懃、检讨周冠等"先后奏陈，大多主战"，痛斥崇厚误国。④

在一派申讨投降派的声浪中，左宗棠一再上书总理各国事务衙门，指陈崇约失权的严重，针对李鸿章"先允后翻，其曲在我"的论点，加以辩正说："谕旨颇以先允后翻，曲仍在我为疑"。但崇厚虽以全权出

---

① 王彦威：《甘督左宗棠奏议李鸿章对俄交涉意见折》，载《清季外交史料》（卷十八），第8—9页。

② 王彦威：《翰林院侍读学士黄体芳奏崇厚专擅误国请议罪折》，载《清季外交史料》（卷十八），第9—10页。

③ 王彦威：《司经局洗马张之洞奏要盟不可曲从宜早筹御侮折》，载《清季外交史料》（卷十八），第18—21页。

④ 罗悼融：《中俄伊犁交涉始末》，载左舜生：《中国近百年史资料》（上册），中华书局1926年版，第289页。

使,而所议约章均须等候御笔批准,"是先无所谓允也"。他又进一步争取奕䜣说:我虽年老力衰,惟"时局如此,断不稍萌退志",誓与"西事相终始"。"邦交之道,论理而亦论势,势之所在,即理亦因之而长,无理亦说成有理。势所不存,则仰面承人,不能自为轻轩,有理亦说成无理。古今成败之迹,大抵皆然。"如俄国一意横行,挑起战争,我当檄南路之兵,分道急进,直取伊犁,兼索白逆,"均有把握"。①左宗棠实力备战,准备抗俄,是对爱国力量的最大支持。爱国派批判崇厚之流卖国的奏章,如万箭齐发,射向妥协派。围绕着收复伊犁的爱国与卖国的斗争,壁垒分明,唇枪舌剑,愈演愈烈,正气上升。这是第一次鸦片战争以来,清政府中分化出来的爱国力量的第一次集结,其力量远远超过了妥协派,而爱国力量的中流砥柱,则是左宗棠。

李鸿章对爱国力量的兴起与集结,非常害怕,非常恼火,对左宗棠恨入骨髓,到处攻击左宗棠,兜售其谬论。他写信给山东巡抚周恒祺说:中俄交涉,坏事始于张之洞等慷慨陈词,直至今日节节贻误,"仍日进傥论,其源自左相发之"。②他写信给中国驻英法公使曾纪泽说:崇约在伊犁附近分界,"稍吃亏",因特克斯河地割给俄国,"内有通南八城之路亦被阻,此左公期期不可,京朝官群吠力争,英、法人诧异讥笑者也"。其实,"伊犁即久假不归,于大局无甚关碍",左宗棠居然倡言主战,"未免不知彼己,不顾后艰"。现在俄国署理驻华公使阳凯德屡次到总理各国事务衙门指责中国"显欲毁约",并以回国相威胁,将来我只宜"敷衍了事"。他摆出无限关心曾纪泽的样子说:不久你将出使俄国重开谈判,实为天下第一难事,"我公生平磨难险阻,亦以此事为第一难处之

---

① 左宗棠:《答崇峻峰方伯》、《上总理各国事务衙门》,载《左文襄公全集·书牍》(卷二十三),第44页。
② 李鸿章:《复周福陔中丞光绪六年八月二十八日》,载《李文忠公全书·朋僚函稿》(卷十九),第32页。

境，置身家于度外，便能无人不自得"。①曾纪泽还没有出使俄国，他已去信企图把曾拉到自己一边来，阴谋利用曾纪泽的手出卖伊犁。可恶！当时，上海的民间舆论认为：近来边衅迭起，特别是俄人猖獗，虚声恫吓，挟制中朝。当事者推诿苟安，"大局日坏矣"！有人作《愤言》八首，"剀切直陈，无异当头之棒"。诗为：

中兴岁月庆承平，无端北鄙竟悔盟。
从古艰难恢盛业，至今气节作干城。

主忧反是因臣辱，和议偏教与国轻。……
玉关万里一丸封，戡乱三番纪武功。……

紫宸夹辅尊姬旦（谓李爵相），黄耇专征仗召公（谓左侯挂帅时年已七十余）。……

谋国当年说富强，金银亿兆出重洋。
购来利器千钧弩，费尽军资万斛粮。

臣子果能尊国体，外夷何敢弱中华？
参谋更有王钦若，百万无妨岁币加。

欲将忍辱到何时？天道循环亦可知。
如此艰危犹有待，再图振作恐难期。

---

① 李鸿章：《复曾劼刚星使光绪六年三月十九日》，载《李文忠公全书·朋僚函稿》（卷十九），第18—19页。

> 尽东其亩难为国，惟楚有材敢致帅（谓左季高侯帅）。
> ……①

《愤言》是全国人民关注收回伊犁的心声，批判李鸿章投降卖国，搞洋务以自强是徒托空言，实则歌颂左宗棠老当益壮，敢于反抗侵略。公道自在人心，毫发不爽。

在以左宗棠为首的爱国派的督促下，一八八〇年一月二十七日，清政府将崇厚革职，交刑部治罪。二月十二日，命曾纪泽充出使俄国大臣，赴俄重开谈判，挽回失权。二月十九日，照会俄国崇厚违训越权，所订条约作废。三月三日，定崇厚为斩监候。清政府采取以上一连串措施，表明以左宗棠为首的爱国派，战胜了以李鸿章等为首的妥协派。清政府的强硬态度，使李鸿章变成了一只落水狗。但落水狗跳到岸上，浑身一抖，哪怕狗毛上的水有一滴一点溅到人的身上，它也高兴。李鸿章是惯用这样战术的，他在背后骂一声爱国派也感到舒服些。他痛骂左宗棠等说："左帅主战，倡率一般书生腐官，大言高论，不顾国家之安危"，其西路的军事部署，亦不过尔尔，把握何在？将来俄国不必大动干戈，只消命令所属哈萨克、布鲁特、安集延及白彦虎之众入境肆扰，数十万人可一呼而至，"左公即首尾不能自顾"。②李鸿章也反对派曾纪泽前往俄国重开谈判，他说：崇约刚订，"歃血未寒，盟书又弃"，将何以示信于天下！派曾纪泽使俄，并无必要。③毫不夸张地说，李鸿章真是沙俄的好参谋！但"无可奈何花落去"，反侵略的浪潮在继续高涨，窜犯边境的伯克胡里、白彦虎部余匪，被西征军杀得所剩无几，销声匿迹，伊犁地区终将

---

① 邹弢：《愤言》，载《三借庐笔谈》（卷六），第2—3页。
② 李鸿章：《复丁稚璜宫保光绪六年三月初一日》，载《李文忠公全书·朋僚函稿》（卷十九），第14页。
③ 李鸿章：《复张幼樵侍郎光绪六年正月初三日》，载《李文忠公全书·朋僚函稿》（卷十九），第9页。

回到祖国怀抱。

二、痛剿余孽，准备抗俄

在与投降派斗争的同时，西征军统帅左宗棠加强了抗俄军事部署，严令所部痛剿敢于前来窜扰边境的阿古柏余孽和白彦虎部残匪，显示军事威力，为收回伊犁的外交斗争作后盾。

伯克胡里和白彦虎等率领余孽逃入沙俄边界后，沙俄军事当局把他们安置在特穆尔图泊附近的托呼玛克，发给逆目每日白银五分，其余每口每日二分。特穆尔图泊在伊犁西南鄂尔果珠勒卡伦外四百余里，而金顺驻军的库尔喀喇乌苏距伊犁八百余里，[①]从托呼玛克到中国新疆边境不算遥远，俄方易于利用这些残匪窜犯边境，一则试探中国边防部队的实力，再则可以借口边境不宁，拒绝交还伊犁。左宗棠对俄国阴谋洞若观火，命令刘锦棠、张曜、金顺等全面戒备，枕戈待旦，严加防范，痛剿敢于来犯之敌。

一八七八年九月，白彦虎部余孽孙义合、金山等向俄官领到路票后，分股窜犯新疆西境的乌什城西百余里的雪巴吐；另股残匪袭击阿克苏西南五百余里的柯尔品；第三股残匪窜犯阿克苏西北的东四站雅哈库图克台与色底克台。戕害我官吏，屠杀我民人，刘锦棠命令谭慎典、杨金龙等率领骑兵分路兜剿，穷追痛歼。九十月间，先后阵斩、生擒金山以下数百名，夺得战马二百余匹。残匪不逞于南疆，遂窜犯北疆精河一带，中途被张曜所部截杀，大部就歼，孙义合被击毙。[②]

[①] 左宗棠：《探知白逆经俄官安置托呼玛克地方折光绪四年四月十四日》，载《左文襄公全集·奏稿》（卷五十二），第83—85页。

[②] 左宗棠：《陕回逃匪俄境分道寇边截剿净尽折光绪四年十一月初三日》，载《左文襄公全集·奏稿》（卷五十三），第43—46页。

一八七八年十一月，阿古柏余孽阿里达什"由俄官处告假"，带同阿布都勒哈玛哲，拥立拉什罕为条勒，率余孽胖色提五名，玉子巴什及贼党等向喀什噶尔边境窜来，"假所立条勒名号为词，谓汉人非其族类，现闻喀什噶尔官军内调，正可乘虚袭取。条勒所到之处，可免上粮纳税"，沿途裹胁布鲁特人数百。刘锦棠亲督谭慎典、方友升、何名贵率步、骑、炮队以及布鲁特总管五品蓝翎以尚胡理等，直趋乌帕尔。十一月十日，追及逆匪，敌骑排列迎拒，洋枪、叉子枪子弹如雨。官兵骑兵首先奔驰冲锋，步兵跟进，阵斩三百余名，生俘三十余名，残匪返奔，窜伏山谷。以尚胡里率布鲁特马队入山搜剿，另路布鲁特骑队前来会剿。十一月下旬，阿里达什率残部逃窜，经过奈曼，奈曼回民早已埋伏山谷，贼到伏兵齐起，逆匪"歼灭毙尽"，伏兵当场击毙阿里达什，搜获随带玉印一颗。匪首阿里达什是阿古柏的重要骨干，曾据守喀什噶尔顽抗，这次被歼，可算是天网恢恢，疏而不漏了。①

阿里达什部余孽阿布都拉哈马父子从奈曼逃脱残生后，贼心不死，纠合叛国逆贼张格尔的胞弟玉素普的孙儿爱克木汗条勒、阿希木汗条勒、艾买提和卓等，打出为阿古柏复仇的旗号，伪称新疆南路沿边一带有众数万，皆愿为阿古柏复仇，夺回南疆各城易如反掌。阿布都哈玛父子等率胖色提二十余人，玉子巴什百余名，安集延众八百余名，又胁迫布鲁特人入伙，违者格杀不论，共纠众千余，进至距喀什噶尔百余里的明约路。刘锦棠派田九福率兵扼守边界。贼众转窜博斯塘特勒克，蛰伏不动。刘锦棠定下伏兵山谷、四面围剿的策略。派布鲁特人混入匪伙，"佯言官军无多"，怂恿出犯，但滑贼依旧蛰伏。一八七九年二月上旬，刘锦棠亲率步骑二千，断敌后路，直捣敌巢博斯塘特勒克。出贼不意，大军猝至，匪众夺路狂奔，西征军穷追余匪，在乌帕尔等地又先后大量

---

① 左宗棠：《安集延逆目纠众谋逆剿捕藏事折光绪四年十二月二十一日》，载《左文襄公全集·奏稿》（卷五十三），第69—71页。

歼灭匪众，仅在博斯塘特勒克附近的战斗中，就击毙贼首阿希木汗条勒等三名，擒斩胖色提十七名，玉子巴色六十余名，安集延贼众七百余名，缴获枪炮军械、马匹驼只无数。①

一八七九年八月，阿古柏余孽爱克木汗条勒、阿布都勒哈玛率领残匪至距喀什噶尔七百余里的乌鲁克恰提嗣渡河，企图窜犯喀什噶尔。刘锦棠派步骑兵沿边筑垒严防。九月，逆匪包围色勒库尔城，城中维吾尔族民众协助驻军抗击。匪众听说大军将到，望风逃窜，董福祥、夏辛酉、张俊等率队日夜穷追不舍，至木吉地方，贼匪反扑，大败，官军继续蹑踪追击，自九月二十日追击至二十四日，直至俄国边界，先后斩杀贼匪二千数百名，夺获马匹、牛、羊数千只，生擒悍贼六十三名，内有胖色提一名，玉子巴什十五名。西征军四昼夜驰驱八百里，历尽深山绝谷，给予窜匪以毁灭性打击。②

自从伯克胡里、白彦虎部残匪逃入俄境后，左宗棠预计到俄国将"纵凶出柙"，扰乱边境。所以，他不止一次上书总理各国事务衙门，要求对俄国强硬交涉，严索叛匪，他自己也致书沙俄土耳其斯坦督高福曼，要求交还叛匪白彦虎等。但俄方一味推托延宕。后来残匪窜犯边境，俄方推说逃避俄境的残匪并未外出，窜匪"并非俄国所属之人"，尽可"照中国之例查办"。③因此，左宗棠命令刘锦棠等"严密堵剿，放手痛办"。经过上述几次追剿，残匪已不足为患。这些军事斗争的胜利，杜绝了沙俄利用边境不宁，拒绝交还伊犁的借口；显示了中国边防部队的威力，使俄军有所震慑，不敢轻举妄动；也有力地支持了曾纪泽收回伊

---

① 左宗棠：《逆酋窥边官军防剿情形折光绪五年九月初三日》、《贼酋纠众犯边进剿大胜恳奖恤出力阵亡各员弁折光绪五年十月初一日》，载《左文襄公全集·奏稿》（卷五十五），第11—13页、16—22页。

② 左宗棠：《贼逆纠众犯边进剿大胜恳奖恤出力阵亡各员弁折光绪五年十月初一日》，载《左文襄公全集·奏稿》（卷五十五），第11—13页。

③ 左宗棠：《答金和甫》，载《左文襄公全集·书牍》（卷二十一），第21—22页。

犁的外交斗争。

以左宗棠为首的爱国力量的集结，使正气上升，邪气下降，一八八〇年三月一日，清政府命左宗棠及南、北洋大臣沈葆桢、李鸿章筹办防务。左宗棠以收回伊犁为目标，进行了抗俄军事部署，准备打仗：

东路。以重兵扼守精河一带，由伊犁将军金顺主持共事。

中路。此路由阿克苏、冰岭之东，沿特克斯河径趋伊犁。由张曜主持其事。

西路。此路取道乌什，由冰岭之西，经布鲁特游牧地七站抵伊犁，计程一千二百五十里，由刘锦棠负责。

三路兵力厚薄不同，东路军队战斗力比较薄弱，左宗棠命乌鲁木齐提督金运昌拨出所部骑兵五百，步兵一千五百名，归金顺指挥调度。此路主守，应"扼守要隘，遏其纷窜，不必以深入为功"。中路张曜所部原驻阿克苏，所部步兵四千五百名，骑兵五百余名，另行增募皖北步兵千名，挑选旧土尔扈特马队数百，另外，左宗棠又拨给精锐步兵四营，骑兵一营，总兵力至八千开外。此路主要任务在于攻取伊犁。左宗棠另以易开俊率部填防张曜后路。西路刘锦棠部兵力十五营，其中骑兵一千五百名，分布于喀什噶尔以西边境。这一路主攻，应由乌什取道冰岭之西，径指伊犁。如此路因道路险峻，进兵伊犁有困难，则出屯喀什噶尔外卡，佯作进攻俄境的态势，使俄军"时勤狼顾"。塔尔巴哈台方面，参赞大臣锡纶所部兵力不足，以徐学功、孔才等部民团前往增援。昌吉、绥来一带由金运昌部填防。金运昌因拨出步骑兵增强金顺的兵力，兵势削弱，以古城、奇台、阜康驻军移驻乌鲁木齐，归金运昌指挥，其奇台等城防务，由左宗棠另外拨兵驻守。[①]左宗棠积极备战，准备打仗，已经摆出了盘马弯弓的架势。

[①] 左宗棠：《复陈布置情形折光绪六年二月十三日》，载《左文襄公全集·奏稿》（卷五十六），第6—10页。

一八七八年一月，西征军收复西四城时，左宗棠写信给刘典说："孱躯日就衰惫，近更不思饮食，夜间半坐半眠，难得好睡。西事速了，能归正首邱，至幸矣。"①当崇厚卖国影响到伊犁的存亡，关系到边防的安危、祖国的荣辱时，左宗棠以六十九岁的高龄，拍案而起，振奋精神，于一八八〇年六月初离开肃州，扶病踏上前往哈密的征途。他说：此行"壮士长歌，不复以出塞为苦，老怀益壮"。②出发时，命令弁兵"舁櫬以行"，③表示出此行誓死抗击俄国侵略，不成功即成仁的爱国决心。军心悲壮，中外警动。主将铁的决心，是猎取战争胜利的首要条件。

三、曾纪泽使俄重开谈判，伊犁地区回到祖国怀抱

在爱国派一致主张对俄强硬交涉，准备抗击沙俄侵略的压力下，清政府接受了左宗棠提出的"先之以议论，委婉而用机，次决之以战阵，坚忍而求胜"的建议，一八八〇年二月，任命驻英法公使曾纪泽为出使俄国钦差大臣，赴俄重开谈判，挽回失权。

曾纪泽，字劼刚，曾国藩长子，长期学习英语，有所专长。一八七八年八月，奉命为驻英法公使。曾纪泽出使英、法前，东太后、西太后召见于养心殿，西太后和他的一段对话，反映了清政府对外妥协投降的丑恶嘴脸。

问：走天津不走？
对：须从天津经过，且须耽搁十来日，与李鸿章商量诸事。
旨：李鸿章熟悉洋务，你可与他将诸事细细讨论。

---

① 左宗棠：《答刘克庵》，载《左文襄公全集·书牍》（卷十九），第73页。
② 左宗棠：《答赵玉班》，载《左文襄公全集·书牍》（卷二十四），第17页。
③ 《戡定西域记》，载左舜生：《中国近百年史资料》（上册），第263页。

对：是。……

旨：办洋务甚不容易，闻福建又有焚毁教堂房屋之案，将来必又淘气。

对：办洋务难处，在外国人不讲理，中国人不明事势。中国臣民常恨洋人不消说了，但须徐图自强，乃能为济，断非毁一教堂、杀一洋人便算报仇雪耻。现在中国人多不明此理，所以有云南马嘉理一事，致太后、皇上宵旰勤劳。……

旨：这些人明白这理的少，办这等事，将来这些人必有骂你的时候，你却要任劳任怨。

对：臣从前读书，到事君能致其身一语，以为人臣忠则尽命，是到了极处。观近来时势，见得中外交涉事件，有时须看得性命尚在第二层，竟须拼得声名看得不要紧，方能替国家保全大局。即如前天津一案，臣的父亲先臣曾国藩在保定动身，正是卧病之时，即写了遗嘱，分付家里人安排，将性命不要了。及至到了天津，又见事务重大，非一死所能了事。于是委曲求全，以保和局。其时，京城士大夫骂者颇多，臣父亲引咎自责，寄朋友的信，常写"外惭清议，内疚神明"八字，正是拼却声名，以顾大局。其实当时，合曾国藩之所办，更无办法。

旨：也是国家气运不好，曾国藩就去世了。现在各处大吏，总是瞻徇的多。①

这段对话，说明曾纪泽受投降派曾国藩、李鸿章等影响极深，西太后也希望他走投降派的道路，"保全大局"，即使挨骂，也要"任劳任怨"。所以，曾纪泽在接到清政府派他为出使俄国钦差大臣的命令后，内心充满着矛盾、恐惧。经过反复思考，他既不赞同李鸿章抛弃伊犁的卖国观

---

① 曾纪泽：《曾惠敏公全集·使西日记》（卷一），第3页。

点，也不赞成左宗棠所提出的外交谈判不能解决问题，便"决之以战阵"的主张，他上奏时提出了自己的看法。他说：俄国坚甲利兵，难以对付，一旦开仗，俄国"所以扰我者，固在东而不在西，在海而不在陆"，防不胜防。这一论点，无疑的，贬低了左宗棠进驻哈密，准备打仗的作用。但他又认为伊犁是边陲重镇，不容丧失。此行到俄谈判，不外分界、通商、偿款三大端。偿款事小，通商条款将来可以更改，唯有分界问题最关重要，一经划定疆界，即成"永定之局"，故应"持以定力，百折不回"。①

自从侵占伊犁以来，沙俄着意经营，想赖着不走，把伊犁占为己有，其原因是多方面的。

侵占伊犁时，科尔柏科夫斯基曾经狂妄宣称永久占据伊犁。如果将伊犁地区全部交还中国，那么，被征服不久的中亚三汗国的人民等，都将认为俄国不敢同中国开仗。为了维护其在中亚的殖民统治，俄国不愿全部归还伊犁地区。

伊犁地区人口较密，物产丰富，是俄国在中亚地区财政收入最富裕的地区之一。从经济利益上考虑，俄国也不愿将伊犁地区全部归还中国。

特克斯河流域在中国手中，新疆西部南、北疆联成一气，攻守两利。反之，特克斯河流域在俄国手中，俄国侵略新疆，居于战略优势。从战略形势上考虑，俄国也不愿全部归还伊犁地区，特别是不愿交还"口中食"特克斯河流域。俄国一家报纸曾毫不掩饰地说：归还伊犁地区，"是一种政治自杀行为"，这不仅将中国的威信提高到前所未有的地步，还将使中国获得一个重要军事据点而"破坏我们在东亚的地位"。②

沙俄虽然想永久占据伊犁地区，但又有不得不还之势。

俄军侵占伊犁之初，曾向清政府声明，等到中国军队收复乌鲁木齐

---

① 曾纪泽：《敬陈管见疏庚辰四月十九日》，载《曾惠敏公全集·奏疏》（卷二），第1—3页。

② 包罗杰著，商务印书馆翻译组译：《阿古柏伯克传》，第226、235页。

和玛纳斯后，即将伊犁归还中国。现在，中国军队不仅收复了乌鲁木齐、玛纳斯，连南疆也全部收复了，怎能赖账！于是，在订立《里瓦机亚条约》时，俄方代表耍尽诡计，挖去了伊犁地区霍尔果斯河以西和特克斯河流域，使中国有收回伊犁之名，而无收回伊犁之实。曾纪泽准备在谈判时重点提出收回特克斯河流域，从虎口夺食，基本上击中了沙俄的侵略阴谋。伊犁地区属于中国，世所共知，中国理长，沙俄理短。此其一。

沙俄的将军们不能不考虑到伟大的中华民族各族人民是爱国的，有着反侵略的光荣传统，很难对付。他们不会忘记侵占伊犁后，在偷袭乌鲁木齐的途中遭到中国边民的伏击，被打得人仰马翻。一旦与中国开仗，在西征军与边民的打击下，他们胜利的希望极为渺小，前景不妙。此其二。

西征军的战斗力怎样，高福曼和科尔柏科夫斯基是很清楚的。从前，沙俄军官认为用洋枪洋炮武装起来的阿古柏匪帮是难以制服的，西征军在南疆却追奔逐北，犁庭扫穴，全歼了阿古柏匪帮。他们放纵的白彦虎、阿里达什等股匪窜扰新疆边境，也受到了西征军和中国边民的毁灭性打击。更何况左宗棠是一个谋略优长，善于用兵，抗俄意志弥坚的爱国将领，正在积极备战，亲自进驻哈密，准备打仗。面对这些事实，沙俄不能不有清醒的估计而知所戒惧。此其三。

俄土战争结束不久，沙俄元气未复，与英国在中亚的殖民竞争，依然激烈，兵力受到牵制。如果同中国开仗，不仅兵力不足，并且运输线太长。此其四。

以上诸种因素，特别是第二、第三种因素，迫使沙俄在谈判桌上，不得不对曾纪泽有所让步。

虽然国内的抗俄爱国浪潮奔腾前进，使妥协派李鸿章之流完全陷于孤立，但是，李鸿章在暗中仍旧竭力推行其妥协外交，他通过赫德，从印度搬来了当年协助他镇压太平天国革命运动的戈登为其张目。一八八〇年七月二十日，戈登到达天津，翌日访晤李鸿章，他们谈论了中俄和战问题等，戈登完全站在李鸿章一边。为了对清政府施加影响，戈登感到在天津无能为力，决定去北京。《戈登传》载："下面是在这关键时候他写的一封没有公开发表过的信件，反映了他的观点：'我正在去北京的途中。在对俄和战问题上，清政府中有三派——李鸿章派、朝廷派和文官派，前两派主张和平解决，但害怕第三派不敢出口。我曾对李鸿章说，他应联合朝廷派来制服第三派。'"七月二十五日，戈登前往北京，抵达北京后，受到了年幼皇帝的生父醇亲王（Prince Chun）的接待，另有其他的军机大臣参加，"戈登终于向他们阐明自己的观点。他说，如果中俄开战，最重要的是除非答允他这个条件，即摧毁北京的郊区，把皇帝和朝廷迁移到安全的地方去。他们表示大沽要塞非常坚固。戈登大笑说，他们能从大沽的背后攻占要塞。戈登谈话的要旨是'他们无力进行战争'"。[①]很明显，李鸿章企图利用戈登的嘴来钳制爱国派，促使清政府从速对俄乞降。为了坚定清政府的求降意志，一八八〇年八月九日，李鸿章向清政府进呈《戈登赠言》，其中有一条说："中国一日以北京为建都之地，则一日不可与外国开衅，因都城距海口太近，洋兵易于长驱直入，无能阻挡，此为孤注险著。"[②]戈登是一只老狐狸，深知要清政府迁都，无异使清朝覆灭。可见他向清政府提出迁都问题，是对清政府胁和的要着。

当戈登奔走于津京道上，为投降派李鸿章等张目时，六月十五日，左宗棠已从肃州移驻哈密，设司令部于哈密城西的凤凰台，积极部署抗俄军事。他写信给前敌将领刘锦棠等说：俄国当局虽然在我新疆的伊犁等地增强兵力，但是，据探报不过增兵数千，其中夹有叛国逆匪不少，

---

① D. C. Boulger: The Life of Gordon, P. 220-221, printed at The Edinburgh Press.

② 李鸿章：《述戈登回国光绪六年七月初四日》，载《李文忠公全书·译署函稿》（卷十一），第25—26页。

这种军队的战斗力非常薄弱，不堪一击。现在我国政府派曾纪泽出使俄国，谈判重开，怎样定议虽不得而知，然而"俄情叵测，因所欲不遂，恫喝之后，继以决裂，乃意中所有之事"，自应未雨绸缪，预为戒备，以待其变。①他驳斥中俄万里接壤，防不胜防的论点说："万里接壤，是彼此共之。传曰：一与一，谁能惧我。"他上书总理各国事务衙门说："俄国地大民少，兵力不资分布，征敛无艺而黩武不已，内乱方兴，仍勤远略，凡兹数者，实具败征。今不自量力，乃思一逞于我，胜负之机，无待蓍蔡。"我国主战，于理于势均无不宜，曾纪泽在谈判时不能妥协退让。至于外国出面调停，千万不可受骗上当。②

在沙俄，如前所说，兵力不足，运输线太长，不能战，亦不敢挑起战争。沙俄东西伯利亚总督上奏沙皇说，不宜轻易对中国开战。他说，远东舰队力量薄弱，陆军方面非但不能防守边疆，连制止"红胡子"的进犯都对付不了。③于是，沙俄采取外交讹诈与军事讹诈的手段，一方面在彼得堡对曾纪泽软硬兼施，不许他改动崇约；另一方面扬言在中国的东北，西北集结军队，同时出动海军舰队到中国东北海面示威。投降派乘机散布中俄开战，中国必败的反动舆论。左宗棠驳斥说：俄国兵舰二十余只开来辽东海面，"亦不过虚声胁和之计，乌有正议用兵，先将数千里外攻战阴谋坦怀相示者"？④我国兵力比过去强大，"船炮亦与泰西相埒……以之固疆宇而张挞伐之威，则主客劳逸之分，自操胜算"。⑤

当时，法国正在侵略越南，窥伺中国的西南边疆，英国与沙俄在近东、中亚的殖民竞争依然剧烈，它们都反对沙俄势力在中国过分扩张。

---

① 左宗棠：《答刘毅斋》，载《左文襄公全集·书牍》（卷二十四），第46页。
② 左宗棠：《上总理各国事务衙门》，载《左文襄公全集·书牍》（卷二十四），第50—51页。
③ Russka Starina Vol. 23. p.100，转引自陈复光：《有清一代之中俄关系》，第187页。
④ 左宗棠：《与刘毅斋》，载《左文襄公全集·书牍》（卷二十四），第60页。
⑤ 左宗棠：《与胡雪岩》，载《左文襄公全集·书牍》（卷二十四），第70页。

因此，英、法既不愿俄国，更不愿中国在战争中取得胜利，于是出面斡旋，要求清政府释放崇厚。清政府本来没有抗俄决心，六月十五日，命暂免崇厚斩罪，饬曾纪泽知照沙俄政府，这是清政府对俄妥协退让的重要步骤。左宗棠曾一再上书总理衙门指出：对俄交涉，"我愈俯，彼愈仰"。果然，在崇厚免去斩罪后，俄方代表对曾纪泽招招进逼，施加压力，责问曾纪泽：中国为什么在"边界各处增械设防"，说什么中国"显欲构衅"。并声称崇约不许废除，"无可商议"。①又进一步横蛮要求：兵费须增加，"中国以沿海地方补偿"。甚至无耻地说："无论兵费不兵费，总算是鄂（俄）国要钱。"②曾纪泽断然拒绝赔偿兵费。③在投降派看来，中俄谈判的障碍是左宗棠。在他们的暗算下，八月十一日，清政府下令将左宗棠调京"备朝廷顾问"，以刘锦棠代替左宗棠督办新疆军务。翌日开释崇厚。沙俄看透了清朝的求降决心，俄方代表百般威胁。一八八一年二月二十四日，曾纪泽与俄方代表订立了《中俄伊犁条约》和《陆路通商章程》以代替崇厚所订的《里瓦机亚条约》。根据曾纪泽所订条约，中国收回了伊犁九城及特克斯河一带地方，④偿款增加为九百万卢布（白银五百余万两），霍尔果斯以西的中国领土仍给沙俄割去。条约规定：俄商在天山南、北路贸易暂不纳税；增辟从新疆到嘉峪关的陆路贸易通道；沙俄得在吐鲁番、嘉峪关设立领事。条约还规定"斋桑湖迤东之界，查有不妥之处，应由两国特派大臣会同勘改"。以后，沙俄以此为借口，从一八八二年到一八八四年间，先后强迫清政府订立了一系列的所谓勘界议定书，共割去塔城、喀什噶尔等地以西七万多平方公里的中国

---

① 曾纪泽：《金轺筹笔》（卷一），光绪刊本，第1—2页。
② 曾纪泽：《金轺筹笔》（卷二），第27页。
③ 曾纪泽：《遵旨改订俄约盖印画押疏庚辰》，载《曾惠敏公全集·奏疏》（卷二），第12页。
④ 曾纪泽：《遵旨改订俄约盖印画押疏庚辰》，载《曾惠敏公全集·奏疏》（卷一），第10—13页。

领土。

  曾纪泽在办理弱国外交时,硬顶软磨,为祖国争回了一些权益,当然是有功可录的。但他所以能改订崇约,争回一些权益,如左宗棠所说:主要是沙俄害怕中国出兵"迳取伊犁,彼中草木皆兵,遂骪首归诚,退就和议。"①事后,李鸿章却攻击爱国派说:"举朝议战,是以东西水陆各路彼亦不得不调兵遣将以图抵敌,战虽未战,而自我发难,应议补偿。……亦可见去年冬迄今攘臂而争国是者,贻害不小矣。"②左宗棠在得知条约全文后,大为不满,他说:"伊犁仅得一块荒土,各逆相庇以安,不料和议如此结局,言之腐心。"③

四、左宗棠调京供职,兵权被削除

  沙俄方面对于左宗棠在新疆严密布防,准备抗俄、收复伊犁的军事部署是一清二楚的,所以,在与曾纪泽谈判时,俄方提出:为什么你国"各路征兵,显欲构衅"。这是沙俄色厉内荏的表现。沙俄侵略者仇视左宗棠,国内的投降派也把左宗棠看作眼中钉,他们都把左宗棠当作"和谈"的"钉子"。英国资产阶级学者讨论到中俄伊犁交涉中如何对付左宗棠时,援引了沙俄的《塔什干报》的评论:"必须牢牢记住,俄国最厉害的武器是在北京搞阴谋,可能有一个能干的特使在播弄左宗棠和李鸿章之间的倾轧对立,诱使后者削减中亚军队的给养补充,以摧折前者的雄

---

① 左宗棠:《答张朗斋》,载《左文襄公全集·书牍》(卷二十六),第11—12页。
② 李鸿章:《复丁稚璜宫保光绪六年十一月初五日》,载《李文忠公全书·朋僚函稿》(卷十九),第38页。
③ 左宗棠:《答刘毅斋爵帅》,载《左文襄公全集·书牍》(卷二十五),第61页。

心。……固尔扎（伊犁）问题在中亚是很难得到和平解决的，但在北京的宫殿里要比在准噶尔（意指北疆）和吐耳其斯坦进行大规模的战争可以得到容易得多，有效得多的解决。可能，俄国会采用这一方法消灭来自左宗棠的危险，使中国人最近的胜利化为乌有。"①

沙俄迫切希望"消除来自左宗棠的危险"，妥协派首领也希望"消除来自左宗棠的危险"。妥协派集中力量攻讦左宗棠说："左相拥重兵巨饷，又当新疆人所不争之地，饰词欲战，不顾国家全局，稍通今古者，皆识其奸伪。"②在沙俄与投降派内外结合进攻左宗棠的狂风恶浪中，清政府动摇了，左宗棠的地位危险了。一八八〇年八月一日，清政府下令将左宗棠调京"备朝廷顾问"，以刘锦棠督办新疆军务。奉命后，左宗棠将钦差大臣关防移交给刘锦棠，十一月十四日，离开哈密。"将军一去，大树飘零。"十二月二十二日，左宗棠行抵兰州，办理督篆移交事宜。一八八一年二月二十八日，抵达北京。

左宗棠离开哈密时，一则以惧，一则以喜，内心世界充满着矛盾。办理移交、长途跋涉等需时，他预计约须在一八八一年春才能到达北京，害怕投降派利用他在途中为所欲为，迫使曾纪泽在彼得堡订立辱国条约，"错将铸成"。③另一方面，他认为朝廷是真正召他去北京"以备顾问"，那他可以大展自己的爱国抱负了。因此，当他得到乌里雅苏台的咨报，"俄境添兵"，可能进袭张家口时，他命令进京随带的两千名官兵取道宁夏、归化以抵张家口，"遇贼即击"。④他说：战争一旦打开，我军发动攻势，不应限于一路。现在俄兵在东北的珲春与爱呼楚集结，比较猖

---

① 包罗杰著，商务印书馆翻译组译：《阿古柏伯克传》，第235页。
② 李鸿章：《复刘省三军门光绪六年九月十八日》，载《李文忠公全书·朋僚函稿》（卷十九），第34页。
③ 左宗棠：《答张朗斋》，载《左文襄公全集·书牍》（卷二十四），第61—62页。
④ 左宗棠：《答杨石泉》，载《左文襄公全集·书牍》（卷二十四），第73—74页。

狂，与俄国"非决战不可"。他在途中写信给刘锦棠说：连日通盘筹划，"似非将其侵占康熙朝地段（指《中俄瑷珲条约》和《中俄北京条约》中丧失给沙俄的黑龙江以北、乌苏里江以东一百多万平方公里的中国领土）收回不可，中俄之衅，实由此开，即此次扬言封辽海，谋高丽，奸谋亦以此为根基。若由山海关出一支奇兵，袭而取之，则俄之根本已倾，再将珲春新营巢穴攻取，俄兵乃成无归之游骑，敌可歼也"。他说可惜没有这种奇才能当此大任，等到进京以后，当与"谟谋诸公言之"。言下之意，大有舍我其谁的气概。[1]可称老当益壮，心雄万夫了。想到这些，左宗棠浑身是劲，感到任重而道远，遂终日驰驱，风雪趱程。但是，在他到达北京前数日，即一八八二年二月二十四日，曾纪泽已同俄方代表签订了不平等的《中俄伊犁条约》。

到京后，清政府命令他管理兵部事务，在军机大臣上行走，并着在总理衙门上行走，但又命令他督率从西北带来的两千官兵去疏浚畿辅水利。这明明是在整他，使他满腔骚愁。

总理各国事务衙门和军机处，是清政府的决策机构，是妥协派的窝子，左宗棠是知道得很清楚的。所以，他在来京途中写信给他的朋友说：进京后，不愿入军机处，免得被人"牵鼻"，准备上奏请求开去阁缺，"终老邸寓，侪身闲散，长备顾问，庶可不作两节人也"。[2]现在兵权削除了，条约签订了，政敌在暗中与他捣鬼，他在气愤之余，连连上奏请求开缺，撤去各项差使，清政府却又不敢批准他的请求。他无可奈何，只得到军机处去应卯敷衍。薛福成的《庸庵全集》载：左宗棠在军

---

[1] 左宗棠：《答刘毅斋》，载《左文襄公全集·书牍》（卷二十四），第67、71页。

[2] 左宗棠：《答杨石泉》，载《左文襄公全集·书牍》（卷二十四），第67、73页。

机处，恰巧李鸿章上《复陈海防事宜疏》，[①]奕訢把李鸿章上的这个奏折交给左宗棠审阅，静候他的意见。谁知左宗棠"每展阅一叶，每因海防之事而递及西陲之事，自誉措施之妙不容口，几忘其为议此折者，甚至拍案大笑，声震旁室。明日复阅一叶，则复如此。枢廷诸公始尚勉强酬答，继皆支颐欲卧……诸公并厌苦之，凡议半月而全疏尚未阅毕"。奕訢被闹得无可如何，"命章京收藏此折"。左宗棠也不再查问。[②]薛福成认为这是左宗棠年老话多，爱闹意气。其实，左宗棠在发泄他在收复新疆期间的"十年焦愁苦恨"，一方面嬉笑嘲骂了李鸿章，一方面又把军机处闹得六神不安。奕訢不得不把他从军机处调出，让他出任两江总督。那时，法国加紧了侵略越南，窥伺滇、桂边境的步骤。两江总督兼任南洋通商大臣，有权管辖两广中外交涉事宜。一手办理中法交涉的李鸿章，又碰上了左宗棠。在中法战争中，以左宗棠为首的抵抗派与李鸿章为首的妥协派，又将展开一场抵抗与妥协、爱国与卖国的激烈斗争。

---

① 薛福成：《代李伯相等议海防事宜疏庚辰》，载《庸庵全集·庸庵文续编》（卷一），第28—33页。

② 薛福成：《左文襄公晚年意气》，载《庸庵笔记》（卷二），第41—44页。

第九章　新疆开置行省

在战争期间，军事家考虑的主要是制定战略战术，调兵遣将，指挥他们攻守进退，打败敌军，以猎取战争的胜利。政治家考虑的主要是规划战争期间，特别是战后的政治、经济建设。在收复新疆的过程中，左宗棠成竹在胸，同时挑起了这两副担子，既制订了"缓进急战"的战略指导方针和具体战役的实施计划，调兵遣将，指挥他们实施其战略企图，又制定了安辑流亡，恢复生产，加强新疆地区的政治、经济、军事建设等有关的政策和策略，并命令西征军及有关各地方的善后局，实力推行他所制定的有关建设新疆的政策和策略，使新疆具有建省规模。

妨碍新疆建省的重要障碍是伯克制度。伯克是回民百姓对统治他们的官员的通称，是"老爷""官长"的意思。早在十七八世纪，新疆特别是南疆的伯克制度已经十分完备。伯克的名目极多，以阿奇木伯克的权力最大，他总管某一地区的民政、财务、文教、司法、商业等事务，阿奇木伯克是这一地区的伯克之首。据《清朝续文献通考》等书的记载：阿奇木伯克下设有伊沙噶（或称伊什罕）伯克为副手。他们之下，管理地亩与粮赋事务的，叫噶杂那齐伯克，主管粮赋征收与运输的，叫商伯克，主管回部上层头目的叫明伯克（亦称千户长），此外尚有专管田园房产买卖及处理田园房产纠纷、主管平民官司事务、主管查拿盗贼和监狱各事、管理疏浚河渠水利与灌溉事务的伯克；他如承办采金事务、商店、商贩事务、伊斯兰经典与整饬教务、军台驿站、修理军械、修造军械等，也都设有各种名目的伯克。伯克制度，实际上在南疆地区具有政府的分工与职能，乾隆戡定新疆前，新疆存在着的各汗（王）的统治基础，便是伯克制度。乾隆敉平南疆叛乱后，为了巩固南疆的统治，在喀什噶尔设立参赞大臣，在其他重要城市如叶尔羌、英吉沙、阿克苏、乌什、和阗、库车等地，分别设立领队大臣、办事大臣等，领兵驻扎该地，以资震慑，实行军事统治。领队大臣等均受驻扎喀什噶尔的参赞大臣的节制，参赞大臣受伊犁总统将军的节制，这就是所谓的军府制度。由于南疆初定，为了减少阻力，及时安定下来，乾隆帝保存了伯克制度，但是，取消了伯克旧有的世袭制，并给伯克们以品级，如喀什噶尔的阿奇木伯克为三品，伊沙伯伯克为四品，明伯克（千户长）为七品。这种改革，一方面使伯克受清政府的控制，与过去相比较，清政府的统治力量因此深入了一步；但另一方面，又使伯克制度合法化了，伯克们为非作歹，苛敛平民，反而取得了合法地位。

清政府设在南疆的参赞大臣、领队大臣等，只管军事，不理民务，地方的行政大权掌握在伯克们的手中。所以，清朝在南疆的统治，尽管各地驻有军队，但完全脱离南疆的平民百姓。这种统治是无本之木，无源之水，是不巩固的。特别在进入近代社会后，英国、沙俄妄图占有新疆，他们常用的手法是挑拨中国的民族关系，拉拢、诱骗少数民族的上层分子搞背叛祖国的分裂活动；这个上层分子一旦上钩，他就可以利用伯克制度为所欲为。为了维护祖国的统一与领土主权的完整，伯克制度非加以革除不可。此其一。伯克苛敛勒索平民，习以为常，他们往往是大地主、大牧主。他们剥削平民百姓极端残酷。林则徐谪戍新疆时，一八四四年到一八四五年，曾亲历南疆各城勘办开荒屯田，亲眼看到了伯克制度下回民的苦况，他说："查南路八城回子，生计多属艰难，沿途未见炊烟，仅以冷饼两、三枚便度一日，遇有桑葚瓜果成熟，即取以充饥。其衣服褴褛者多，无论寒暑，率皆赤足奔走。访闻此等穷回，尚被该管伯克追比应差各项普尔钱文。"①这些伯克们，嗜钱如命，残酷成性，只知苛敛穷民，从来不考虑开发新疆，以至富庶的南疆沿途炊烟断绝。为了改善平民生活，发展新疆建设，非革除伯克制度不可。此其二。清朝规定提理一省司法的按察使是三品官，道员、知府是四品官，知县是七品官。不取消拥有官品的伯克制度，各级地方政府行使职权时，将遇到重重阻挠与干扰。此其三。所以，龚自珍早在一八二〇年写的《西域置行省议》中，便指出了伯克制度的危害，提出了革除伯克制度的建议。

　　如上所说，伯克制度久已存在，其势力到了盘根错节的程度。在平时，捅伯克制度的马蜂窝，很可能出现政治动乱。但是，在阿古柏匪帮的残暴统治下，伯克势力有所削弱，西征军追剿阿古柏匪部和白彦虎部叛匪时，阿古柏败匪等沿途烧杀抢掠，平民固受其害，伯克等也受到了打击。西征大军挺进南疆时，采取了种种措施，如安辑流亡，恢复生产等，使新疆各族人民确有"如去虎口而投慈母之怀"的感觉。这些都是废除伯克制度的有利条件。因此，左宗棠奏请开置新疆行省时说："际此天事、人事均有可乘之机，失今不图，未免可惜。"②

　　左宗棠用兵南疆时，以卓越的军事家的姿态，指挥西征大军追歼顽敌，与此同时，又以卓越的政治家的姿态，大刀阔斧地革除伯克制度，改革田粮制度，大胆革除清朝在新疆设立的军府制度，表现出他地主阶级改革派的本色。由于左宗棠在新疆的兴革与建设奠定了新疆建省的物质基础，更由于他一再奏请将新疆改建行省，清政府终于被迫在一八八四年将新疆开置行省。

---

　　① 中山大学历史系：《遵旨将与布彦泰详议新疆南路八城回民生计片》，载《林则徐集·奏稿下》，第892页。
　　② 左宗棠：《复陈新疆情形折光绪四年十月二十二日》，载《左文襄公全集·奏稿》（卷五十三），第33页。

一、恢复生产，加强经济、政治、军事建设

阿古柏匪帮在新疆的残暴统治，使南、北疆各族人民横受摧残，政治上失去了自由，生活上啼饥号寒。在战争期间，阿古柏匪军与白彦虎部逆匪败窜西逃时，沿途烧杀抢掠，胁迫各族人民随军西走，生产破坏，田园荒芜。左宗棠反复告诫所部将领说：新疆是中国的土地，新疆及新疆各族民人是"王土王民"。他特别嘱咐张曜说：为了奠定西北边陲"长治久安"的局面，战后的善后事宜，如安辑流亡、恢复生产，遣返难民等非常重要，办好这些工作，将使各族民人生活安定，深感国家之恩德，这就直接巩固了西征军的后方，焕发起各族人民的爱国热情，促使他们投身到爱国战争中去。他责成张曜负责有关善后事宜。西征军在收复新疆的善后过程中，重点办理了以下几件大事：

遣返难民。农民安土重迁，熟悉本地生产情况。因此，左宗棠命令西征军将沿途拔救出来的大量难民，一律资遣回原籍。从西四城解救出来的难民，即使是乌鲁木齐或哈密人，也全部护送资遣回籍，发给赈银、口粮、种子、牲畜等，使他们迅速恢复生产。再如，有一部分土尔扈特人，原住喀喇沙尔的珠尔都斯地方游牧，阿古柏余孽和白彦虎等为了抗拒西征大军解放喀喇沙尔，在开都河掘堤放水，洪水横流，泛区广阔，土尔扈特人被迫逃亡库尔喀喇乌苏，"转徙流离，困苦已极"。后来，他们要求返回喀喇沙尔原籍。左宗棠奏请准许他们返回原籍，责令喀喇沙尔善后局会同防营前往库尔喀喇乌苏查点人数，查明待赈者四千余名，一律发给赈粮，续发赈银四万两，以备购买帐房、种羊、种子

等。①西征军饷万分拮据，左宗棠却能不惜巨款，解决难民的具体困难，使他们回到原籍，恢复生产。可见他对安辑流亡、恢复生产的重视，也反映了他气度的恢宏与眼光的深远。

屯田垦荒。新疆南、北路早已实行屯田，原钦差大臣督办新疆军务景廉、哈密办事大臣文麟等，都曾命令官兵屯田。他们屯田的效果如何？左宗棠慨乎言之道："关外诸军之以屯田为言者，其志不在恤民，不在济军，惟勒派取盈以顾目前。"他们预借屯民种子，秋后四倍取偿于民，"民不能堪，弃耕避匿"，累及家属代偿，追呼迫索，不堪言状，百姓被逼弃田逃走。故名为屯田，反而使田亩抛荒。②张曜率嵩武军到哈密屯田，左宗棠嘱咐张曜说：从前文麟等在哈密屯田，何尝得到屯田之利，他们又何尝懂屯田之法？他们只顾军粮，不顾民食，竭泽而渔。单靠军队屯田，粮食必然一年不敷一年。哈密一带，土地肥沃，宜种五谷，四季节气与内地无异，唯本地民人被白彦虎部逆匪裹去甚多，荒田累累。你在哈密屯田，首先应招徕农民屯田垦荒，做到军屯与民屯并举。办理民屯应注意几件事：

查清当地居民户口人数，有农本垦荒的，能领垦多少土地？贫者发给牛力、种子后，能承垦多少田地？

负责办理民屯者，应选择"廉干耐劳之人，分地督察"，"勿任兵勇丝毫扰累，勿于银钱出纳时稍有沾染"。

对承垦的贫苦农民，应先发赈粮，耕丁每日赈粮一斤，老弱每名每日五两，聊以活命。借给牛力、种子、农器，所借种子，收成后责令归还原数，不应多收。

平民百姓垦荒所得粮食，照时价收买，一律不折不扣，实付现银，

---

① 左宗棠：《安插吐尔扈特人众片光绪四年十二月初六日》，载《左文襄公全集·奏稿》（卷五十三），第61—62页。
② 左宗棠：《附陈屯田实在情形片同治十二年十一月初三日》，载《左文襄公全集·奏稿》（卷四十五），第77—78页。

不许在收购时抑勒平价，务使他们有利可图，才能安心垦荒。过了一个时期，农民回籍的定然越来越多。

办理军屯也应注意几件事：

选用好营官、好哨长多方激励督劝，每日出队垦耕，均应分插旗帜，分别勤惰。

每哨雇本地民人二名为夫，付给夫价，以便谘询土质，宜种何项谷物，如何耕种，等等。

牛力不足，用驴、骡代耕，畜力不足，以人力代耕，三人一犁，每日亦可犁田数亩。

收成后由公家照市价收购作为军粮，卖得银钱后，由兵丁均分，使他们有利可图。

营、哨官督率垦荒成效卓著的，应予记功奖赏，否则记过。开屯首在水利，疏浚河渠，修建坎儿井等，功力甚大，费用尤多，应由军队担任。①

左宗棠说，兵屯、民屯并无绝对界限。某地人口少而可耕荒地多，军屯应尽量发展。某地荒田皆为军屯，农民归来，无荒田可以承耕，则应从军屯田地中拨出一定垦荒成熟田地交给农民耕种。新疆军事结束后，兵屯土地仍旧交给转徙归来的农民继续耕种。各族民人现在流离他方，如果哈密办理屯田得法，他们闻风而归，地方政府发给赈粮、牛力、种子，指拨田亩耕种，"民归旧业，各安陇亩"，所种田亩即为世产。因之，"官军开荒，于军食有裨"，于民人之故业无损，而民人复业得免开荒之劳，军屯岂非大有益于安辑流亡，恢复生产。②

张曜在哈密亲自督率所部垦荒屯田，兼办民屯，成绩斐然。左宗棠

---

① 左宗棠：《与总统嵩武军张朗斋提军》，载《左文襄公全集·书牍》（卷十四），第7—8页。

② 左宗棠：《嵩武军进驻哈密垦荒片同治十三年十一月初三日》，载《左文襄公全集·奏稿》（卷四十五），第79—80页。

总结了嵩武军哈密屯田的经验,在西征过程中全面推广,在巴里坤、古城、乌鲁木齐、吐鲁番、喀喇沙尔等地,都实行了屯田,军屯与民屯并举。有的地区适宜于畜牧,则从军饷中拨出一部经费,交各地善后局官员购买种羊,发给牧民。为了恢复农业生产,有的地区还发放贷款,规定三年分期还本,不取利息。①

改革征收田赋的不合理制度。新疆的赋税制度,极不合理,税随丁起,田多丁少者税轻,田少丁多者反而税重。另外,营员兵丁、衙役胥吏骚扰拉差,百姓苦于差徭。左宗棠认为这种不合理的赋税制度,虽已相沿成习,但是,应予立即革除。②他按照内地的赋税制度,规定粮随田起,摊丁入亩,十取其一。西北各省,地广人稀,路途遥远,往返艰难,依旧存在着差徭制度,新疆也不例外。他认为原定差徭制度,并不苛重。问题是老百姓苦于兵丁拉差和胥役的骚扰,"非贿不免",形成"官取其一,丁役倍之,而承差头人、乡约里正又倍之,层累既多,中饱无餍"的秕政。此时尚难革除差徭,关键在于革除州县衙门的"内弊",严禁头人、乡约里正等苛索平民百姓,以及整饬军纪,严禁拉差。去一弊,即兴一利。更重要的是他规定此后役从田起,"须以户民完纳钱粮多寡数目为定"。③他利用南疆初定,封建上层分子势力削弱,阻力相对减少的时机,大刀阔斧地变革赋税、徭役制度,无疑的不利于地主,有利于平民,更有利于恢复、发展农业生产。

推广蚕桑事业,繁荣地方经济。西征军在新疆发现了不少桑树。左

---

① 左宗棠:《上总理各国事务衙门》,载《左文襄公全集·书牍》(卷十七),第64页。《绥来县向令如谨禀难民堪以兴屯各情由》、《黄令长周禀察看喀喇沙尔应行开办事宜请核示由》,载《左文襄公全集·批札》(卷六),第67页;(卷七),第36—37页。

② 左宗棠:《复陈新疆情形折光绪四年十月二十二日》,载《左文襄公全集·奏稿》(卷五十三),第34页。

③ 左宗棠:《署镇迪道周崇傅清丈田亩条款及额粮地丁差役办法由》,载《左文襄公全集·批札》(卷六),第67页。

宗棠认为有桑树即能养蚕、缫丝、织绸。他命令新疆各地方当局在哈密、吐鲁番、库车、阿克苏先行设立蚕织总局，负责推广种桑、育蚕、织绸，这是新疆设立专业蚕织机构的嚆矢。一八八〇年，据各属禀报，共计已经接枝或种活桑树八十万六千株。为了提高养蚕技术，左宗棠从浙江湖州"雇募士民熟习蚕务者六十名"，随带桑秧、蚕种、蚕具前来新疆的哈密、吐鲁番、库车、阿克苏蚕织总局，教民栽桑、接枝、压条、"浴蚕、饲养、煮茧、织造诸法"。他对维吾尔族人民满怀希望，他说："缠民勤习工作，可收事半功倍之效。"他希望由此推广新疆南、北路，且耕且织，足以富民，兼可将生丝出口，获利更多。① 一八八一年，他在习京看到了阿克苏蚕织局织出的绸缎，大为欣慰，去信叮嘱甘肃、新疆、陕西的部属说：过去我在西北，对种树、植棉、修路、讲求水利等事，切实经理，"一腔热血，所剩在此，至今犹梦魂在此"，对这些政事，希望你们不要等闲视之。②

厘定币制。南疆自托克逊以西，向来使用红铜铸造的普尔钱③，无方孔。回语"普尔"是一分的意思。乾隆年间戡定新疆，为了使新疆的币制与内地统一，收毁普尔钱，另在叶尔羌鼓铸制钱乾隆通宝，每枚重二钱，背铸叶尔羌名，左满文，右回文。④南疆收复后，左宗棠命张曜在阿克苏按照乾隆制钱型式，开炉鼓铸制钱，钱面铸汉文乾隆通宝四字⑤，背

---

① 左宗棠：《与杨石泉》，载《左文襄公全集·书牍》（卷二十四），第37—38页。《办理新疆善后事宜折光绪六年四月十七日》，载《左文襄公全集·奏稿》（卷五十六），第20—25页。

② 左宗棠：《答陇臬魏午庄廉访》，载《左文襄公全集·书牍》（卷二十五），第25页。

③ 倭仁《莎车行记》载：咸丰元年五月"十六日宿托克逊"，条下注有"制钱行使至此，以西皆用红钱"。笔者按：普尔钱，用红铜钱，故倭仁称为红钱。

④ 赵尔巽等：《钱法》，载《清史稿·食货志》（第十三册，卷一二四），第3644—3645页。

⑤ 《清史稿》载：乾隆帝命"回部铸钱永远用乾隆年号"。见赵尔巽等：《钱法》，载《清史稿·食货志》（第十三册，卷一二四），第3645页。

铸满文、回文阿克苏字样,每枚重一钱二分,"不准增减,以昭划一"。因"轻则启私铸之渐,重则启私销之渐"。其重二钱的乾隆制钱,许民间作两钱使用。

阿古柏入侵新疆后,铸有天罡银币,每枚重五分,"式圆如饼,中无方孔,不类钱形,分量任意减低,图售其奸,故市价相权,不能允协,民以为苦"。① 左宗棠准许天罡银币使用,以免平民吃亏,但认为必须鼓铸新的银币。一八七六年,左宗棠命令张曜在库车鼓铸银钱,每枚重一钱,一枚抵二枚天罡银币,他认为,不久后,这种新铸银币便能代替天罡银币。银、钱的比价有涨落,左宗棠命令"听其自然",官府不必干涉或代为定出比率,因"经官定,翻多滞碍,纵能勉强一时,终必不行"。总之,银、钱等以便利商贾、民间为要,官府不必出面干涉。

筹建铁厂,制造农具。左宗棠说:南、北疆正在安抚流亡,恢复生产,亟应筹建铁厂,制造大量农具,供应农村。乌鲁木齐旧有铁工厂虽早已关歇,本地应仍有铁工可以雇用,开采铁矿、设立铁厂是当前要政。开厂应"招商办理,乃期便利,一经官办,则利少弊多",所铸农器不精,成本费用反而增加。②

此外,左宗棠还严禁种植罂粟,推广种植棉花,出动军队捕捉蝗蝻等。以上这些经济建设,有的是在西征军事行动期间,结合军事斗争进行的,有的是在西征胜利后着手办理的。遭受阿古柏匪帮、白彦虎部叛国逆匪的破坏后,南、北疆人民流离失所,田园荒芜,百业凋零。经过西征军和各地方当局安辑流亡,恢复、发展生产,归业的农民、牧民、工人、商人等日益增多,人民避免了颠沛流离的苦痛,消除了不安因素,发展了新疆的地方经济,为新疆改建行省,创造了一定的经济基础。

---

① 左宗棠:《办理新疆善后事宜折光绪六年四月十七日》,载《左文襄公全集·奏稿》(卷五十六),第23页。

② 左宗棠:《署镇迪道周崇傅禀乌垣等处善后事宜并金巡检劣迹及捕蝻诸事由》,载《左文襄公全集·批札》(卷七),第25—26页。

为了新疆开置行省,从西征军收复乌鲁木齐到攻取西四城的期间,左宗棠不仅如上所说进行了经济建设,还责令刘锦棠、张曜加强新疆的政治、军事建设,兹择要综述于后。

修筑道路,便利交通。起初,出于军事斗争的需要,大军所至,沿途修筑道路,建筑桥梁,其重要工程有以下数处。

从哈密到巴里坤只有三百余里,唯须翻越天山,重山叠嶂,峭壁悬崖,道路险峻。张曜督率嵩武军凿山开路,化险峻为坦途。在最险峻的山道,建立扶栏,工程艰险。事后,左宗棠挥动生花之笔,写了一篇《天山扶栏铭》,勒石纪功:

> 天山三十有二盘,伐石贯木树扶栏。
> 谁其化险贻之安,嵩武上将唯桓桓。
> 利有攸往万口欢,恪靖铭石字龙蟠。
> 戒毋折损毋钻刮,光绪二年六月刊。①

阿古柏盘踞南疆,其反动势力东至吐鲁番以东百余里的辟展。从哈密到辟展,途程一千里左右。西征军攻克吐鲁番后,吐鲁番驻军加紧修筑此一千余里的大道,其中从瞭墩至七格腾木四驿,分南、北两路,南路向为官道,受到沙漠的影响,"妖风时作,沙石俱飞,甚至并人马卷去,渺无踪迹",俗称风戈壁。北路经过一碗水、七角井等处,绕弓背行走,路程略远,可免风灾,"然无店宇可栖,行人苦之"。七格腾木驻军将南路驿站移置北路,建筑官店,积储饮水、柴草、器具等,行旅称便。

从库车、喀喇沙尔东行至托克逊,向北过达坂,可至乌鲁木齐;自托克逊东行,经吐鲁番、辟展、瞭墩,至哈密,直通关内。喀喇沙尔至

---

① 左宗棠:《天山扶栏铭》,载《左文襄公全集·文集》(卷五),第1页。"恪靖伯"为左宗棠的封爵。

托克逊的一段路程，是南八城通向乌鲁木齐和关内的交通要道，其中阿哈布拉地方，高山峻岭，险峰壁立，"积石稜嶒，一径羊肠，下临无际"，行旅、车驮，常遇意外。驻军绾险凿石，化险为夷。

喀喇沙尔之东有清水河，河西硷滩五六里，泥淖纵横，"人马多苦陷没"，商旅视为畏途。喀喇沙尔善后局会同驻军，开渠泄水，硷滩上横排巨木，"杂覆树枝"，平铺泥土山石，硷滩变通途。①

新疆特别是南疆，城市之间距离遥远，旅途中店屋、水泉被破坏殆尽。左宗棠命张曜在南疆各城之间，不仅设立驿站，供递传文报，并在驿站附近构筑房屋，专供行商过客歇宿，名叫官店，过往旅客按车马人数收费，取费低廉。②

西四城收复后，新疆南、北路的交通要道直至甘肃的嘉峪关，全都恢复起来了，不仅有利于军队的调动，政治的统一，各族文化的交流，并且有利于物资的流通，商业的发展。

修筑城墙，加强边疆的防御能力。从甘肃的嘉峪关，经过安西，到新疆的哈密、乌鲁木齐或吐鲁番到喀什噶尔，是关内、关外的交通动脉，也是军行大道。沿途的关隘、城墙，都受到白彦虎、伯克胡里等部败匪不同程度的破坏，残败破损，触目惊心。左宗棠命西征军一律加以修整，其具有重要战略价值的城市，则扩建城墙。

嘉峪关雄峙西北，为古来兵家必争之地。出关西行，经安西，更西行，即出甘肃入新疆。白彦虎部逆匪等严重破坏了嘉峪关，倒坍倾圮，不堪入目。左宗棠命令军队整修关楼、关墙，恢复它当年的雄姿，亲自挥毫题字"天下第一雄关"，字大于斗，高悬关上。后来，何福堃（字寿

---

① 左宗棠：《防营承修各工程请敕部备案折光绪六年四月十七日》，载《左文襄公全集·奏稿》（卷五十六），第30页。

② 左宗棠：《夏镇朝奉禀遵修官店各出力弁勇恳赏功牌由》，载《左文襄公全集·批札》（卷七），第44页。《与张朗斋》，载《左文襄公全集·书牍》（卷十八），第24页。

萱，号寿轩，山西灵石人，进士出身[1]，曾任甘肃布政使）看到雄关屹立，横匾高悬，想起了左宗棠经营新疆的故事，作诗歌颂说：

左侯昔日受降归，洒酒临关对落晖。
额书六字神飞动，想见如椽大笔挥。[2]

出嘉峪关到哈密，必经安西，安西是塞外要隘。"地近戈壁，城东、城西飞沙堆积，高与城齐"。左宗棠命令驻军兼募民夫，挖去城根积沙，修建城墙，挖外护城河，引水灌注入河，既深且宽，河堤栽植杨柳万株，山河生色。古人说杨柳春风不度玉门关，左宗棠偏叫安西杨柳"迎得春风度玉关"。

新疆南、北路各城，都在不同程度上进行修筑，其中工程较为艰巨的是喀喇沙尔和库车的城墙。喀喇沙尔地处冲要，是南疆通向关内的要隘，从城西北经大、小著勒土斯山，可以直达伊犁，只有半月路程。驻军利用原有新城，加以扩建，城周三里。库车旧有汉城甚小，久已倾坍，杂草丛生。回城在汉城之东，局势开阔。驻军会同善后局修建城东北、东南城墙，接于回城，城周一千三百三十四弓，墙高一丈八尺，宽一丈四尺五寸，四城门城堞安置炮台，炮台周围纵横四丈四尺。四城城楼高达四丈八尺。左宗棠说：库车城墙"雄阔高伟，足称南疆重镇"。这时，近代化武器尚未十分发达，建筑坚固的城墙，在军事防御上仍有很大的作用。

喀什噶尔"形势介葱岭支干之中，安集延、布鲁特居西偏，踰山而东，乃达喀城"，各部落前往喀什噶尔，俗称"过山"，为"中外天然界

---

[1] 严懋功纂：《清代征献类编》（卷四），1931年版，第18页。
[2] 何福堃：《嘉峪关肃州西七十里》，载《午荫清舍诗草》（卷七），第21—22页。光绪乙巳兰州官书局版。原诗"想见如椽大笔挥"后注有："文襄书额曰：'天下第一雄关'，字大逾斗，神采流动。"

划"。从英吉沙尔北至布鲁特界,按照旧卡伦界址,改筑边墙,间筑碉堡,"长城屹立",形势天成,界划分明,"尤为百世之利"。[①]经过甘、新军民辛勤修建,从嘉峪关到乌鲁木齐、玛纳斯,到喀什噶尔、英吉沙尔,各城城墙耸峙屹立,坚固雄伟,气象万千。驿道将各城连接,来往自如,无形中使新疆地区形成了祖国西陲纵深无限广阔的防御网。

组织善后局,整顿吏治。为了适应建省的需要,西征军在收复各城后,根据各地的人口多寡,物产以及地形地势等情况,委任道员、知府、知县等,组织善后局,由善后局总揽民政、财政、司法等项工作,明令阿奇木伯克等只管催征赋税,不准干预地方事务,违者从严惩办。善后局行使了道、府、州、县地方政府的职权。左宗棠说:废除伯克制度,民财大权集中官府,才能消除官民的隔膜,着力进行建设,"长治久安之效,实基于此"。[②]

左宗棠很重视整顿吏治。他说"为政首在利民","官评以操守为重",衙门一切陋规,在所必革。"当官不要钱",固然是好的,但单凭这点,仍旧算不得好官,尚须能为地方"兴利除弊",为边疆图"长治久安之计"。[③]他对新疆各城善后局的官员,凡能通盘考虑实力举办安民、屯田、兴修水利、建筑城墙、兴办义塾、发展地方经济等项,卓有成效,本人能干、廉洁、关心民隐的,一律表扬嘉奖,或是给他转迁升官。对于贪官污吏、豪强恶霸,严厉打击,决不姑息。如他发现镇迪道属下的金姓巡检,有勒罚私吞情事,立即下令勒缴职衔文凭,详候参办。库车所属沙雅尔地区的阿奇木伯克阿卜都拉阻纳征粮,希图中饱,勒索缠民

---

① 左宗棠:《西四城流寓各部落种人分别遣留并议筑边墙片光绪四年二月初二日》,载《左文襄公全集·奏稿》(卷五十二),第57—59页。
② 左宗棠:《复陈新疆情形折光绪四年十二月二十二日》,载《左文襄公全集·奏稿》(卷五十三),第34—35页。
③ 左宗棠:《凉州刘守恕兴禀到任裁革陋规及征收畜税等银由》,载《左文襄公全集·批札》(卷七),第29页。

百余户，赃银在一千两以上，其伙党纳思尔等五名"助虐苛敛"，"缠民控告有案"。并在阿卜都拉家中起出洋枪三十余杆，经张曜审实。左宗棠批示将该阿卜都拉等六名处以死刑。

左宗棠在新疆的建设，成效卓著，新疆虽未建省，已有行省之实，为日后清政府将新疆改建行省，创造了物质基础。

二、一再奏陈利害关系，新疆开置行省

乾隆初期戡定西域，更名新疆，在新疆的伊犁设立伊犁总统将军，通称伊犁将军，节制新疆军事，设都统于乌鲁木齐，另设参赞大臣、都统、办事大臣、协办大臣、领队大臣等分驻南、北疆各重要城市。自乌鲁木齐以东，设立府、厅、州、县，管理地方民政事务，由镇迪道统辖，隶属甘肃布政使。北疆的其他广阔地区仅设立一个伊犁厅，无属领，其他地区概由阿奇木伯克管理。

南、北疆共驻军一万九千余名，设官一千四百余名，"亲民之官少，治兵之官多"。[1]上自伊犁将军，下至领队大臣，全由满洲贵族充任。他们锦衣肉食，官场习气严重，颟顸昏庸，因循保守，积久相沿，新疆的军事、政治遂江河日下，稍有动乱，征兵调饷，闹得满城风雨。道光初年，张格尔在喀什噶尔发动叛乱，驻军畏葸怯战，一触即溃，叛军侵占喀什噶尔、英吉沙尔、叶尔羌、和阗等地，后来，从内地调兵征饷，才肃清这次叛乱。[2]左宗棠不止一次议论新疆的问题，他认为新疆的隐患严重，其原因是长期来新疆闹成"兵冗饷绌，亦由经理无人。主兵者例是

---

[1] 赵尔巽：《清史稿·地理志》（第九册，卷七十六），第2372—2373页、2380—2382页。魏源：《乾隆荡平准部记》，载《圣武记》（卷四），第4—5页。

[2] 左宗棠：《答浙江提督黄芍岩》，载《左文襄公全集·书牍》（卷十七），第72页。

丰镐旧家,不独兵事、吏事非所谙习,而执袴积习既深,除争功营私外,别无伎俩"。①其实,新疆不乏富庶之地,只是自乾隆戡定以来,不加整顿经营,将军、领队大臣等静候每年二百余万的协饷,尽情挥霍,新疆才变成了这些贵族的"销金锅子"。

新疆戡定时,有些叛乱头子的子孙亡命浩罕,妄图卷土重来,张格尔其人即为大和卓木博罗尼的孙子,他之所以能入侵新疆,猖獗一时,首先是由于英国的指使;次之,是由于浩罕统治者的支持。张格尔叛乱被镇压后,英、俄两国在中亚的殖民竞争日趋激烈,染指新疆的欲望日益强烈,浩罕统治者所庇护的叛逆张格尔等的子孙妄图东山再起,骚扰新疆。这些因素都加深了新疆的危机。因此,早在嘉庆中期以后,有识之士开始关心西北边疆的安危,地主阶级改革派龚自珍等开始探讨西北地区的地理、历史。一八二〇年,龚自珍撰写了一篇《西域置行省议》。②一八二九年,龚自珍考中进士,归中书原班,这时离开牧平张格尔的叛乱只有二年,朝廷正在议论新疆善后,朝考题为《安边绥远疏》,他"胪举时事,直陈无隐,阅卷诸公皆大惊"。③在以上两篇政论文章中,他对处理新疆问题,提出了卓越的论点:

第一,"前史安边之略","不过羁縻之,控制之……一旦不能有,则议者纷纷请弃地,或退保九边已耳,非真能疆其土,子其人也"。清朝的边情、边势,与从前的情况不同,我们必须做到真正能"疆其土,子其人",才能传之千万年而"无尺寸可议弃之地"。

第二,新疆南路等地,地方上的民、财大权掌握在伯克们的手中,"回民之信服吾将帅也,未必如其信服伯克也。将帅不得其心,则伯克率

---

① 左宗棠:《答山东臬司陈俊臣廉访》,载《左文襄公全集·书牍》(卷二十),第14页。
② 龚自珍:《西域置行省议》,载《龚自珍全集》(上册),第105—111页。
③ 龚自珍:《御试安边绥远疏》,载《龚自珍全集》(上册),第112—114页。吴昌绶:《定庵先生年谱》,载《龚自珍全集》(下册),第618页。

回民以怨吾将帅，得其心而恩太胜，则伯克率回民以轻吾将帅"。故伯克制度亟应改革。

第三，实行"以边安边"的方针。安边在于足食足兵。南疆富庶之区颇多，应该集中力量开垦荒地，同时应撤除屯田，将屯田转为私田，使屯丁为土著，改戍卒为编户。以新疆地势而论，"北可制南"，而"南不能制北"，驻军应重点驻守北疆。南、北疆全力开拓垦荒，除民食外，足供军粮。"足食足兵"，边防才能巩固。他说新疆地区广阔，膏腴之地极多，唯南、北疆屯田仅为二十八万八千一百余亩，其中南疆只有四万九千四百七十六亩，田丁南、北合计仅有十万三千九百零五名，丁口如此稀少，怎能谈得上大量开垦荒地？宜移内地之民充实新疆。

第四，要办到以上这些善政，就应在新疆建立行省，置总督，设巡抚，分郡设县，由各级地方官总揽民政事务，将军、都统、领队大臣等一律裁撤，其哈密郡王等赏给协办府事官名义，地位在道员、知府以下。各回城伯克中，可遴选一员赏给协办县事名义，其地位在知县之下、县丞以上。建立了行省，一定能使"国基固益固，民生民俗厚益厚，官事办益办"。

清政府因循守旧，惯走老步子，龚自珍新疆设省的建议如石沉大海。一八三九年，他感叹说：

　　文章合有老波澜，莫作鄱阳夹漈看。
　　五十年中言定验，苍茫六合此微官。①

支持龚自珍将新疆改建行省的有魏源。之外，还有一个科场失意的落第举子左宗棠，他在一八三三年写出了呼应龚自珍新疆建省倡议的诗篇：

---

① 龚自珍：《己亥杂诗》，载《龚自珍全集》（上册），第516页。

> 西域环兵不计年，当时立国重开边。
> 橐驼万里输官稻，砂碛千秋此石田。
> 置省尚烦它日策，兴屯宁费度支钱。
> 将军莫更纾愁眼，中原生计亦可怜。①

在这首诗中，他歌颂了乾隆年间戡定新疆的功绩，批评了后世没有继续妥善经营，广兴屯田，抒发了他对建设新疆的政见。谁知龚自珍写出"五十年中言定验"一诗后的五十多年，正是这个"裘敝驴嘶"的落第穷举子左宗棠掌握了西北兵符，解决了新疆开置行省的问题。

新疆开置行省的道路是曲折的、艰苦的。左宗棠第一次向清政府奏请新疆开置行省是一八七七年七月二十一日，当时，西征军已经攻克达坂、吐鲁番、托克逊，英国一再为阿古柏乞降"立国"，清政府责令左宗棠统筹全局。左宗棠在《遵旨统筹全局折》中，托出了他把新疆改建行省的宏图，以后他一再上疏，奏请开置新疆行省，概括起来，其论点有二：

第一，他从西北的战略形势着眼，论述了新疆的重要性。他说自古以来，中国边患西北"恒剧于东南"。我朝建都北京，二百多年来无烽火之警，那是因乾隆帝戡定新疆，翼附蒙古，蒙古又环卫北方之所赐。所以，重新疆者，足以保蒙古，"保蒙古者，所以卫京师"。如若新疆不固，蒙古、陕、甘、山西将全局动摇，北京岂能高枕而卧？又进一步指出，今日时异势迁，"俄人拓境日旷，由西而东万余里"。新疆"与俄北境相连"，隐患方长，尤宜为"曲突徙薪之计"。

第二，现在已经收复乌鲁木齐、玛纳斯、达坂、吐鲁番、托克逊，南八城门户洞开，指日可下，"无难絜旧有疆宇还隶职方"。英国虽然为

---

① 左宗棠：《癸巳燕台杂感八首》，载《左文襄公全集·诗集》，第1—2页。

阿古柏乞降，但是，在我是"收复旧疆，兵以义动"，其奈我何！新疆全境水草丰美，垦牧均宜，南八城除喀喇沙尔外，其他地方皆是富庶之区，收复了南八城，大量垦荒屯田，南、北疆驻军的兵食无虞，可省万里转输之劳。新疆建省，"为新疆长治久安之策"，而就目前形势而论，新疆建省，有不得不办之势。①

在新疆建省问题上，左宗棠从爱国防俄，奠定西北边陲"长治久安"之局出发，立论光明正大，高瞻远瞩，连因循守旧的清政府也不敢拒绝他的建议，只得命令他把用兵南八城与建省问题继续通盘筹划。左宗棠在新疆改建行省的问题上，占有了"滩头阵地"。

之后，左宗棠又以新的军事胜利，来坚定清政府设省的信心。一八七八年春，南八城残匪一律肃清，左宗棠再次上奏要求将新疆改建行省。李鸿章反对说："左相议改设疆吏，分置戍兵，端绪甚大，经纬需才，穷天下之力，犹虑莫殚莫究，病在无人，而用人又未尽得法也。"②但事物总是在矛盾中发展的，问题是如何正确处理矛盾。

一八七八年，中俄伊犁交涉形势日趋严重，李鸿章大言不惭地提出放弃伊犁，这直接影响到新疆建省问题。清政府命令左宗棠说：伊犁为西路重镇，"今为俄人占据，形势变迁"，交还以后，如何防守？至于新疆建置行省，改建郡县，须知"郡县之制，以民为本"，新疆户口情况何如？"有无可治之民"？不设行省，"此外有无良策"？

左宗棠权衡时势，复奏说：自从俄国并吞浩罕等国后，其边界早与新疆毗连，过去我一再强调"地不可弃"，是指"腴地不可捐以资寇粮，要地不可捐以长敌势"，伊犁万无抛弃之理。我认为新疆必须改建行省。

第一，以目前情况而论，新疆改建行省，非无可治之民。从木垒河

---

① 左宗棠：《遵旨统筹全局折光绪三年六月十六日》，载《左文襄公全集·奏稿》（卷五十），第75—78页。
② 李鸿章：《复两江总督沈幼丹制军光绪四年正月初七日》，载《李文忠公全书·朋僚函稿》（卷十八），第2—3页。

至精河，经过散发赈粮、种子、耕牛等后，广为招徕，"土客民人及遣散勇丁"等领地耕垦，逐渐增加，迪化州属尤有成效，归有民户共四千二百余户，现报承垦者已三千六百余户。精河旧有民户四十余户，现报承垦者已一百余户。吐鲁番户口虽未报来，唯租粮税额已超过旧额的一半。至于南八城，多是膏腴之区，物产丰盈，现在收复未久，具体情况尚未报来，然而广为招徕安插，较之北路，"尤易为功"。在短时期内民户复业便有如此成绩，将来的成绩一定更有可观。新疆"开设行省，天事、人事均有可乘之机，失今不图，未免可惜。此新疆之应改设行省者一也"。

第二，从西北边疆的"长治久安"着想，新疆也必须改建行省。过去，新疆设立伊犁将军、都统、参赞、领队大臣等，他们"久握兵符"，不知民隐，不习吏事，"治兵之官多，治民之官少"，"而望政教旁敷，远民被泽"，难乎其难。新疆北路粮官只管将征收、催粮等事"责之头目"。新疆南路民、财大权等，完全由阿奇木伯克等掌握，官民隔膜，较之北路尤甚，"民之畏官，不如其畏所管头目"。阿奇木伯克等往往借口官府意旨，倚仗官势，擅作威福，欺压、苛勒平民，平民怨官而不怨伯克，以致平民唯伯克等之命是从，带来了政治危机，伯克制度必须革除。

再一方面，新疆官吏不通回民语言文字，全靠通事传话，遇有争讼案件，通事居间传话，往往故意颠倒是非，引起种种矛盾。新疆按丁抽赋，这种不合理制度自应改革，今后应赋随田起。为了防止不肖官吏、通事等上下其手，拟在各种券票和田赋由单上，刻印汉文，旁注回文，这样，既能除弊，又能使官民亲近。故兴办义塾，教回童识字等，势不可缓。其他如兴办屯田垦荒、发展地方经济等，百废待兴，都有待新疆设省，普置郡县。民财大权集中官府，将使"头目人等之权杀，官司之令行，民之情伪易知，政事之修废易见"，才能使新疆有磐石之安。

第三，从整个国家的财政开支着想，新疆也应开置行省。甘肃、新疆每年由国家协饷五百余万两。如果新疆改置行省以后，地方官妥善经营，大可开源，如鼓励垦荒，征其什一，足供军食，无烦万里转输之劳；开设厘局，抽收厘金，地方政府的收入可以不断增加；新疆出产的皮毛、玉石、药材、棉花、金、铜、铁等，仔细筹划，经理得法，收益增加更多。伊犁收回以后，收益更大，大约每年可以节约协饷一百余万两。从节约国家的开支着想，也应将新疆改建行省。①

在以上两个奏折中，左宗棠从防止沙俄的侵略，改革新疆的政治、经济，加强西北边陲的国防，节约国家的开支立论，申论新疆改建行省的重要性和必然性。他还针对投降派李鸿章放弃伊犁的谬论，强调了必须收回伊犁。把收回伊犁和改建行省统一考虑，表现出他善于斗争的才干。根据以上论述，可以明显看出，左宗棠关于新疆改建行省的理论，是龚自珍《西域置行省议》《安边绥远疏》的有关理论的继承和发展。

由于妥协派的干扰，清政府对左宗棠的奏折的批示是：伊犁尚未收复，"一切建置事宜尚难遽定"，新疆南、北各城如何经营，即著左宗棠悉心筹划兴办，然后再议设官分职，改设郡县等事。左宗棠不以为然，一八八〇年五月，他上疏抗辩说：不应由伊犁交涉影响新疆建省，目前新疆南、北路的善后事宜，办理"均有端绪"，我与部属再三商量，一致认为现在即应简派总督、巡抚，"军府立而安攘有借"，新疆总督宜驻乌鲁木齐，巡抚驻阿克苏，并提出了应该设立的道、府、州、县及其辖境。②这时，中俄伊犁交涉到了最紧张的时刻，左宗棠已经"舁榇西行"，进驻哈密，准备抗击沙俄的军事侵略，誓死收回伊犁。由于妥协派的破坏干扰，清政府对左宗棠抗俄必胜缺乏信心，左宗棠请求迅速设省、简派督抚的建议被搁置一边。这个奏折上去不到三个月，左宗棠被

---

① 左宗棠：《复陈新疆情形折光绪四年十二月二十二日》，载《左文襄公全集·奏稿》（卷五十三），第30—37页。《新疆行省急宜议设关外防军难以遽裁折光绪八年九月初八日》，载《左文襄公全集·奏稿》（卷五十九），第57—60页。

② 左宗棠：《复陈新疆宜开设行省先简督抚以专责成折光绪六年四月十八日》，载《左文襄公全集·奏稿》（卷五十六），第34—37页。

调离哈密，回京供职。离开哈密时，他奏请将镇迪道和哈密从甘肃划归新疆管辖。他说：哈密地居冲要，镇迪道文武官员规模具备，刘锦棠既然督办新疆军务及一切事宜，该两地文武官员自应划归刘锦棠统辖。一八八一年，他又奏准将甘肃、新疆的每年协饷划分为二，新疆得六成，甘肃得四成。经过不断的建设和改革，新疆虽未设省，实际上已经具备了建省的规模。

一八八二年十月，左宗棠在两江总督任内，身在东南，神驰西北，对新疆建省问题念念不忘。他上奏说：过去，我一再上奏请将新疆改建行省，朝廷批示要等到收回伊犁以后再予考虑。去年，伊犁已经收回，而设省问题迄无动静。乾隆年间戡定新疆，其规模建置偏重北疆，今昔时移势迁，新疆强邻环伺，"他族逼处，故土新归，非规模早定，废坠无自而兴"。新疆若不设督抚，仍由陕甘总督"遥制"，实鞭长莫及。现今新疆疏浚河渠，建筑城堡，广兴屯垦开荒，清丈田亩，厘正赋税，分设义塾，更定货币，兴办育蚕织绸，开设铁工厂等，皆有成效。以田赋而论，从光绪四年（1878）到光绪五年之间，南、北疆共征收粮食二十六万一千九百余石，供给驻军食用而有余。光绪四年到五年已经征收厘金十八万余两。将来田粮、厘金的收入，将随着新疆建设的发展而增加，如能及时设省，分置郡县，前途更有可为，定然"气象一新"。此时早定大计，其利有五：

收复我国故有之地而治理之，"异类无从搀越"，足以杜绝外人觊觎。其利一。

由督抚直接应付中外交涉事宜，将收防患未然之效。其利二。

各族人民刚从水深火热中解救出来，设省后责成地方官继续革除秕政，敷设善政，则官民之情深。其利三。

将来可由防营中挑选精壮，设立制兵，"错落布置其间"，军威雄壮，边防巩固。其利四。

从前开浚河渠、筑城、修桥铺路等，主要依靠军队，设省后应由地方官督率民人办理,以善其后。其利五。

最后,他郑重提醒清政府说:"万一强邻窥视,暗煽拼飞,后患方兴",稍有不慎,足以使前功尽弃。设立新疆行省,暂时稍觉劳费,"亦有不得而惜者"。①

爱国事业终究能得到朝野的支持。在朝野的舆论压力下,一八八四年十一月,清政府宣布新疆开置行省,以刘锦棠为新疆巡抚②,这对开发新疆,巩固西北边防,是一项影响深远的重要战略措施。

左宗棠在西征过程中,把军事斗争与政治、经济、军事建设以及收复伊犁、开置行省等互相结合进行,做到了成竹在胸,环环相扣,为新疆建省铺平了道路,这是新疆能在一八八四年开置行省的根本原因。

---

① 左宗棠:《新疆行省急宜议设关外防军难以遽裁折光绪八年九月初八日》,载《左文襄公全集·奏稿》(卷五十九),第57—60页。

②《清德宗实录》(卷一百九十四),第27页。

第十章　在中法战争中的反投降、反侵略斗争

一八八一年十月下旬，清政府任命左宗棠为两江总督兼任南洋通商大臣，翌年二月到任。这时，法国侵略者正在疯狂侵略越南，战火逐渐逼近中国的广西、云南边境，中法之间的外交斗争尖锐起来了。清政府责令李鸿章负责中法交涉。左宗棠总督两江兼任南洋通商大臣，有关两广的中外交涉，在南洋通商大臣的管辖范围。李鸿章在中法交涉过程中推行其妥协外交时，直接遭到了左宗棠的反对，于是，出现了以左宗棠为首的抵抗派同以李鸿章为首的妥协派的斗争。随着民族矛盾的激化，清政府中分化出来的爱国人士越来越多，他们一致支持左宗棠的反侵略、反投降斗争，会合成了近代史上第二次爱国力量的集结，有力地揭露、批判、打击了妥协派。

为了反抗法国的侵略，保卫祖国的权益，左宗棠在反对李鸿章所推行的妥协外交的同时，在两江总督辖境整军经武，准备打仗，命令旧部王德榜回湘招募兵勇，组成恪靖定边军，开赴广西前线。在李鸿章的影响下，一八八四年八月，闽江水师全军覆没，福州风声鹤唳，草木皆兵，东南震动。清政府以左宗棠为钦差大臣督办福建军务。左宗棠坐镇福州，整顿军队，部署防务，派兵增援台湾，指挥若定，东南沿海士气重振，转危为安。

一八八五年三月，王德榜与冯子材并肩作战，取得了扬眉吐气的镇南关（友谊关）大捷，旋即攻克谅山。一八八五年六月，在捷报频传声

中，李鸿章签订了丧权辱国的《中法天津条约》，左宗棠虽然上疏力争，但已无济于事，造成了中国不败而败，法国不胜而胜的可耻局面。

左宗棠以七十四岁的高龄，为部署抗法军事而亲历海防前沿阵地，布置防务，调兵筹饷；为反对李鸿章等而唇枪舌剑，绞尽脑汁。他的气力使完了，精神耗尽了。福建前线的余烬未熄，一八八五年九月五日，左宗棠与世长辞。他的后半生，完全献给了祖国正义的、伟大的反帝爱国事业。

一、反对李鸿章对法妥协投降，爱国力量的第二次集结

一八八四年到一八八五年的中法战争，是法国资产阶级疯狂推行其殖民政策，侵略中国邻邦越南，进而侵略中国西南边疆所引起的。

十九世纪六十年代，法国侵占了越南南方。七十年代以后，法国的资本主义汹涌发展，逐渐形成了垄断联合企业。一八八〇年，代表法国大金融资本家利益的共和党执政，加紧了侵略越南和中国的步骤。

刘永福，字义，号渊亭，广东钦州人，原籍广西博白。曾参加广西的地方农民军，在清军围攻下，率部至中越边境越方的保胜（老街），所部以黑旗为标帜，号称"黑旗军"。[①]一八七三年冬，法国派安邺率军攻陷河内等地。越南国王邀请刘永福率黑旗军助越抗法。十二月，黑旗军与越南军民联合作战，收复河内，击毙安邺，毙伤法军数百名，越南国王晋封刘永福为三宣副提督，命刘永福率黑旗军扼守富良江两岸。

一八八二年五月，法国西贡殖民当局派上校李维业率军再次侵占河内。翌年五月中旬，刘永福率黑旗军三千，会同越军黄佐炎等部反攻河内，在纸桥大败法军，阵斩李维业，把法国侵略军打得弃甲曳兵而逃。

[①] 黄海安：《刘永福历史草》，载丛刊：《中法战争》（第一册），第169—230页。

越南政府晋封刘永福为一等义良男爵,任命他为三宣提督。从此,刘永福黑旗军名扬中外,威镇北圻,成为法国侵略者侵犯北圻和中国西南边疆不可逾越的障碍。法国侵略者把刘永福率领的黑旗军看作眼中钉、肉中刺,必欲拔去而后快。

法国侵略军既失败于北圻,转而利用越南封建王朝内部争权夺利的斗争,于一八八三年八月下旬,攻陷顺化,强迫越南政府订立了《法越顺化条约》,取得对越南的"保护权"。以后,又集中力量进犯北圻,指向中国,中法战争不可避免了。

在对待法国侵略的问题上,清政府内部存在着抵抗派与妥协派的斗争,左宗棠是抵抗派的首领,李鸿章是妥协派的罪魁。

"塞防"与"海防"之争后,李鸿章不仅在外交方针上与左宗棠格格不入,一再遭到左宗棠的批驳反对,对左宗棠耿耿于怀,并且由此结下了个人恩怨,对左宗棠切切于心。左宗棠对李鸿章的妥协外交一贯反对,而对李鸿章的结党拉派,知有淮系而不顾国家大局,深为不满,曾向清政府揭发说:李鸿章兄弟一门"以功名显,其亲党交游,能自树立,文员自监司以上,武职自提镇以下,实不乏人……勋伐既高,依附者众,当时随从立功,身致富贵者,又各有其亲友,展转依附,实繁有徒,久之倚势妄为,官司碍难处置",李鸿章等"宜以身作则,毋与邦人士争势竞利……臣等忝任疆圻,亦当尽心化诲,俾知以义为利,各思保世承家为报国之本"。①因此,当清政府任命左宗棠总督两江后,李鸿章到处造谣挑拨,制造矛盾,企图扳倒左宗棠。他写信给四川总督丁宝桢说:左宗棠就任两江总督后,可能要变更淮盐章程,影响川盐销路,事关大局,"望公与家兄(湖广总督李瀚章)合力谋之,其不可行者,固无妨执简而争也"。至于洋务章程,向来由总理各国事务衙门主持,如果左

---

① 左宗棠:《复陈奉旨查办事件大概情形折光绪七年十二月十九日》,载《左文襄公全集·奏稿》(卷五十八),第48页。

宗棠变乱约章，必将引起各国公使的交涉，看来，他不敢轻率从事。近来，我屡次与他晤谈，他"不但无鞭挞四夷之心，抑且无经营海上之志，外强中干，概可见矣"。[①]为了挑拨即将卸任的两江总督刘坤一与左宗棠的关系，他写信给刘坤一说：左宗棠年事已高，"似精神稍散漫"，不宜在军机处做官，只宜外任，他本人也要求离开北京，才把你从两江调走。[②]

左宗棠对李鸿章一贯推行其妥协外交，早已洞烛其奸，当然不愿也不肯对牛弹琴，同李鸿章议论"挞伐四夷之志"，"经营海上之心"。他在军机处演了一出精彩的好"戏"，把李鸿章搞糊涂了，使李误认为他精神散漫，年高力衰，已无反侵略的"心"、"志"，估计他到两江后，将无所作为。谁知他到两江上任不久，便大声疾呼反抗法国的侵略，整军经武，写信诘责李鸿章：法国的侵略变本加厉，"滇、粤边务亦宜借筹"，两江总督兼任南洋通商大臣，对于滇、桂两省中法交涉，"未可坐视"，有关中法交涉，何以我处"竟寂无闻见"？[③]一盆冷水劈头盖脸地泼向李鸿章，使他预感到在中法交涉中推行其妥协外交，又碰到了既硬且辣的老对手。在中法交涉中，他们俩一个反对侵略，坚持抵抗，意志如钢；另一个则死命妥协，"畏犬如虎"，形成鲜明尖锐的对照。具体说来，他们的分歧与争论有以下几个方面：

首先是关于怎样对待法国侵略问题上的争论。

李鸿章认为：法国议会已经通过增加军费，如果我国在滇、桂边境稍一动兵，法国将派兵舰南犯粤海，北闯津、沽，或是声东击西。沿海

[①] 李鸿章：《复丁稚璜宫保光绪七年十一月十七日》，载《李文忠公全书·朋僚函稿》（卷二十），第19—20页。

[②] 李鸿章：《复刘岘庄制军光绪七年十一月二十日》，载《李文忠公全书·朋僚函稿》（卷二十），第20页。

[③] 左宗棠：《与李少荃傅相》，载《左文襄公全集·书牍》（卷二十六），第31页。

万里，顾此失彼，兵连祸结，防不胜防。

欧美各国，战局一开，往往经历数年，我国兵力、财力难以支持，以中国未经战阵的小兵舰，也无法抵御法国的数十只新式铁甲舰。有人认为我国陆军可以战胜法国，但是，"一时战胜，未必历久不败，一处战胜，未必各口皆守"。遇有战争，西方国家倾国征兵集饷，终必战胜，到时索取赔款"以亿万计"，将如何应付？

道光、咸丰年间的战争中，我国曾一再抵抗，终归失败，"盟约所要，愈趋愈下"，如果战败，"各国之窥伺愈多"。后患不堪设想。

"两大交兵"，旷日持久，糜费极大，"须先筹的饷一千万，以济目前需要"。总之，"各省海防兵单饷匮，水师又未练成，未可与欧洲强国轻言战事"。[①]

一八八三年四月，清政府命令李鸿章迅赴广东督办越南事宜。李鸿章非常恼怒地说："若以鄙人素尚知兵，则白头戍边，未免以珠弹雀。枢府调度如此轻率，殊为寒心。"[②]作为妥协派罪魁的李鸿章，当然不愿、也不敢走上抗法前线。

在怎样对待法国侵略的问题上，左宗棠的观点与态度，同李鸿章截然相反。他说有人认为一旦开仗，"兵凶战危""兵连祸结"，这种看法不对。须知"法人欺弱畏强，夸大喜功，实躁急而畏难"。近来法国党派纷争，仇衅四结，并无强大之可言。只要中国坚持抗法，久后法必气馁。从军事上来说，法国"虚悬客寄之师，劳兵数万里外"，"疾疫流行，势难持久"。有人认为"内地海口绵长"，防不胜防，那也不对。沿海各省

[①] 李鸿章：《论海防兵单未可轻言战事光绪九年五月初四日》，载《李文忠公全书·译署函稿》(卷十四)，第10页。故宫博物院编：《署理北洋通商大臣李鸿章奏法越交涉事端重大遵旨妥筹全局折》，载《清光绪朝中法交涉史料》(卷四)，1932年版，第19—24页。

[②] 李鸿章：《复张蒉斋署副宪光绪九年五月二十日》，载《李文忠公全书·朋僚函稿》(卷二十)，第43页。

长期办理海防，理宜有所防备，我在两江就已作了充分准备，"声势已张，无虞侵犯"。我们不能不考虑对法妥协退让的严重后果，"鹰眼四集，圜向吾华，势将猝糠及米，何以待之"？他挺起胸膛向清政府说：我已派王德榜募集兵勇，组成恪靖定边军开往广西前线，为我先行。现在，我愿亲往滇、桂督师，"自揣衰庸无似，然督师有年"，旧部健将尚多，足以抗击法军，揆时度势，定能克敌制胜，"不效则重治其罪以谢天下。此一劳永逸之策也"。①这无异于立下了军令状。事后，他写信给朋僚说：我决心走上抗法前线，是否能操必胜把握，这倒难说，然处此危急存亡之秋，我也顾不了许多，"盖衰朽余生，得以孤注了结，亦所愿也"。②

其次是关于怎样对待刘永福问题上的争论。

如前所说，刘永福率领黑旗军，屡次接受越南政府的邀请，助越抗法，一再打败法国侵略军。法国侵略者竭力压迫妥协派，企图用妥协派的手，为他们搬走妨碍他们扩大侵略越南和滇、桂的绊脚石。李鸿章与法国侵略者心思暗合，到处恶毒攻击刘永福，必欲置之死地而后快。一八八三年夏，他写信给左宗棠说：刘永福率黑旗军反攻河内，大败法军，在纸桥击毙李维业，法方举国大愤，已添派铁甲舰及陆军三千前来，议院又通过增加军费，将图大举报复。③他颠倒是非，把刘永福抗法得胜，歪曲成法国增兵扩大侵略的原因。他写信给张佩纶说：有人以为法国兵力不足以打败刘永福，"毋乃视刘永福太重，而量法太轻"。刘永福"土寇伎俩耳。粤、捻之役，凡土寇聚结山谷者，无不被贼攻陷"。法国如此强大，决意从越南的北圻进攻，开辟红河通商，"岂肯为刘姓所

---

① 左宗棠：《时务说帖》，载《左文襄公全集·说帖》，第5页。
② 左宗棠：《答两广总督张振轩制军》，载《左文襄公全集·书牍》（卷二十六），第44页。
③ 李鸿章：《复左相光绪九年五月初七》，载《李文忠公全书·朋僚函稿》（卷二十），第41页。

阻"？①李鸿章所想的、作的，完全符合了法国侵略者的要求。

在对待刘永福的问题上，左宗棠与李鸿章又是一个针锋相对。他在答李鸿章书中说：刘永福纸桥大捷，阵斩李维业，得此大胜，"实足寒法人之胆"，"而快人心"。至于法国大举征兵集饷，"亦势所必至"，法国即使"倾国出师"，"亦难持久，再衰三竭"。现今云南督抚等暗助刘永福，完全应该。越南北方全仗刘永福黑旗军顶住法军，黑旗军"果能再接再厉，则法人凶锋频挫，何能越红江而上窥滇、粤乎"？我已购买水雷，拟转解云南，拨交刘永福使用，以制沿红河北上窥伺我云南边境的法国兵船。②

李鸿章污蔑刘永福是土寇；左宗棠为了保护刘永福，干脆来一个矫枉过正，他说刘永福是其旧部。他上书总理各国事务衙门大臣恭亲王奕訢说：刘永福是王德榜部下的勇丁，此次以"助越拒法自任"，屡败法军，中越边境各族民人慕义参战，所部激增至一万余人，越王命他为三宣提督，"是刘永福在中国本非乱民，而在越南则义士也"。唯刘部枪炮全靠从法军手中缴获补充，"孤立无援"，我正拟将枪炮、水雷等转解云贵总督岑毓英。我既身任南洋通商大臣，筹办滇、桂边务，职责所在，实不容"袖手旁观"。

再次是对待使用曾纪泽问题上的分歧。

中国驻英法公使曾纪泽，在中法交涉过程中，始终认为法国兼并越南，是为了以越南为"根脚"，实则欲谋我滇、粤五金之矿。我如对法外交一意妥协退让，"岂不召各国弱小者之姗笑，强梁者之觊觎"？法国与德、意、奥三国不和，"时虞强邻之窥伺，劳师远袭，力未有违"。再说中国海防经营有年，渐有起色，南、北洋诸公齐心协力，奋发有为，即

---

① 李鸿章：《复张蒉斋署副宪光绪九年正月初七日》，载《李文忠公全书·朋僚函稿》（卷二十），第37—38页。

② 左宗棠：《上总理各国事务衙门》、《答两广总督张振轩制军》，载《左文襄公全集·书牍》（卷二十六），第41—43、44页。

足以遏制法国之凶焰。①法国在北圻不断扩大侵略，威胁到中国边境时，他一再向法国政府据理力争，提出强硬抗议。

李鸿章却顽固不化，不顾爱国派左宗棠、曾纪泽等的反对，曲意奉承法国，先后与福禄诺、宝海、脱利古等谈判求和，曾纪泽对此极为不满，一八八三年七月上旬，写信给左宗棠说：李鸿章与法使脱利古（或译作德理固）等议和，时局每况愈下，始终误于三字：曰柔，曰忍，曰让。吾华早示刚严，则法人必不敢轻于举发。我因一再据理交涉，驳斥法国的军事进攻，"不见礼于法廷久矣，一腔愤血，何处可洒"！现在只有利用我的公使身份，向英、法绅民及新闻报馆揭露法国的侵略行动和阴谋，以尽我的职责，"表我之情理，张我之声威，冀以摇惑法绅，倾其执政"。②一八八四年二月下旬，他写信给山东巡抚陈士杰说：中法交涉，虽说是法国蓄谋已久，"实由吾华示弱太甚，酝酿而成"。目前"日在危机……彼亦未尝不危。若我能坚持不让之心，一战不胜，则谋再战，再战不胜，则谋屡战，此彼之所甚畏也"。法国国内党派纷争，外交上树敌太多，陷于孤立，这次如不能战胜法国，"况英、俄诸强国乎？此次不振，则吾华永无自强之日"。③

曾纪泽的爱国外交斗争，触犯了李鸿章的妥协外交方针，他向总理各国事务衙门进谗说：法国外务部与曾纪泽"嫌衅已深，以后难商此事"，似宜专任驻英公使。后来，他终于以淮系人物中国驻德公使李凤苞兼署驻法公使，既为他对法进行妥协外交去掉一块绊脚石，又安插了一个得力的助手。

---

① 曾纪泽：《巴黎致总署总办辛巳八月初一日》、《森比德堡再致越南国王癸未五月初八日》，载《曾惠敏公全集·文集》（卷四），第14页；（卷五），第7页。

② 曾纪泽：《伦敦复左中堂癸未五月二十九》，载《曾惠敏公全集·文集》（卷五），第8页。

③ 曾纪泽：《伦敦复陈俊臣中丞甲申正月二十三》，载《曾惠敏公全集·文集》（卷三），第6页。

左宗棠与曾国藩从太平天国失败前后开始，意见不合，互不通信。左宗棠说：我与曾国藩因"国事、兵事"，"凶终隙末"。①这里的所谓"兵事"，是指左宗棠嫌曾国藩用兵拙滞，又好师心自用，这是湘军镇压太平天国时的内部矛盾。这里的"国事"，则是指爱国与卖国的斗争，例如在办理天津教案时左宗棠反对曾国藩草菅民命，便是一个典型事例。左宗棠对曾纪泽却胸无成见。在中俄伊犁交涉中，曾纪泽远胜崇厚。在中法交涉中，曾纪泽完全转化为爱国派，要求抗法，反对妥协退让，得到了左宗棠的赏识与重视。一八八四年二月，由于李鸿章的排挤，左宗棠被调离两江。一八八四年六月，中法战争全面爆发，署理两江总督兼任南洋通商大臣曾国荃站在李鸿章一边，左宗棠非常不满，上奏说：两江总督兼任南洋通商大臣，此席"非洞悉洋务情形，控驭方略"者不可，委靡不振者难以当此重任。曾纪泽奉命出使，特别在中法交涉中刚柔相济，宽猛有方；遏制法国侵略，颇多建树，如若"畀以疆圻重任，必能肃海防而戢群族嚣凌之气"，他认为唯曾纪泽堪当此任，若能"畀以重任"，"诚大局之幸也"。②左宗棠与曾纪泽的携手，是在坚决抗法，反对投降，风雨同舟的爱国前提下的结合，决不是派系之间的互相援引。

　　在收复伊犁的中俄交涉过程中，经过以左宗棠为首的爱国派的斗争，伊犁地区回到祖国的怀抱，彻底粉碎了妥协派李鸿章抛弃伊犁的阴谋。这次爱国斗争的胜利，提高了人们的觉悟，大灭李鸿章之流的威风，大长了爱国派人士的志气。在中法交涉过程中，李鸿章执迷不悟，继续推行其妥协外交，必然再次激起更多爱国派人士更大的愤怒。一八八三年五月，清政府命李鸿章迅赴广东督办抗法事宜，李鸿章始而抗命滞留上海，继而借口津、沽备战，回到天津。这时，中法交涉到了紧急

---

① 左宗棠：《答上海李勉林观察》，载《左文襄公全集·书牍》（卷二十），第20页。

② 左宗棠：《遵旨保荐人材折光绪十年闰五月十八日》，载《左文襄公全集·奏稿》（卷六十三），第6—7页。

阶段，法国在北圻的军事进攻咄咄逼人，攻势矛头指向中国，抵抗派人士无不担心国家的命运和民族的前途，迫切希望左宗棠再次擎起抗法大纛。如抵抗派张之洞致书张佩纶说："合肥回津，不审此中命意若何？目前此事责之于谁？望详示。此等大事，岂太冲（指左宗棠）、南丰（指曾国荃）一无议论耶？"①左宗棠不负众望，当时，他正在两江总督任内，实力整顿江防、海防，积极备战；派王德榜回湘组织恪靖定边军开赴越桂边境前线。同时，他上书总理各国事务衙门说：法国进犯越南，进逼滇、桂，目前"议论纷纷，究以执咎无人，莫敢以正论达诸政府，实则主战主款，无难一言而决"。法人也怕"衅端一开，危险日甚"，但已势成骑虎，进退两难，"姑张虚声以摇撼"，"觇我所以处诸何如耳"？"默察时局，惟主战于义有合，而于时势攸宜，即中外人情亦无不宜。"②左宗棠有关抗法慷慨激昂的爱国言论，对爱国人士是很大的鼓励。在人民无权的时代，以左宗棠为首的爱国派人士，特别是实力派左宗棠的言论、举动，对清政府的决策，起着举足轻重的影响。

  随着边疆危机普遍发生，到了中法战争时期，民族矛盾上升到了主要地位，空前严重的民族危机，促使清政府统治集团的营垒中不断发生新的变化，分化出更多的抵抗派人士出来。他们逐渐再次集结到左宗棠高高举起的抗法旗帜下，纷纷参奏李鸿章投降卖国，要求抵抗法国的侵略，尤其在一八八四年五月，李鸿章与福禄诺订立卖国的《中法简明条约》前后，形成了以左宗棠为首的爱国派反对以李鸿章为首的妥协派的高潮。《中法简明条约》订立前夕，有人上奏斥责李鸿章"挟淮军以揽权"，"出其资财，令人贸易，沿江沿海，无处不有，深恐启衅洋夷，则商本亏折，是以断不欲战"。每遇中外交涉，"乃张夷势恫喝朝廷，以掩

---

① 张之洞：《与张幼樵》，《张文襄公全集·书札》，载丛刊：《中法战争》（第四册），第514页。

② 左宗棠：《上总理各国事务衙门》，载《左文襄公全集·书牍》（卷二十六），第41页。

其贪生畏死、牟利营私之计，深维时局，已堕坏于该大臣一人之手"。请"立予罢斥"。①有人参奏李鸿章"保位贪荣，因循畏葸"，办理海防将近二十年，糜费数千万，"半系调剂私人"，朝廷命令他前往广东经略抗法事宜，"抗不前往"，希另简贤员代替李鸿章。②一八八四年五月，《中法简明条约》订立，墨渖未干，法国侵略军全面进犯中国。由于妥协派的作祟，清政府依旧战志不决，又出现了一个参奏李鸿章的新高潮。左宗棠奏请与法国开战，他说：天津订立的《简明条约》条款透露后，"天下臣民莫不共愤而痛憾狡房之欺侮朝廷也。兹又衅自彼开，法人虽狡，无可置辩"，"而北圻尤滇、粤屏蔽，与吾华接壤，五金之矿甚旺，法人垂涎已久，若置之不顾，法人之得陇望蜀，势有固然，迨全越为法所据，将来生聚训练，纳税征粮，吾华何能高枕而卧，若各国从而生心，如……英人觊觎西藏，日本并琉球，葡萄牙据澳门，鹰眼四集，圜向吾华……何以待之"？"此固非决计议战不可也"。③有人奏李鸿章奉命治军天津十余年，"欲兵则兵，欲饷则饷，购船制械，前后耗费国帑不可胜计"，近日传闻法船二只进泊大沽，李鸿章竟作势张皇，恫喝朝廷，"是诚何心"？天津民人无不以李鸿章乞和误国为言，"请立予罢黜，另派知兵大员署理直隶总督"。④有人参劾李鸿章办理海防，糜费数千万，"曾杀过鬼子一名否？……刘永福奋力杀贼，中国统兵大员对之当愧死无

---

① 故宫博物院：《秦锺简请罢斥李鸿章片》，载《清光绪朝中法交涉史料》（卷八），第43—44页。

② 故宫博物院：《掌贵州监察御史刘恩溥奏李鸿章贻误大局请另简贤员折》，载《清光绪朝中法交涉史料》（卷七），第1页。

③ 左宗棠：《上总理各国事务衙门》，载《左文襄公全集·书牍》（卷二十六），第41页。《左文襄公全集·时务说帖》，第4—6页。

④ 故宫博物院：《右春坊右庶子饧钧奏要盟不可从并参李鸿章误国折》，载《清光绪朝中法交涉史料》（卷十八），第25页。

地"。①有人甚至上奏"以杀李鸿章为言"。②朝野要求抗法，反对求和的舆论，一浪高过一浪，一八八四年八月下旬，清政府被迫命令各省督抚督率战守。

爱国者是不会孤单的。在爱国派反对妥协求和的同时，一八八三年八月，广东沙面民人聚众焚毁洋商房屋。一八八四年中法战争全面爆发后，广东等省普遍发生驱逐披着传教士外衣的侵略分子的斗争。一八八四年九月，香港中国船工水手拒绝为法国侵略者装载在港购买的牛、羊等，修船厂工人拒绝修理法国兵舰。英方助法压制华工，反而激起了香港工人等的罢工斗争。③在中法战争期间，举国上下，形成了一个反投降、反侵略的波澜壮阔的爱国浪潮。

二、整顿江海防务，准备打仗

一八八二年二月，左宗棠到南京接篆视事，他说：我是两江总督兼任南洋通商大臣，管辖两江地区及东南各省海口。法国进犯越南，企图侵犯滇、桂边境，岂能坐视！一旦开衅，两江地区首当其冲，尤应加强防务。他在两江任内，除了同投降派斗争外，为了适应新的形势，还未雨绸缪，积极加强国防，准备打仗，办了几件要事：

增强沿海、沿江防务。左宗棠写的奏章有其特点。在申论中外交涉时，总是从务虚入手，以理胜人。为了加强说服力，他往往引证历史上

---

① 故宫博物院：《掌贵州道监察御史刘恩溥奏参李鸿章贻误全局折》，载《清光绪朝中法交涉史料》（卷二十），第6—7页。

② 翁同龢：《翁文恭公日记》甲申四月十一日条，载丛刊：《中法战争》（第二册），第13页。

③ 《各地人民反侵略斗争汇辑》，载丛刊：《中法战争》（第五册），1—2页、14—24页、37—38页。

的经验教训，宣扬其爱国思想，来劝说清政府中央的当权派。在整顿两江辖区的江海防务时，他上奏说：自从鸦片战争以来，"文如林则徐，忠而有谋"，以他对付英国，本来足以制服敌人，"不幸为忌者所间，事权不属，不克竟其设施"。武将如陈化成，力守吴淞炮台，苦战不退，右路牛鉴未战先溃，英军才能集中力量攻击左路，以致吴淞失陷，陈化成殉国。可见"议论不一，勇怯不齐"，患害极大。有些人自诩通达洋务，其实，"仍以因循粉饰，苟且目前之安"为得计，真令"志节之士扼腕叹息"。要知道"和局可暂不可常，其不得已而出于战，乃意中必有之事"，沿江、沿海防务岂容稍有忽视？必须立即整顿。他说到办到，亲率文武官员出省巡阅，历下关、乌龙山、象山、都天庙、焦山、圌山关、江阴、靖江、狼山和吴淞各炮台，演习打靶。他说，保卫长江的吴淞口为第一重关口，然而，敌人可以绕过崇明岛，经过白茅沙，侵犯狼山、福山，白茅沙实为长江的第二道关口，但此地从不设防。该地江面宽阔，左右沙线密布，沙缝无定，过往船只，"必须谨防跑沙，倘或误触跑沙，船一搁浅，立为浮沙壅没"，其间仅有中泓一水，水色稍清，宽约二里，长二十余里，为行船要道。左宗棠与随同巡视的苏松镇总兵、淮扬镇总兵、江南提督、长江提督和巡阅长江水师前兵部侍郎彭玉麟等研究商量，决定在白茅沙安设坚船、大炮，布设水雷，另在无名沙脚设立水炮台，专打中泓来路。万一敌舰冲过白茅沙，长江的第三重关口江阴要塞，尚足以阻敌深入。自江阴溯江而上，如圌山关、象山、焦山等要隘，均皆节节设防。瓜洲以上的芦滩一律加以清理，择要安置土炮于夹江两岸，俾便狙击敌舰，以补炮台之不足。

订立作战赏罚章程。魏源说，"练兵使之有勇难"，"用兵得力于节制者十之九"。[①]因此，必须使人人知道军法森严，赏罚分明。这种部队，一旦临阵作战，即使"弩矢如风雨，炮火若雷电，生死在呼吸"，全军上

---

① 魏源：《军政篇》，载《圣武记》（卷十四），第47页。

下，犹能怀必胜之心，人自为战，勇于争胜①，打败敌军。左宗棠老于兵事，深知赏罚严明与士气、纪律的关系，为此，他在巡阅江海防务时与随行将领订立了作战赏罚章程：

（一）遇有外国兵轮闯入海口不服查禁者，测准开炮轰击，命中者照军功例从优给奖，其夺获敌方船舰者，副将以下至外委等，均加三级，请保提、镇等官，请给世职、勇号，勇丁按名赏银五十两，仍录功核保。所夺轮船除军械，应用器具概应充公不准藏匿外，其余洋银什物均报验充赏，不准官弁扣留。

（二）督队不严，临阵退缩，甘心失律以致误事者，提督、总兵请旨正法，副将、参将、游击以下至把总、外委等，由总督处斩。

（三）战争期间，一旦敌军来犯，总督应亲临前线指挥作战，防地即汛地，如敌舰冲过白茅沙要口，则防所即是死所，当即捐躯以殉。②

这个章程的特点是要求明确，赏罚分明，上自总督，下至官兵的行动，完全统一于赏罚章程，尤为感人，在中国近代史上是破天荒的。章程深得全体官兵的拥护，一经当众宣布，官兵欢声雷动。左宗棠在家书中说：官兵之气可用，战时我与彭玉麟决心"乘坐舢板督阵誓死，正古所谓并力一向，千里杀将之时也"。当宣布赏罚章程时，"将校云：'我辈忝居一二品武职，各有应尽之分，两老不临前敌，我辈亦可拼命报国云。'答云：'此在各人自尽其心，义在则然，何分彼此？但能破彼船坚炮利诡谋，老命固无足惜，或者四十余年之恶气，借此一吐，自此凶威顿挫，不敢动辄挟制要求，乃所愿也。'"③可称老当益壮，爱国之志弥坚了。

---

① 魏源：《军政篇》，载《圣武记》（卷十四），第46—47页。
② 左宗棠：《筹备海防会商布置机宜折光绪九年三月三十日》，载《左文襄公全集·奏稿》（卷六十），第36—43页。《遵旨布置海防并办理渔团详细情形折光绪九年十二月初七日》，载《左文襄公全集·奏稿》（卷六十一），第70—72页。
③ 左孝同：《左文襄公家书》（卷下），第80页。

办理渔团。在第一次鸦片战争中，林则徐认为"民心可用"，把广州一带的蛋户、渔民、水手都组织起来，袭扰英国船舰，收效颇大。[1]魏源在《海国图志》的《筹海篇》中，也歌颂了人民群众在战争中的伟大作用，他说："三元里之战，以区区义兵，围夷兵，斩夷帅，歼夷兵"，取得了辉煌的胜利。[2]左宗棠继承和发展了他们的观点，在江苏沿海大办渔团。他说苏州、松江、常州，太仓、南通、海州等属二十二厅州县，共有渔户、水手一万数千人，应该把他们组织起来。他命令二十二厅州县每处择一适中之地，设一团防局，崇明岛因地广人众，为海上各路船只往来荟萃之所，设立两个团防局，另在吴淞设立总局，由苏松太道总负其责，派苏松镇总兵为会办。组织渔团的步骤是：先行颁布告示，说明办团是为了卫民，而不是扰民，然后清查渔户户口人数，从年轻力壮汉子中每百名挑选三十名充作团丁，技艺高强者挑作练勇，"将来拨作兵轮水勇"，各厅州县的团局选拔技艺纯熟者一二人为教习，教练团丁。在组织编制方面，应以十人为牌，牌有牌长。五牌为甲，甲长为首。规定每月初一、十六两日集中团丁于团局出操，出操团丁等到操一日，给钱百文，操毕回家，各安生业。各船发给船牌，一律由公家负责，不准摊派分文，遇有需索陋规使费者，准许船民指禀究办。每船给领刀矛军械、金鼓、旗帜、号衣，由团总领取散发，出操后仍旧收回。出操技艺娴熟者，当场奖给功牌，技艺生疏者受罚。又规定，战时渔民等不准为敌国船只引水，违者重惩不贷。[3]

一八八三年十月中旬，左宗棠从南京出发，巡视靖江、江阴、南通、海门、崇明等地，校阅渔团勇丁。在上海，调阅奉贤、南汇、常

---

[1] 梁廷枏：《夷氛闻记》，载丛刊：《鸦片战争》（第六册），第19—20页。
[2] 魏源：《筹海篇·议战》，载《海国图志》（卷一），第25页。
[3] 左宗棠：《创设渔团精挑水勇以资征防折光绪九年六月二十七日》，载《左文襄公全集·奏稿》（卷六十一），第10—13页。

熟、昭文、太仓、镇洋、华亭、金山等县①团勇，校阅时，凡是泅水、凫水、爬桅、超跃、施放枪炮等技艺娴熟者，当场给奖，不符要求的，或予训斥，或是撤销其团丁资格，并给予有关上级薄惩。据地方官禀报，渔民闻风争当团丁者，为数极多。②左宗棠教育部属说：平时这样整军经武，"皆先事不忘战，以备临时之一战。幸而可以不战，而我战之具自在"，可收有备无患之效。

命令王德榜回湘募勇，组成恪靖定边军。这支部队开赴越、桂前线后，创造了镇南关大捷。

王德榜，字朗青，原籍广东东莞，迁居湖南江华，参与过西征战事。为人"英锐，饶有胆智"，有独当一面的才能。一八八三年夏，王德榜请假回籍省墓，左宗棠命王德榜乘省墓之便，随带大量军火回湘，转运广西省城储存，并命他探听中越边境战况。在湘粤交界地区招募广东勇丁数营，以备开赴越桂前线作战。因李鸿章正在妥协求和，清政府拒绝了左宗棠的请求。③后来，法军扩大侵略，战火逼近广西边境，清政府不得不批准左宗棠的请求，饬令王德榜迅速募勇十营，取名恪靖定边军。左宗棠从两江抽调悍将记名提督杨文彪、记名总兵陈厚顺、副将谭家振、游击龙定太等数十名，前往湖南，归王德榜指挥。一八八四年一月中旬，王德榜统率恪靖定边军陆续开赴广西，归广西巡抚徐延旭指挥。一八八四年三月，徐延旭因督军不力，被革职逮问。李鸿章以其淮系骨干潘鼎新为广西巡抚，阴谋通过潘鼎新来败坏战局。

潘鼎新命王德榜分兵四营进驻谅山，以王德榜率四营守御镇南关，

---

① 《清史稿·地理志》载：昭文县，今属常熟县。镇洋县，今属太仓市。
② 左宗棠：《校阅渔团回省日期折光绪六年九月十七日》，载《左文襄公全集·奏稿》（卷六十一），第42—44页。
③ 左宗棠：《敬筹南洋边务机宜折光绪九年七月十三日》，载《左文襄公全集·奏稿》（卷六十一），第14—18页。

兼顾关内。①六月二日，潘鼎新到谅山。六日，命王德榜率三营进驻谅山，留一营助守镇南关。当日，潘鼎新率部入驻镇南关。这时，法军着着进犯，步步紧逼，王德榜向潘鼎新请示战守机宜。潘鼎新回答说：法军来攻，"战亦违旨，退亦违旨，已电总署示遵"。王德榜命令各营"以守为战"。五月十一日，李鸿章与福禄诺签订《简明条约》后，王德榜奉命自谷松、盘石退驻谅山，续退龙州。中越边境清军扼守观音桥一带。谁知《简明条约》订立后不到两个月，法国悍然撕毁条约，突然出动军队袭击观音桥清军阵地，守军愤怒抗击，法军全面侵犯中国，中法战争全面爆发。在朝野抗法舆论压力下，清政府被迫摆出抵抗的架势，命令各省督抚督率战守，暗中却叫李鸿章继续进行求和活动。

中法战争爆发后，法国以其海军舰队出犯台湾、福建，在个别战役上取得了一点胜利，但是，法国并没有取得什么决定性的胜利，相反的，法国舰队司令孤拔被击毙。中越边境是主战场，一八八五年初，法军在中越边境集结主力，妄图以新的军事胜利，胁迫清政府出卖更多的权益。

一八八四年六月观音桥战役开始后，王德榜奉命率部挺进。将军火辎重屯集高平，拟独任高平一路战事，以通滇军声气。潘鼎新命王德榜中止高平一路的军事行动，移军镇南关。不久，改命王德榜率部开往谅山附近的那阳等地，但王德榜部刚到那阳，又命其转移至板峒抗拒法军，而后忽然又将其调至丰谷。一八八五年一月三日，法军主力进犯丰谷，王德榜督率所部顽强抗击敌军一日一夜，伤亡近千。苏元春军违命未到，军火缺乏，军势孤单，王德榜率军破围，转进板峒，续退车里。二月十一日，潘鼎新命王德榜速援谅山。十三日，王德榜将军火辎重移屯禄州后，全军疾趋谅山。就在这天，法军猛犯谅山，潘鼎新部一触即

---

① 胡传钊：《王方伯来函》、《盾墨留芬》，载丛刊：《中法战争》（第二册），第545页。

溃，败不能止，直退镇南关，敌军跟踪追击。二十三日，潘鼎新部在镇南关不战而溃，潘鼎新仓皇逃窜，"不知所往"，所部军无主将，大掠龙州，广西边境地区兵荒马乱，岌岌不可终日。这时，王德榜与冯子材约定，冯军坚守凭祥，王军坚守由隘。法军侵占镇南关后，发现孤军深入，焚关退回文渊。冯子材率军挺进关内十里的关前隘，筑垒掘濠固守，与由隘王德榜的联系更为灵便。三月二十三日，法军猛扑关前隘，冯军连失三垒，形势危迫。以后，法军又连次猛犯，冯军再失二垒。就在这关键时刻，王德榜挥师出击，分兵为二，以一支遥作声援为正兵，另"以各分统挑选精锐从山僻绝径分支夺险为奇兵，从甫谷抄出，攻其无备，将敌后劲歼馘尽净"。所有法军屯集的军火，为王德榜悉数缴获。进犯关前隘法军发现军火被截，后路被切断，士气涣散，军心动摇。法军将领企图以进攻关前隘的胜利，来稳住军心，扳回败局。当敌军进攻时，年逾古稀、白发萧萧的老将冯子材，"以帕裹首，赤足草鞋"，手执长矛，跃出战壕，肉搏前进，诸军感奋，拼死冲锋。[①]王德榜督军从后夹击，"吹唇动地，山谷应声"，"十荡无前，万机齐发"。二十七日，冯军收复所失营垒，敌军崩溃。冯、王等紧抓战机，乘胜出击，克复文渊。这天，王德榜军踏平营垒三座，直捣敌军驱驴老巢。二十九日，与苏元春军联合作战，攻占驱驴。是夜，会同各军攻占谅山。谷松敌军望风披靡，我军追击至坚老。"越地义民闻风响应，越官黄廷经纠北宁等处义民立忠义五大团，建冯军旗号，自愿挑浆饭作向导，随军助剿，或分道进攻"。但是当此"破虏可期"之时，忽"电传谕旨停战"，全军虽然愤恨也只得退回广西国境。[②]

---

① 无名氏撰：《克复谅山大略》，载丛刊，《中法战争》（第三册），第78—79页。
② 无名氏撰：《克复谅山大略》，载丛刊，《中法战争》（第三册），第80页。胡传钊：《盾墨留芬》，载丛刊：《中法战争》（第二册），第545、548、567、578、600—602、604—605页。冯子材：《萃军进剿法匪先获小胜随会诸军鏖战历三昼夜大获全胜会奏咨》，载丛刊：《中法战争》（第三册），第91—93页。

一八八五年二月，谅山、镇南关失守，显然是潘鼎新执行李鸿章的妥协外交的结果。为了逃避罪责，潘鼎新还进一步陷害抵抗派将领，他将谅山、镇南关失陷的罪行推到王德榜的身上，以致王德榜被革职。王德榜奉到革职命令时，正在镇南关大捷后追击法军途中。潘鼎新陷害王德榜犹嫌不足，又进一步陷害左宗棠，致电两广总督张之洞说："朗青信左相'勿听节制'一言，掣肘贻误至今。"王德榜知道后，"毛发悚然"，痛心疾首。他说：非但我受委屈，"即左相亦被其诬枉"。自去秋迄今，屡"奉左相来书"，告诫我说："此次奏派援越，任事不及从前，切勿有初鲜终，负我期望。现在朝命主战，务要尽心竭力，有机即图，不可畏难，不可轻率。倘真不如从前出力，贻举者羞，不待他人列参，我先劾之。"我把入越后与潘鼎新意见"不甚洽惬，秉承方略，每多未协机宜之处，婉曲陈之。奉批：'事机之来，仍须拿定主意，相机剿办，不可过为潘抚军遥制，致误戎机。'"[①]当潘鼎新镇南关溃败后，王德榜尚能坚守由隘，旗枪不倒，接着与冯子材协同作战，创造了镇南关大捷、谅山大捷，推原其始，这一扭转中法战争战局、震动中外的军事胜利，与左宗棠运筹帷幄，派王德榜招募兵勇，组成恪靖定边军，增援越桂前线是分不开的。

三、坐镇福州，指挥抗法军事

左宗棠在两江总督任内，不安其位，原因是多方面的，主要是由于他筹划抗法军事，屡次要求走上抗法前线指挥抗法战争，受到李鸿章等的破坏、遏制；次之是他年老力衰，目疾严重。一八八四年一月三十一日，他上奏请求开缺回籍，这是李鸿章求之不得的。早在一八八三年，

[①] 胡传钊：《盾墨留芬》，载丛刊：《中法战争》（第二册），第605—606页。

有人奏请派左宗棠前赴两广指挥抗法军事，触动了李鸿章的肝火，他大骂左宗棠说："此老模糊颠倒，为江左官民所厌苦，移置散地固得矣。"①本来清政府在左宗棠奏请开缺时，只准他开去两江总督职务，勉励说："左宗棠勤劳懋著，朝廷倚任方殷"，现在时局紧张艰难，"尤赖二三勋旧之臣，竭诚干济。"希目疾稍愈，"即行销假，以副委任"。左宗棠很高兴，复奏说，如果海防有事，我一定照常经理，不敢稍有诿卸。四月八日，左宗棠交卸两江督篆，清政府以唯李鸿章马首是瞻的曾国荃署理两江总督。这时，法军在北圻的攻势非常猛烈，战争烽烟迫近中国广西边境，左宗棠激于义愤，难以安心调养，力疾销假。清政府忽然下令左宗棠"来京陛见"，硬把他调离两江，不许他插手抗法军事。到京后，清政府命他在军机大臣上行走，"毋庸常川入直，遇有紧要事件，预备传问"。这就如了李鸿章的愿，真正把左宗棠"移置散地"了。

李鸿章污蔑左宗棠在两江总督任内，因年老"模糊颠倒，为江左官民所厌苦"。事实如何，这里顺便提一下。后来，薛福成在《左文襄公晚年意气》一文中说：左宗棠总督两江，"苏绅潘季玉观察②，以地方公事特赴金陵，欲有所陈，归而告人曰：'吾初谒左相，甫寒暄数语，引及西陲之事，左相即自述西陲功绩，刺刺不能休，令人无可插话。旋骂曾文正公，迄终席，语尚未畅，差弁侍者见日已旰，即举茶杯置左相手中，并唱送客二字，吾乃不得不出。'"翌日，复往见，亦复如是。过了几天，前往告辞，左公话多依旧如故，"侍者复唱送客，吾于起立时方欲陈地方事数语，左相复引及西陲之事，余乃疾趋而出云"。"潘君之言如此，可谓形容惟肖矣。"经过薛福成这一凑趣，好像左宗棠真是一个糊涂老人了。薛福成的话，值得深思。如果左宗棠不是充满爱国热忱而又精明强悍、忠勇性成的人，他能订出那样出色的赏罚章程吗？能写得出分

---

① 李鸿章：《复张篑斋署副宪光绪九年五月二十日》，载《李文忠公全书·朋僚函稿》（卷二十），第43页。

② 潘季玉，即潘曾玮，前军机大臣潘世恩子，是苏州头号士绅。

析形势晓畅明达，坚决要求抗法的许多奏折与书札吗？他在两江任内整军经武，加强江、海防务，组织恪靖定边军，增援越桂前线；整顿吏治、财政，一八八四年春，交卸两江"篆务，查据各司道报文截止数目，计藩司、运司及各道局库。共存银四百余万两"。①政绩斐然。可见左宗棠并不年老糊涂，这是不容怀疑的。那么，薛福成的记载如彼，又将如何理解呢？潘曾玮，又名季玉，或名玉泉，其父潘世恩，在道光晚年、咸丰初年曾任大学士、军机大臣，其侄潘祖荫是尚书，所以潘季玉是苏州的头号士绅。左宗棠最讨厌士绅干预地方政治，很可能是为了少树对立面，集中力量与投降派李鸿章作斗争，因此，他采用了不给予潘季玉干预地方政事发言余地的做法，自己滔滔不绝地骂曾国藩，骂李鸿章，铺陈西陲设施，借此支开了潘季玉。

中法战争爆发后，法国海军舰队进犯中国东南沿海，扩大侵略战争。一八八四年八月上旬，法国海军进攻基隆，督办台湾事务大臣刘铭传指挥守军发炮还击。法军冒死登陆，守军勇猛冲杀，法军溃逃，死伤数十，清军缴获大炮四尊，帐篷、衣帽无算。八月中、下旬之间，法国海军舰队司令孤拔所部舰只陆续开进闽江，与闽江水师舰只同泊一起，战机紧迫。闽浙总督何璟、福建巡抚张朝栋、船政大臣何如璋等，唯李鸿章之命是从。在这海战一触即发的紧要时刻，何如璋竟下令"严禁各军舰，战期未至，不准发给子弹，并不准自行起锚"。二十三日，法国驻福州领事将法海军舰队作战决定通知驻福州各国领事和中国地方当局，何如璋等手足无措。当日下午，法国舰队突然轰击闽江水师舰只，中国兵舰仓皇起锚应战，众寡强弱悬殊，又加被动应战，闽江水师全军覆没，马尾造船厂也被轰毁。海战中，闽江水师官兵二千余名，阵亡近千，官兵"多系闽人，一闻失败，榕垣啼夫哭子者，惨不忍闻"。

海战开始后，会办福建海疆事宜大臣张佩纶"一闻炮声，神经错

---

① 左宗棠：《时务说帖》，载《左文襄公全集·说帖》，第7页。

乱，晕倒在地"，幸当差将他迅速负起，逃至猴屿乡，神思略定，发现所穿靴子丢掉一只，怒责当差。当差的苦苦哀求说："彼时仓皇，只能顾及大人生命，奚暇顾及大人之靴？纵使有罪，亦不得归罪于下人，归罪于法人可也。"何如璋等也遁逃一空。①福建前线，兵无斗志，人心动摇，福州一夕数惊，东南震动。

法军进犯台湾和闽江水师覆没后，朝野舆论又掀起声讨妥协派的浪潮，要求严惩福建当局负责人，追究李鸿章的责任。八月十六日，上海《申报》发表社论，题为《论今日之势惟有速战》。十七日，发表《论中国今日当明与法人示战》。十九日，发表《论目下战务愈不宜迟》。九月八日，清政府起用已被"移置散地"的左宗棠为钦差大臣督办福建军务，叫他去支撑东南危局。

醇亲王奕𫍽说：左宗棠奉命为钦差大臣后来谈，"仍伏波伏鞍之概，其志甚坚，其行甚急"。②九月十六日，七十三岁高龄的左宗棠，扶病就道。十月十四日，行抵南京，在南京筹办粮饷，抽调军队。十月三十一日，统率步兵数营，离宁赴闽。十二月十四日，到达福州。目击者记载说：钦差大臣左宗棠进入福州时，威风凛凛，旗帜飘扬，上面大书"恪靖侯左"字样，队伍两行，"个个肩荷洋枪，步伐整齐，后面一人乘肥马，执长鞭，头戴双眼花翎，身穿黄绫马褂……主将左宫保是也"。跟随大小官员无数。"所过街坊各铺，均排设香案迎迓"，"盖榕垣当风声鹤唳之秋，经此一番恐怖，一见宫保，无异天神降临，所以敬礼如此也"。③福州人心大定。

左宗棠到福州后，采取了有力的抗法军事措施。

---

① 采樵山人：《中法马江战役之回忆》，载丛刊：《中法战争》（第三册），第132—138页。
② 《醇亲王奕𫍽致军机处尺牍》，载丛刊：《中法战争》（第五册），第52页。
③ 采樵山人：《中法马江战役之回忆》，载丛刊：《中法战争》（第三册），第138页。

第一，派兵增援台湾。早在左宗棠到福州之前，一八八四年十月二日，法国利用海军优势，攻陷基隆，刘铭传退守台北。十月八日，法军进犯淡水，台湾军民协作，大败法军。十月二十三日，法国海军宣布封锁台湾海峡，刘铭传不断呼救请援。左宗棠派王诗正等率恪靖援台军偷渡封锁线，增援基隆附近驻军，稳住了台北局势。

第二，整顿闽江防务。为了防止敌军再次内犯福州，分拨兵勇驻守长门、金牌、连江、东岱等各闽江要隘。派福建按察使裴荫森等就闽江口要隘构筑阻塞工事，树立铁桩，横以铁索。距省城福州三十里的林浦、魁岐及闽安右路出海之梅花江等地，一律垒石填塞，仅容小舟来往。以上各要隘择要安设炮台。大炮缺乏，命打捞沉没闽江的兵舰，拆卸舰上大炮，移作陆上炮位。以福州将军穆图善坐镇长门，调度扼守。一八八五年二月中旬，左宗棠与闽浙总督杨昌濬前往海防前沿巡视，历南台、林浦、马江、闽安、长门、金牌，会晤福州将军穆图善，协商防务，命令各营官兵站队试枪、试炮。撤去闽江口水道标志，沿江布设水雷，通知各国领事即日封港。

第三，创办渔团。福建沿海各府州县，港汊分歧，渔户船只不可胜数。他选派干员分赴福州、福宁、兴化、泉州四府各海口，设立团局，会同地方官和本籍士绅办理渔团，选择渔民中骁勇善水者作团长，"勒以步伐，犒以资财，动以功名，慑以利害"，以为耳目爪牙。①

经过这番整顿，福建、台湾的防务大为加强，法国舰队再也不敢闯进闽江，在台湾始终株守基隆，不敢深入。法国侵略者既不得逞于东南沿海，于是妄图在中越边境打开战局，集中主力进犯镇南关，又被冯子材、王德榜等部打得败不成军，中国军队连克谅山、文渊，形成全面追歼法军的态势。

---

① 左宗棠：《办理各海口渔团片光绪十年十月二十五日》，载《左文襄公全集·奏稿》（卷六十三），第48页。

一八八五年二月，当越桂边境战局一度失利时，清政府根据海关总税务赫德的建议，派英国税务司金登干前往法国巴黎，与法国进行秘密谈判，先后月余，不得要领。法国得到法军在镇南关、谅山惨败的消息后，随即于四月四日与金登干签订了《中法议和草约》。六月九日，李鸿章与法国驻华公使巴德诺依样画葫芦，签订了《中法天津条约》。当镇南关大捷后中国军队发起追击战时，李鸿章无耻地提出"乘胜即收"的卖国口号，清政府下令停战撤兵。抗法爱国将领王德榜、冯子材等在追击法军途中接到停战撤兵的命令，"拔剑砍地，恨恨连声"。①冯子材电张之洞请上奏"诛议和之人"。②爱国人士把清政府下令停战撤兵，比作秦桧用十二道金牌召回岳飞，写诗抒愤：

> 清酒黄龙约易成，朱仙急返鄂王兵。
> 五羊桂管严初解，四牡皇华使又行。
> ……
> 老臣抗疏千行泪，一夜悲歌白发生。③

四、"春蚕到死丝方尽"，左宗棠撒手尘寰

巴黎停战协定签订后，清政府命令前线将领停战撤兵，左宗棠悲愤之极，五月十八日，上奏"要盟宜慎，防兵难撤"。他说："用兵之道，宜防尔诈我虞，驭夷之方，贵在有备无患"。法国自从逞兵以来，屡次以

---

① 胡传钊：《盾墨留芬》，载丛刊：《中法战争》（第二册），第602页。
② 张之洞：《冯帮办来电光绪十一年三月初一日子刻到》《张文襄公全集·电牍》，载丛刊：《中法战争》（第四册），第48页。
③ 陈玉树：《乙酉春杂感》，《后乐堂集》，载丛刊：《中法战争》（第四册），第660页。

忽和忽战误我大局，去年订立《简明条约》，口血未干，撕毁条约，进攻挑衅，"甚且逞其无赖，以为观音桥之战自我先开"，威胁恐吓，无所不至，现在又请议和，怎可轻信？目前沿海、沿边各省，经营防务稍为周密，今又议和，"日后办理洋务，必有承其敝者"。这个奏折虽不能挽狂澜于既倒，但深刻而尖锐地揭露了法国侵略者的侵略手法，抨击了李鸿章等的妥协误国，指责了清政府在抗法问题上的举棋不定，轻率从事。

从五月十一日起，李鸿章与巴德诺就巴黎达成的停战协定逐条核定。谈判的情况漏到了张之洞的耳里，他感到自己"人微言轻"，认为只有左宗棠"举足轻重"，能"影响大局"。五月二十一日，他打电报给左宗棠说：听说中法详细约款十条，数日内即将画押，"无非利法害华之事"，我已一再奏阻，"初则切责，后则不报，人微言轻，无术挽救。若再草草画押，后悔曷追？公有回天之力，幸速图之，但勿道洞言"。[①]

张之洞的电报，徒然增加左宗棠的苦痛，他深知和战大局为妥协派所把持，非笔墨所能挽回。六月九日，李鸿章签订了《中法天津条约》。六月十九日，左宗棠上奏请求开缺回籍。

自从西征以来，左宗棠便年老多病，这次前来福建督师，是激于爱国义愤，才力疾披挂上阵的。他说，自到福建以来，食少事烦，羸瘦不堪，手腕颤摇，难以握笔，批阅文件，万分吃力，时间稍长，即感心神彷徨，头晕眼花，"毒痊"发作，浑身痛痒，时常咯血，偶然行动，气喘腰痛。七月二十一日夜，忽然痰涌气喘，"手足瘛疭，神志昏迷，赶紧进药，逾时始苏。"病情如此严重，但他仍念念不忘奏请将孤悬海外的台湾改建行省。

左宗棠认为台湾孤峙海外，为南洋七省门户，他对台湾的军事、政治一贯关心备至。早在一八六六年闽浙总督任内，他向清政府揭露台湾

---

① 张之洞：《致福州左中堂光绪十一年四月十五日发》，《张文襄公全集·电牍》，载丛刊：《中法战争》（第四册），第504页。

军政的腐败情况说：过去规定从大陆调兵去台湾更番戍守，额兵计有一万四千余名，兵数不可谓不多。自咸丰年间以后，更番戍守之制，名存实亡，实际兵额不足三分之一。军事情况如此，怎能长治久安？过去台湾最高行政官员为道员，下辖道标，后来裁撤道标，遇有风吹草动，必须用兵之时，道员须求助于武官，一切任其虚冒侵蚀，武官且肆无忌惮，纵兵为奸，营兵以通敌为利，故应迅速恢复道标，明令总兵归道员统辖察看，"以杜欺罔，而重操防"。台湾水师向设战舰九十六号，现在只舰无存，但大修、小修之费依然如故，此项虚冒，应予革除，而以此种款项造船巡海，募练水兵，以加强台湾防务。以政治情况而言，亦令人气愤。台湾物产丰富，为官者收取陋规，饱其私囊，此外，尚有节礼、寿礼、洋药、樟脑规费等，小小知县"有收至二万余两者"，陋规等应予革除。吏治败坏，应加整顿，务使"人心固结"，才能图"长治久安之策"。他提醒清政府说："近自洋人入驻要口以来，游历内山，习知形势"，如果对台湾的军事、吏治不善自整顿经营，"我弃而人取之"，追悔何及！他请求派所部干员吴大廷为台湾道道员，总兵刘明灯率兵进驻台湾，受道员节制。[①]台湾的军事、政治面貌为之一变。

在清政府统治下，"人存政举，人亡政息"。左宗棠调离闽浙总督后，继任者吴棠等因循保守，台湾道道员吴大廷、总兵刘明灯等皆不安于位，相继去职。因此，中法战争爆发后，台湾的防御力量非常薄弱，临时从大陆征兵调将。这种苦痛的经验教训，使左宗棠感触极深。

左宗棠熟悉国际风云，具有敏锐的战略眼光，他认识到台湾的军事、政治亟应改弦更张。他在去世前不到一个月，奏请将台湾开置行省。首先他从东南沿海的战略形势，申论台湾必须迅速改建行省。他说："今日之事势，以海防为要地，而闽省之筹防，以台湾为重地"。"台

---

① 左宗棠：《筹办台湾吏事兵事请责成新调镇道经理折同治五年十月初五日》，载《左文襄公全集·奏稿》（卷十九），第43—46页。

湾孤峙大洋，为七省门户，关系全局"，以形势而论，台湾不能不开置行省，设立重臣，妥善经营。台湾物产丰富，南北绵亘一千余里，东西宽二百里、四百里不等，旧制设官之地，仅有海滨三分之一，"每年物产关税"收入，居然"较之广西、贵州等省，有盈无绌"，倘若继续开垦，"自然之利，不为因循废弃"，前途大有可为。他认为，非设重臣，不能讲求军备、吏治，不能疏浚利源。应将福建巡抚改为台湾巡抚，福建巡抚原有公事，改归闽浙总督办理。①一八八五年十月十二日，清政府命令将福建巡抚改为台湾巡抚，台湾开置行省。这时，左宗棠已经逝世福州，不能亲见台湾建省了。正当左宗棠为台湾建省而筹谋擘划时，李鸿章的暗箭又向他射来了。

刘璈，字兰洲，湖南岳阳人，左宗棠"治师西域，辟为记室，参赞戎机"。为人精明强悍，有着浓厚的爱国思想，一八八一年就任台南道道员。在中法战争期间，坚守台南，使法国侵略军不能越雷池一步。一八八五年二月，法国舰队泊安平海面，舰队司令通过英国领事，请刘璈相见。"璈以却之则怯，欲往"。左右劝他说，法寇狡狯，往将不利。刘璈说：不去，彼必以我为胆怯，我岂胆小怕死的人！去法国舰队前，他叮嘱炮队守将说："有警，即开炮击，勿以余在不中也。"法国舰队司令与刘璈相见后，谈到军事问题，刘璈严肃回答说：今日相见，请勿提及军事问题。法将说；"以台南城池之小，兵力之弱，将何以战？"刘璈回答说："诚然。然城土也，兵纸也，而民心铁也。"法将默然，"尽醉而归"，传为美谈。因基隆战役时，刘璈揭发刘铭传指挥不当，以致基隆失守，"铭传啣之"。一八八五年五月，刘铭传奏劾：包办洋药厘金董事陈郁堂吞匿鹿港厘金四万余两，札提审办，抗不到案，显系刘璈包庇所致，刘璈、陈郁堂通同作弊。这种案件，论理应由闽浙总督处理，李鸿

---

① 连横：《台湾通史·职官志》（上册），上海商务印书馆1947年版，第95—96页。

章却乘机兴风作浪，另派大员"查办"，刘璈因此革职，籍没家产，拟斩监候，改流黑龙江，"士论冤之"。①这明明是李鸿章在向左宗棠示威。左宗棠既痛恨李鸿章签订卖国的《中法天津条约》，又气愤妥协派擅作威福，诬陷爱国将领，忧愤交加，遂致"痰涌气喘"。

  长期以来，为保卫祖国领土主权完整，改变中国半殖民地的社会状况，左宗棠把自己的生死祸福置之度外，不止一次为请缨走上反侵略前线而写下"军令状"，满纸"壮怀激烈"。在草拟一连串的反投降、反侵略的奏章时，他愤怒填膺，笔墨与泪珠齐飞。他为运筹帷幄，决胜千里之外，而殚精竭虑，"每一发兵"，须发为白。从花甲之年到年逾古稀，他"高位显爵"，犹鞍马劳顿，驰骋于黄沙飞扬的甘肃、新疆道上和战火纷飞的福建前线。他的气力使尽了，精神耗完了。"春蚕到死丝方尽，蜡炬成灰泪始干。"一八八五年九月五日，左宗棠怀着对《中法天津条约》的悲愤，在民族灾难深重的时候，在台风侵袭福州、惊雷震撼风雨交作的时刻，撒手尘寰，与世长辞了。"福州全城百姓，闻宫保噩耗，无不扼腕深嗟，皆谓朝廷失一良将，吾闽失一长城。"②盖棺论定，自有青史定是非。

---

  ① 连横：《刘璈》，载《台湾通史·列传》（下册），第617—618页。
  ② 采樵山人：《中法马江战役回忆》，载丛刊：《中法战争》（第三册），第139页。

第十一章　左宗棠晚年思想的变化发展

　　实践增长人们的才干，提高人们的认识，丰富人们的知识，促使人们的思想有所前进，有所发展。左宗棠晚年的思想，与他年轻时代的思想相比较，毫无疑问，是有着显著进步的。年高而思想不老化，是难能可贵的。

　　时代在发展，形势在变化。随着十九世纪七十年代中国民族资本主义的产生，中国出现了一批早期的资产阶级改良思想家如薛福成、马建忠、王韬、郑观应等，他们抨击封建君主专制制度，向往西方国家的君主立宪，反对重农抑商，提出工商业"握四民之纲"。西方国家依靠工商业"为创国造家开物成务之命脉，迭着神奇之效何也"？因为重视工商业，"士可行其所学，而学益精。农可通其所植，而植益精，又可售其所作，而作益勤"。"西人之商政、兵法、造船、制器及农渔牧矿诸务，实无不精，而皆导源于汽学、光学、电学、化学，以得御水、御火、御电之法，斯殆造化之灵机，无久而不泄之理，特假专门名家以阐之，乃天地间公共之理，非西人所得而私也。"①很明显，左宗棠的阶级立场、政治阅历等，使他在政治思想方面不可能跟上改良派的步子，但是，作为代表中、小地主和商人利益的地主阶级改革派的左宗棠，在经济思想方面，却不可能不受到改良派思想这样那样的影响，而他长期的反侵略爱国斗争的实践，更促使他认识到工商业与富国强兵的关系。因此，他的

---

　　① 薛福成：《英吉利用商务辟荒地说》、《西法为公共之理说》，载《庸庵全集·海外文编》（卷三），第1—2页。

晚年思想有所发展，有所前进，不为偶然。他晚年思想的新变化，主要反映在以下几个方面：

第一，他提出"为政先求利民"。

他在年轻时，认为天下的人，无不为名为利，归结起来，是为了一个"利"字。到了晚年，他把这个理论应用到从政上去，提出了"为政先求利民，民既利矣，国必与焉"。①在这一指导思想下，当他从兰州移驻肃州指挥西征军事的途中，发现驿道两旁人烟绝少，杂草丛生，一片荒凉时，他命令地方官散发羊、种子、银两，协助农民恢复农牧业生产。在讨伐阿古柏匪帮的过程中，如前所说，他特别重视安辑流亡，恢复农牧业生产。虽然西征经费极度拮据，但仍不惜拨出巨款，对难民和贫苦人民发给赈银，给予无息贷款，又把军中老弱骡马散给贫民，散发种子、羊、赈粮。制定屯田垦荒政策时，无论军屯、民屯，他都务使兵丁、民人有利可图。张曜在哈密屯垦时，参照文麟的屯垦办法，借给农民种子一石，秋收时收回四石。左宗棠指示纠正，只许收回种子成本。他还说，搞好西北的政治经济，关键在于种植树木，疏浚河渠，倡导植棉织布，种桑育蚕，但要严禁种植罂粟，其目的在于恢复农业生产，发展地方经济，安定、改善农民生活。

第二，他反对企业官办，发展民办企业，提出"官办开其先，民办承其后"的办企业的方针。

在七十年代到八十年代，李鸿章办了一些民用企业，结果经理企业的官僚们中饱私囊，企业亏折。以后他又吸收商股，改为官督商办或官商合办，而经营实权仍在官僚手中，企业依然亏折，商股首蒙其害。这给予左宗棠很大的刺激和教训。为了改善民生，一八八〇年，左宗棠自己创办了兰州机器织呢局，利用西北的羊毛，织造毛呢。织呢局有蒸汽

---

① 左宗棠：《署镇迪道周崇傅禀乌垣等处善后事宜并金巡检劣迹及捕蝻诸事由》，载《左文襄公全集·批札》（卷七），第10页。

机两架，共有五十六匹马力，锭子一千零八十枚，织机二十架。开工后，每天可织呢八匹，每匹长五丈，宽五尺。该局由赖长负责，实际上由德人福克主持。左宗棠对此局寄予很大希望，他说：现"饬沪局购机募匠前来，正宜趁此时督率原习织造匠工相从仿效，庶事半功倍。业精于勤，今日之学徒，皆异时师匠之选，将一人传十，十人传百，由关内而及新疆，以中华所产羊毛，普销内地，甘人自享其利，而衣褐远被各省，不仅如上海黄婆以卉服传之中土为足称也"。①他办这个织呢局的动机是无可非议的。一八八二年德国技术人员回国，翌年因管理不善，锅炉破裂，全厂停工关闭，公家先后耗银百余万两，尽付东流。这件事对他的刺激也是很大的，益加坚定了他反对企业官办的信念。

西征军收复乌鲁木齐后，左宗棠命令地方官尽速恢复农业生产，责令镇迪道周崇傅迅速筹建铁工厂铸造农器。他说，乌鲁木齐旧有铁工厂，虽然关闭已久，但工匠仍在，你们筹建铁工厂时，可先召集旧有工匠，开采铁砂，制作农具。据说你们开办的铁工厂，一月仅能造出犁、铧各数十具，杯水车薪，供不应求。我认为开采铁砂，设立铁工厂，必须"招商办理，乃期便利。一经官办，则利少弊多，所铸之器不精，而费不可得而节"。②

文牲口离开肃州不远，从文牲口前进八百里，发现了金砂尚旺的矿脉，地方官拟派人进入深山采金，请示左宗棠。左宗棠批示："官采不能获利，徒耗采本，应作罢论。"③他指示部属说：大抵矿务须由"官办开其先，而商办承其后，庶抽分可期有着"。因"官办之弊，防不胜防，又

---

① 左宗棠：《赖镇长禀验收后路粮台解到各项机器请委刘道专司局事由》，载《左文襄公全集·批札》（卷七），第23—24页。

② 左宗棠：《署镇迪道周崇傅禀乌垣等处善后事宜并金巡检劣迹及捕蝻诸事由》，载《左文襄公全集·批札》（卷七），第10—11页。

③ 左宗棠：《刘道璈禀省城东关外地方宽敞堪以建造机器房屋由》，载《左文襄公全集·批札》（卷七），第25—26页。

不若包商开办，耗费少而获利多也"。①以上两个事例，都说明左宗棠反对企业官办，赞成商办。某些企业所需资金过巨，民间无力筹集，所以，他又提出"官办开其先，而商办承其后"，即官办开其端，再招商入股，转为商办。

第三，他认为国家开源之道，在于"教民兴利"，不应"与民争利"，应当鼓励商办企业。左宗棠认为国家"赋税有常，度支无限，则开源节流之说，不可以不讲也"，而"兴利之道，首重民生"，"开利之源，自以因民所利而利之为善。盖源开而流弊自少，故与民争利，不若教民兴利之为得也"。②在这一思想指导下，一八八二年，他为胡恩燮奏准商办徐州府铜山县利国驿煤矿。又因该矿系属初创，购买机器，聘请矿师，起造厂房，砌装厂炉，费用浩繁，开支巨大，该矿又地处偏僻，"运道绵长，且多浅濑悬流，每一阻险，动须盘拨"，耗费极大，若不酌减税银，成本更大，商本难以维持，他为该矿奏准减税。③这件事一方面说明他的"兴利""开源"之道，在于鼓励商办企业；另一方面又说明他关心、照顾商办企业，为利国驿煤矿奏准减税，表明他在保护民族工业。

一八八五年，左宗棠在"兴利之道，首重民生""教民兴利"，而不"与民争利"的思想指导下，奏请兴办机制糖厂。他说：福建山多田少，沿海各处"有淤壤"，沙多土少，仅宜种植甘蔗，是以滨海农民种植甘蔗者十居七八。因此，他提出办理机制糖厂，"以尽民间未尽之利"。他认为创办此厂，成本过巨，民间集资非易，因而"拟由公款中拨款数万两"，派员赴美参观，先行采购小型机器，兼雇洋匠数名，来华办厂，试

---

① 左宗棠：《与周渭臣提军》，载《左文襄公全集·书牍》（卷六十三），第24—25页。

② 左宗棠：《试办台糖遗利以浚饷源折光绪十年十二月二十三日》，载《左文襄公全集·奏稿》（卷五十九），第69页。《广筹栽种并噶兰德添设领事片光绪八年十月十七日》，载《左文襄公全集·奏稿》（卷五十九），第69页。

③ 左宗棠：《开采徐州铜山县境煤矿援案请减税银折光绪八年十一月十四日》，载《左文襄公全集·奏稿》（卷五十九），第72页。

制食糖,有成效后再加扩充。不仅内地可以仿行,台湾产蔗尤多,尤应仿照办理。不过,"以官经商,可暂而不可久,如官倡其利,民必羡之","商民呈资入股,应准承课充商",即是由此逐渐改成商办,"官本既还,止收岁课,不必派员管厂"。从开办机制糖厂这一事例看,左宗棠提出的"官办开其先,而商办承其后"的原则,不仅适用于采矿事业,也适用于一般民用轻工业。这对民族企业的发展,给予了很大的扶持和鼓励。①

第四,他认为,从挽回国家的利权出发,应该办理近代企业。不仅在民族矛盾激化时,左宗棠坚决反对妥协投降,要求抵抗侵略,在经济领域中,他也贯彻了抵制外国经济侵略的方针。他把鼓励、保护民族企业的发展,当作挽回利权的重要手段。

一八八二年前后,中国油烛价格日昂,洋油遍销沿海一带,"夺民间日用之利"。左宗棠命令两江辖境各府州县劝谕民间种植乌桕树。他说这种事情,"言之琐屑,非矜言事功者所乐道",然而"兴利之道,首重民生,尤宜因地因时以相劝课",广种乌桕树,取子榨油点灯,足以堵塞漏银外洋,且"利用在是,厚生在是"。

一八八二年冬,他为胡恩燮利国驿煤矿请求减税时,上奏说:煤、铁为南、北洋筹办防务、轮船等局以及造炮等所必需,胡恩燮等因创办伊始,成本费极巨,又且煤炭从矿区外运,交通不便,运费甚贵,"若不酌减税银,非但成本更重,而洋产亦难敌矣",应请准予减税,"以维商本,而塞漏卮"。他维护民族工商业的发展,是为了抵御外国的经济侵略,是再也明显不过的了。

一八八五年,他奏请创办福建机制糖厂时说,自与外洋通商以来,外国每年从福建购买红、白糖数十万石,论理农民应该富起来,岂知农

---

① 左宗棠:《试办台糖遗利以浚饷源折光绪十年十二月二十三日》,载《左文襄公全集·奏稿》(卷六十三),第54—55页。

民耕作虽更加勤劳，生活却贫困依然。原因是西方国家技术发达，中国农民制糖之器不精，"熬煎失法"，难与外国伦比。外商在香港等处，广设糖厂，捉炼红糖为白糖。他们从中国购买红、白糖，不全是为了自己食用，而是运往香港等处机制糖厂提炼加工后，一半载回本国销售，另一半则返销中国，高抬其价，获取厚利。以致"中国之贫农之辛苦，不能自享其膏腴，岁产徒饶，利权外属，无如之何"。所以他说：我倡议举办机制糖厂，"不夺民间固有之利，收回洋人夺去之利，更尽民间未尽之利"。他对创办机制糖厂的益处，算了一笔细账。福建农民沿袭陈法制糖，"每蔗十三石，得糖一石"。福建岁产甘蔗约为一百七十余万石，若用西法提炼，可得糖三十余万石，较之民间用土法熬煎至少可多二十余万石。每石价银四两，"可长银八十余万两，除去机厂工人及一切杂用，应可长银四五十万两"，获利甚厚，"有利无害"。他还规定，将来招商入股，"只许的实之户不搭洋股者，呈资入股"，以防洋人隐在商人名下，大量入股，以致该厂落入洋人之手。①

第五，他反对外商在中国开办工厂。

左宗棠对外商在中国开设工厂，深恶痛疾。一八八二年，美国设在上海的丰泰洋行经理魏特摩，在上海创办了一个纺纱公司，股票业已分销，股金已收至五十万两。左宗棠闻讯，立即严令上海道道员邵友濂出面干涉，阻止该公司的成立，逮捕为丰泰洋行招引华商入股的买办王克明。②魏特摩求助于美国驻华公使杨格，杨格照会总理各国事务衙门，说什么："查中法、中比诸约，均有各国人民既准贸易，并准工作平安无碍等字，是工商业人等均得自由工作，犹如在其本国内然也。此等条约明文所载，在在的确，由此观之，是上海道台此举显然违反华洋所订之条约也。"左宗棠上书总理各国事务衙门时指出："约章原只说工作，不能

---

① 左宗棠：《试办台糖遗利以浚饷源折光绪十年十二月二十三日》，载《左文襄公全集·奏稿》（卷六十三），第55页。

② 孙毓棠：《中国近代工业史资料》（第一辑，上册），第158—163页。

将工作两字，即指为改造之据。各国通商，必须商民彼此相安，方期获益。若用机器纺制绸缎纱线，尽夺华民谋生之路，华民失业，何能心甘？"希望据理力争。总理各国事务衙门根据左宗棠的意见，驳斥美方曲解条约中"工作"二字为在通商口岸设厂改造土货。美方亏理，美商只得停止办理纺纱公司。这次在左宗棠主持下，禁止美商在沪非法设立纺纱公司，既是一次反侵略斗争，维护了祖国的主权，还起到了保护民族工商业的作用。

中国民族资本主义在发展的过程中，受到了帝国主义的压迫和封建主义的束缚。左宗棠在从政过程中，运用他掌握的政治权力，在其辖区范围内，保护、扶植民族工商业。从这些方面看，地主阶级改革派左宗棠晚年的这些作为，明显地表明，他除了代表中、小地主、商人利益外，还反映了正在向民族资产阶级转化过程中的官僚、地主的利益。这种新的思想发展，又促使他的爱国热情更加高涨，反投降、反侵略斗争的意志更加坚定。

结 束 语

没有比较，便没有鉴别。兹以左宗棠与林则徐、冯子材、李鸿章作一比较，可能有助于我们评价左宗棠。

左宗棠与林则徐的比较。

地主阶级改革派林则徐"究心经世之学"，为官时搏击豪强，整饬吏治，疏浚河道，察访民情，有"林青天"之称。

十九世纪二三十年代，英国对华鸦片走私日趋猖獗，白银外流，银昂钱贱，使中国产生了严重的社会危机；不仅如此，如林则徐所说，烟毒蔓延，还足以使中国"贫民""弱种"。从清政府中央的军机大臣到地方督抚，他们绝大多数反对禁烟。唯有林则徐高举禁烟大纛，在湖广总督辖境，厉行禁烟，与反禁烟派穆彰阿、琦善之流展开了禁烟与反禁烟、爱国与卖国的斗争。他奏陈：若不严禁鸦片，"数十年后，中原几无可以御敌之兵，且无可以充饷之银"。①当英国侵略者企图使中国沦为殖民地、半殖民地时，他考虑到了国家防卫力量的兵、饷问题，很明显，他把禁烟问题同国家民族的命运联系起来了。当然，兵、饷问题也是维护清王朝生存的前提，因而他争取到了道光帝的支持，道光帝派他为钦差大臣前往广东"查办海口事件"。在禁烟与反禁烟斗争中，林则徐战胜了反禁烟派。

一八三九年一月八日，钦差大臣林则徐离京前往广东"查办海口事

---

① 林则徐：《钱票无甚关碍宜重禁吃烟以杜弊源片》，载中山大学历史系：《林则徐集·奏稿中》，第601页。

件"。在广东禁烟期间，他与破坏禁烟运动的英国侵略者展开了坚决的斗争，制定了"只禁鸦片，不禁正经贸易"的正确外交政策，在广州恢复通商；他组织力量翻译外国报纸，睁眼看世界，了解西方，又购买洋炮，配合土炮，加强防御力量，准备反侵略战争，终于取得禁烟运动的胜利。

一八四〇年六月，英国侵略者挑起不义的鸦片战争后，他毫不畏惧，担当起抗英重任。他研究了英国船舰的优点、缺点，制定了利用舢板袭击英国船舰的战略战术；在"民心可用"的思想指导下，他允许民人持刀痛杀侵略者，把渔民、蛋户组织起来，打击英国海军，断绝他们的接济；他勉励爱国官兵奋勇抗击来犯敌军，把英国海军打得"帆落桅斜"，使英国侵略军不能越广东雷池一步。

一八四〇年秋，英军侵占定海，英国舰队北上津沽，投降派琦善奉命与英军谈判，攻击林则徐激起夷衅，林则徐横遭投降派的政治打击，被革职。但他仍冒着不测之祸，上疏抗争，指责投降派说，战争不是由禁烟引起，英国对中国早已"包藏祸心"。仗必须打下去，因"夷性无厌，得一步又进一步，若使威不能克，即恐患无已时，且他国效尤，更不可不虑"。他认为，对付英国，只消在战略上"固守藩篱"，即足以使之"坐困"，英国侵略军不是不可以战胜的。他指责道光皇帝说：长期征收粤海关银两，"收其利者，必须预防其害，若前次以关税十分之一制炮造船，则制夷已可裕如，何至尚形棘手"？最后，他要求准许他到浙江前线"随营效力，戴罪图功"。①被撤职后，他写信给夫人说："外间悠悠众口，都谓我激起夷衅……予明知妨碍奸夷大利，必有困难，而毅然决然不敢稍存畏葸之心者，盖以身许国，但求福国利民，与民除害，自身生死尚且付诸度外，毁誉更不计也。"②一八四二年，林则徐谪戍新疆。流

---

① 林则徐：《密陈办理禁烟不能歇手片》，载中山大学历史系辑：《林则徐集·奏稿中》，第383—385页。

② 林孟工：《信及录》，神州国光社1947年版，第31页。

放途中，他致书朋友说："自念祸福死生，早已度外置之，唯逆焰已若燎原，身虽放逐，安能委诸不闻不见？润州（镇江）失后，未得续耗，不知近日又复何似？愈行愈远，徒觉忧心如焚耳！"①

归结起来，林则徐的功绩在于：当英国侵略者开始把殖民地、半殖民地的锁链强加到中国人民身上时，他首先挺身而出，与反禁烟派、投降派斗争，把自己的祸福休咎以至个人的生死与国家、民族的命运联系在一起。他那种"苟利国家生死以，岂因祸福趋避之"的爱国精神②，将永远激励着人们为争取国家的独立、民族的生存而进行反侵略斗争。因此，我们说林则徐是一位坚定的民族主义战士，是一位伟大的爱国主义者。

左宗棠继承和发扬了林则徐的爱国主义精神。就反侵略、反投降斗争的坚决而论，左宗棠不亚于林则徐；就目光的敏锐、反侵略斗争的策略高明而论，堪与林则徐媲美；就投入反侵略、反投降斗争的智慧、精力而论，超过了林则徐；就反侵略斗争的功业，对祖国的贡献而论，则远远超过了林则徐。

左宗棠与李鸿章的比较。

李鸿章是大地主、大买办阶级的代理人；左宗棠是地主阶级改革派，到晚年，又反映了正在向民族资产阶级转化过程中的官僚、地主、商人的利益。他们两人，曾经并肩镇压农民起义军，但是，当中华民族同帝国主义之间的民族矛盾上升为社会的主要矛盾时，他们分道扬镳了。

李鸿章利用镇压农民起义的时机，举办近代军事工业，大量购买洋枪、洋炮武装淮军；以后，又利用民族危机，借口海防空虚，"求强""求富"，拼命捞取经费，建立发展由他控制、掌握的北洋海军以及纺织、采矿、轮船公司等资本主义企业，从而扩大其政治资本和派阀势

---

① 林则徐：《致姚椿、王柏心》，载杨国桢：《林则徐书简》，福建人民出版社1981年版，第196—197页。
② 林则徐：《赴戍登程口占示家人》，载《云左山房诗钞》（卷六），第8页。

力。而在洋务运动期间，左宗棠继承发扬了魏源"师夷长技以制夷"的先进思想，从"师"字入手，落实在一个"制"字。因此，他创办的福州船政局，"学重于造"，为国家引进了西方先进的造船科学技术，培养了许多海军人才和造船工程技术人员。他能花小钱办大事。为了适应征讨用英国枪炮武装起来的阿古柏匪帮的需要，左宗棠用较少的钱，办了一个小小的兰州机器局，为西征军修理、改造枪炮，在收复新疆的过程中，起了很大的作用。

李鸿章创办、控制的军事工业，规模比较大，机器设备比较齐全，制造、修理枪炮的能力比较强，产量比较多，产品基本上供淮军使用。他创办军事工业，不是为了"制夷"，而是为了"安内"，为了供应淮军；他重于用，根本没有考虑办理培养工程技术人才的学校，以引进西方科学技术。李鸿章说：学习西方科学技术，只能"仿行"，既是"仿行"，必然"随人作计，终后人也"。[1]他不懂得事物发展的规律是"青出于蓝"，只有从学习西方入手，才能赶、超西方。这也许是他一生没有办一所理工科学校的根本原因。李鸿章又是一个拜倒在西方武器脚下的唯武器论者。他开口闭口总说外国的船坚炮利，中国不是外国的敌手，因此，他害怕任何外国侵略者。左宗棠与他不同。他认为打仗必须提高武器的质量，然而"战而专于械……夫岂其然"。也就是说，他认为战争的胜负不单纯地决定于武器的优劣，还有其他方面的重要因素。因此，在洋务运动进行了一段时间后，在国防情况已经起了不少变化，特别是武器已改善了许多的形势下，外国侵略者打上门来，欺人过甚，他主张坚决反抗。

在对待外国侵略的问题上，大地主、大买办阶级利益的代理人李鸿章必然推行其妥协外交。在他看来，新疆可以出卖，伊犁可以抛弃；面

---

[1] 李鸿章：《闽广学生出洋学习折光绪二年十一月二十九日》，载《李文忠公全书·奏稿》（卷二十八），第20页。

对法国的侵略，可以予取予求，他甚至提出"乘胜即收"的荒谬论调。遇到沙俄对华侵略，李鸿章有一番中国战则必败的歪理，遇到法国的侵略，他又有一番战则法国必胜的滥调。左宗棠与李鸿章截然相反，他从敌我双方战略形势和军事力量的对比出发，认为沙俄不是不可以战胜的，法国不是不可以打败的。他坚持新疆自古以来即为中国土地，无尺寸可议弃之地，并下定决心还我河山，全歼阿古柏匪帮，为祖国"收拾金瓯一片"。在中法战争中，他坐镇福州，稳住了东南大局，镇南关大捷有他的勋劳。

中法战争中，清政府派李鸿章前往两广反侵略前线指挥战争，他认为这是"以珠弹雀"，溜回天津。而左宗棠在伊犁交涉时，"舁榇西行"，移驻哈密，直到被削除兵权时，他还念念不忘收回黑龙江以北、乌苏里江以东的一百多万平方公里的失地。在中法战争中，如他所说，为了一吐鸦片战争以来所受列强欺凌、挟制的"怨气"，挫败敌人的凶焰，消除列强的欺凌，他一再请求走上广西反侵略前线去指挥抗法军事。他随时准备为反侵略斗争而献身祖国伟大的反侵略事业，不惜"马革桐棺"，"了结此身"。

对民族工商业的发展，作为大地主、大买办阶级的代表人物李鸿章，采取了排挤、打击的态度。他办理的上海机器织布局，在一八八三年成立时，奏准十年内"只准华商附股搭办，不准另行设局"。再如英国火柴大量运销重庆，创办不久的重庆聚昌火柴厂要求官府扣留英商火柴。李鸿章竟认为"只能不许华人在该处再开，不能禁止洋商贩运贸易"。[①]李鸿章办理民用企业，采取了官办、官督商办和官商合办等形式，结果是成本亏蚀，企业垮台，商民遭殃。相反，左宗棠为了保护本国利益，断然禁止美国丰泰洋行在上海创办纺织企业。他反对官办企

[①] 李鸿章：《论重庆自来火专利光绪十九年五月初四日》，载《李文忠公全书·译署函稿》（卷二十），第49页。

业，提倡企业商办；从挽回利权出发，他对民族资本主义企业采取了扶持、鼓励的政策。

在为政用人方面，左宗棠与李鸿章也大相径庭。左宗棠反对攀附援引，任人唯亲。他自己的女婿陶桄在四川当道员，另一个女婿黎尔民在湖北当道员。对他们外出做官，左宗棠是不赞成的。他说，与其外出做官，还不如在家"耕读传家"，当个好秀才，便是家门之幸。他也不赞成子孙在科举八股文中讨出路，他写信诫子说："人生精力有限，尽用之科名之学，一旦大事当前，心神耗尽，胆气薄弱，反不如乡里粗材，尚能集事，尚有担当。……八股愈做得入格，人材愈见庸下。"[1]他认为子弟不好好读书，不明道理，只想做官，只想发财，不是好子弟。一八八〇年，他写信给陕甘总督杨昌浚说：我的戚族如有逗留兰州一带请求收录的，绝不宜用，"亦可省弟一累也"。[2]而李鸿章的用人标准是任人唯亲、"唯皖"。他重用过亲弟李鹤章、李昭庆；他的外甥张士珩长期管理军需，中日甲午战争时，陆军炮弹中"实泥沙"，海军炮弹"药线铁管仅实煤灰，故弹中敌船而不能裂"。[3]北洋舰队司令丁汝昌是安徽庐江人，是指挥海军的外行；叶志超、卫汝贵等是合肥人，贪黩无餍。左宗棠曾奏参李鸿章、李瀚章兄弟：一门显贵，"其亲党交游，能自树立"，官至监司、提镇以下颇多，亲友转辗依附，"实繁有徒"。[4]

对待儿孙的态度，是和人们的思想意识紧紧联系在一起的。左宗棠深信："子孙贤而多财，则损其志，子孙愚而多财，则益其过。"他写信给诸子说：我以陕甘总督、钦差大臣督办新疆军务，年俸二万两，"岂不

---

[1] 左孝同：《左文襄公家书》（卷上），第12页。
[2] 左宗棠：《与杨昌浚》，载《左文襄公全集·书牍》（卷二十四），第83页。
[3] 蔡尔康等编：《中东战纪本末》，载丛刊：《中日战争》（第一册），上海人民出版社版1957年版，第173页。
[4] 左宗棠：《复陈查办事件大概情形折光绪七年十二月十九日》，载《左文襄公全集·奏稿》（卷五十八），第43页。

能增置田产为子孙计？然子弟欲其成人，总要在寒苦艰难中做起"。他的年俸都随手散去，他捐款修筑城墙、捐助书院膏火费、赈济原籍湘阴县水灾（一次捐款一万两）。刘典，湖南宁乡人，陕甘军务帮办。左宗棠坐镇肃州指挥西征军事，刘典驻守兰州，处理陕甘公事，为西征军筹饷运粮，编验、组织后援部队。因积劳病重，请求开缺回籍调理，左宗棠一再挽留，刘典只得带病工作。全歼阿古柏匪帮时，刘典病逝兰州。噩耗传来，左宗棠老泪纵横，痛悼不置。他从年俸中划出六千两交给刘典家属，赡其八十七岁的老母和抚养其子女。他三次考进士落第南归时，"裘敝驴嘶"，贫困已极。因此，每逢会试，他总从年俸中拨出三五千金寄京，托京中好友散发给湖南、甘肃贫苦的赶考举子。

一八七八年收复南疆后，因病魔缠绕，左宗棠打算告病回籍。他写信给管理粮台的人员说：我自出山以来，"未尝以余粟余财自污素节，即应受廉俸，通计亦成巨款，然捐输义举，在官在籍，至今无倦"，寄回家中的不及十分之一。现在我已年老力衰，准备乞休回籍，"归计茫然，子孙食指渐繁"，家中仅有土地二百亩，租谷不多，生活必须打算。四个儿子，各拟给五千两，叫他们自立门户。我回籍后亦须过活，每年需数百两银子，打算以五千两作养老费，以免冻饿。[①]他写信诫子说：你们只要谨慎持家，不至饿饭，若注意花销，以豪华为体面，恣情流荡，"则吾多积金，尔曹但多积过"，戒之，戒之。[②]在那样的社会中，当官而不为子孙"多积金"，已是难能可贵的了。

左宗棠提倡"清介"，不苟取。一八八〇年，他从哈密调往北京担任军机大臣，管理西征粮台的沈应奎等，拟将西征粮台积存的陕西甘捐尾款寄赠他，他复信谢绝说：我"于别敬概不敢受，至于新契之例赠者，亦概谢之，匪惟介节自将，人己本无二致，亦俸外不收，果实义有攸

[①] 左宗棠：《与王若农》，载《左文襄公全集·书牍》（卷二十），第16页。
[②] 左孝同：《左文襄公家书》（卷下），第45页。

宜。至甘捐尾款，储为关陇不时之需，以公济公，于事为合。……此间虽无人款，而出款非不可节省……得过且过，正复无须乎此"。[1]湖南柳庄家中，有一名门丁何三，晚景不佳，左宗棠的妻子周诒端在日，曾请左宗棠给予一名勇丁粮饷。周夫人死后，为了实践诺言，他写信给儿子说：何三是家人，非勇丁可比，值此西征经费万分拮据之际，岂能拨给勇丁粮饷？我已通知粮台，从我年俸项下拨银给付。[2]

李鸿章与左宗棠不同。梁启超说："世人竞传李鸿章富甲天下，以其事殆不可信，大约数百万金之产业，意中事也。招商局、电报局、开平煤矿、中国通商银行，其股份皆不少，或言南京、上海各地之当铺、银号，多属其管业云。"[3]

从以上的对比中，可见李鸿章是妥协派的罪魁，左宗棠是爱国派的首领。在操守上，一个是"宰相合肥天下瘦"，一个是清介自持。他们两人的种种不同，归根结底，是由于他们各自的阶级属性不同。

通常我们把左宗棠、李鸿章不加区别地称为军阀、洋务派头子。这与历史事实有很大的距离。作为军阀，必须掌握一定的枪杆子，占有一定的地盘，为他个人及其派阀势力谋私利。淮军只听从李鸿章的指挥，就连曾国藩在镇压捻军时，指挥淮军也很困难。李鸿章担任直隶总督，自一八七〇年起，先后二十五年，在这二十五年中间，他控制、掌握淮军、北洋海军、中国的四大军事工业，派系力量无限扩张，是货真价实的大军阀。至于左宗棠，从一八六〇年领兵镇压太平军开始，他掌握了一定数量的湘军，这是事实，但这期间他没有固定的地盘。从一八七五年五月就任钦差大臣督办新疆军务后，他已把西北地区的各种部队，整顿组编成一支由中华民族各族人民组成的爱国队伍——西征军，他代表中国和中国各族人民指挥西征军讨伐阿古柏匪帮，能说他指挥的西征军

---

[1] 左宗棠：《答沈吉田》，载《左文襄公全集·书牍》（卷二十五），第12页。
[2] 左孝同：《左文襄公家书》（卷下），第26页。
[3] 梁启超：《李鸿章》，光绪刊本，第67页。

是军阀队伍吗？能把爱国将领颠倒说成军阀吗？当然不能。一八八〇年冬，左宗棠离开哈密到北京就任新职时，西征军全部留在新疆作为边防军了。行至兰州，他挑选了王德榜、刘璈统率的二千余名官兵随他同行。到京不久，刘璈调任台南道，带走了部分官兵，以后又裁遣一部分，只剩下王德榜统率的数百名官兵。在两江总督任内，两江驻军大多为淮军，而且就连王德榜也被派到广西前线去了。一八八四年，他担任钦差大臣督办福建军务后，行抵江宁，才临时从两江挑选八营兵丁随往福州。可见他和李鸿章不同，不是始终掌握着只听命于自己的军队。左宗棠从来没有固定的地盘，一八六三年到一八六六年，他担任闽浙总督三年。一八六六年，他调任陕甘总督，但因镇压捻军等原因，从一八六六年，到一八六九年，由穆图善代他署理陕甘总督。在这三年中间，左宗棠并未到任。一八六九年秋，穆图善卸任，左宗棠才接篆视事；而从一八七六年起，又进驻肃州，指挥西征军事，以后又进驻哈密，准备抗俄。一八八一年左宗棠在京任军机大臣，一八八二年出任两江总督，一八八四年再次调京供职。由上不难看出，他没有什么固定的地盘。左宗棠既没有长期掌握一定的军队，也没有什么固定的地盘，从一八七五年以后，他的精力全部投入了反侵略斗争，怎能把他与李鸿章等量齐观，当作大军阀呢？

论及洋务派，也不应把李、左并称，一锅煮，具体情况须得具体分析。

如前所说，左宗棠投入洋务运动的动机、走的路子以及实际效果，都与李鸿章不同，他是洋务派中的爱国派，是不能、也不应把他们两人不加区别的。

左宗棠与冯子材的比较。

冯子材（1818—1903），字萃亭，广东钦州人，从向荣镇压太平军起家。一八五六年夏，太平军一破江南大营，向荣败死丹阳，冯子材改隶张国梁。一八六〇年五月，太平军二破江南大营，张国梁被击毙于丹阳，冯子材代领其残部，在镇江顽抗太平军，擢总兵。一八六四年五月，为了策应曾国荃部湘军围攻天京，冯子材率军攻陷丹阳，太平天国革命失败后，擢升提督。以后，他历官广东、贵州，镇压过苗民起义等。一八八二年告病回籍。中法战争爆发后，两广总督张之洞起用他帮办广西军务，在镇南关与王德榜等协同作战，取得了镇南关大捷，扭转了中法战局，建立了卓越的功勋。在近代社会，中华民族同帝国主义列强之间的民族矛盾，是中国社会各种矛盾中的最主要的矛盾。因此，从发展上看，我们说冯子材是一位爱国将领。但在反对外国侵略的过程中，就建立的功勋，对祖国的贡献，对社会的影响等方面而言，冯子材都远不能和左宗棠相比。

在中国近代史上，帝国主义列强对中国发动了一系列的侵略战争，破坏中国的主权，蚕食鲸吞中国的领土，妄图使中国变成它们的殖民地。中华民族不愧是伟大的民族，中国人民不愧是有光荣革命传统的伟大人民，中国各族人民百年来不屈不挠、再接再厉的英勇斗争，使帝国主义始终没有能够灭亡中国。近代中国人民用生命和鲜血建立起来的反帝勋业的丰碑上，镌刻着许多反帝爱国英雄人物的金光闪耀的名字，十九世纪七八十年代反投降反卖国的主将、收复新疆的西征军统帅、中俄伊犁交涉和中法战争中的抵抗派首领左宗棠的姓名也是应当镌刻上的。

附录一　大事简记

1796　嘉庆元年·丙辰

　　　川楚白莲教农民起义爆发，历时九年。

1811　嘉庆十六年·辛未

　　　11月26日　曾国藩生于湖南湘乡。

1812　嘉庆十七年·壬申

　　　7月14日　胡林翼生于湖南益阳。

　　　11月10日　左宗棠生于湖南湘阴。

1813　嘉庆十八年·癸酉

　　　9月7日　天理教农民起义爆发于滑县。

　　　15日　林清率天理教徒众潜入北京进攻皇宫。

1814　嘉庆十九年·甲戌

　　　1月1日　洪秀全生于广东花县。

1820　嘉庆二十五年·庚辰

　　　龚自珍作《西域置行省议》。

1823　道光三年·癸未

　　　2月14日　李鸿章生于合肥。

1829　道光九年·己丑

　　　左宗棠始读《天下郡国利病书》《读史方舆纪要》。

1830　道光十年·庚寅

　　　左宗棠识贺长龄，至贺家遍借所藏官私图书阅读。

1832　道光十二年·壬辰

左宗棠参加乡试后入赘湘潭周家，婚后榜发，中举人。

1833　道光十三年·癸巳

左宗棠得周诒端出奁资助赴京参加会试，落选，作《燕台杂感八首》，其中有一首诗呼应龚自珍《西域置行省议》。以后，在1835、1838年左宗棠又先后两次入京会试，名落孙山，遂发狠不再参加会试，而努力"经世之学"，研究军事、地理、农学。

1837　道光十七年·丁酉

左宗棠主讲醴陵渌江书院，识两江总督陶澍，"长谈竟夕，订交而别"。

1838　道光十八年·戊戌

12月31日　清政府命林则徐为钦差大臣，驰赴广东查办海口事件，节制广东水师。

1839　道光十九年·己亥

两江总督陶澍死，遗孤陶桄九岁，贺熙龄荐左宗棠至安化陶家当塾师，左宗棠遂与陶澍婿胡林翼成莫逆。他在陶家先后八年，得遍读陶家藏书及陶澍与林则徐间的往返书札。

1840　道光二十年·庚子

6月　第一次鸦片战争爆发。战争期间，左宗棠推动其好友御史黎光曙参奏主款大僚，并作料敌、定策、海屯、器械、用间等篇。

10月9日　抵抗派首领林则徐横遭投降派的政治打击，被革职。

1842　道光二十二年·壬寅

3月18日　清政府命林则徐由东河仍往伊犁效力。

8月29日　耆英、伊里布与璞鼎查签订《中英江宁条约》。

秋　魏源写成《圣武记》《海国图志》。

1844　道光二十四年·甲辰

左宗棠以历年束脩在湘阴柳家冲置田七十亩，署其门曰"柳庄"。

1845　道光二十五年·乙巳

10月28日　清政府命林则徐由新疆回京以四五品京堂候补，旋署陕甘总督。1847年4月林则徐调任云贵总督。

1849　道光二十九年·己酉

9月10日　云贵总督林则徐病免。在回福州原籍途中，道出长沙，召见左宗棠于湘江舟次，谈论通宵达旦。

1850　道光三十年·庚戌

2月25日　道光帝旻宁死。

3月9日　奕詝即位，以明年为咸丰元年。

10月17日　清政府命告病在籍的林则徐为钦差大臣，驰赴广西镇压农民起义，林则徐力疾就道，11月24日，行至潮州府普宁县病死。

1851　咸丰元年·辛亥

8月26日　洪秀全在广西桂平金田村发动农民起义，正号太平天国，旋称天王。

8月6日　《中俄伊犁塔尔巴哈台通商章程》订立。

1852　咸丰二年·壬子

10月　左宗棠得胡林翼推荐，入湖南巡抚张亮基幕，主军事，时太平军正在进攻长沙。

1853　咸丰三年·癸丑

3月1日　左宗棠随署理湖广总督张亮基至武昌，旋至田家镇部署防务。9月，张亮基调山东巡抚，左宗棠回原籍湘阴。

3月19日　太平军攻克南京，改名天京，定为首都。

1854　咸丰四年·甲寅

春　左宗棠入湖南巡抚骆秉章幕，揽权跋扈。

2月12日　太平天国西征军在黄州堵城击溃湖广总督吴文镕军，击毙吴文镕，乘胜追击，16日，连克汉阳、汉口。以后兵锋深入湘北。

2月25日　曾国藩率地主武装湘军水陆师一万七千余人，自衡州出发，进向湘北顽抗太平军。

4月28日　太平军大败湘军于靖港，曾国藩羞愤投水自杀，被救，左宗棠前往探视。

1858　咸丰八年·戊午

5月16日　《中俄瑷珲条约》订立。

6月　中俄、中美、中英、中法天津条约订立。

1859　咸丰九年·己未

湖广总督官文不满左宗棠揽权，拟借樊燮案置左宗棠于死地，左宗棠得郭嵩焘、潘祖荫、肃顺等为之解围。

1860　咸丰十年·庚申

5月　曾国藩、胡林翼相继奏请简用左宗棠。

6月2日　忠王李秀成率军攻克江苏省城苏州。

8日　清政府命曾国藩以兵部尚书衔署理两江总督，旋实授，并命为钦差大臣督办江南军务。

9日　清政府命兵部郎中左宗棠以四品京堂候补随同曾国藩襄办军务。奉命后，左宗棠在长沙招兵五千余名，以刘典、王开化、杨昌濬等襄办军务。九月下旬，左宗棠率军自长沙开往皖赣交界地区增援曾国藩。

10月13日　英法联军侵入北京。

24日　《中英北京条约》订立。

25日　《中法北京条约》订立。

11月14日　《中俄北京条约》订立。

1861 咸丰十一年·辛酉

1月20日　清政府命在北京设立总理各国事务衙门,以恭亲王奕䜣、大学士桂良、户部右侍郎文祥管理各国通商事务。以崇厚为办理牛庄、登州、天津三口通商大臣,驻天津。

8月21日　咸丰帝奕詝诏立载淳为皇太子,以载垣、端华、肃顺等八人为赞襄政务大臣。翌日,咸丰帝死,旋以明年为祺祥元年。

11月1日　慈禧太后等挟载淳回銮北京,翌日,发动政变,8日,杀载垣、端华、肃顺等。11日,载淳即位,废除祺祥年号,以明年为同治元年,由皇太后垂帘听政。

20日　清政府命钦差大臣、两江总督曾国藩统辖苏、浙、皖、赣四省军事,各该省巡抚、提镇以下各官均归节制,并命太常寺卿左宗棠迅赴浙江剿办,该省提镇以下各官均归节制。

12月29日　忠王李秀成指挥太平军攻取杭州,浙江巡抚王有龄穷蹙自杀。

1862 同治元年·壬戌

1月7日　忠王李秀成挥师进击上海,是日发布《李秀成谕尚海松江军民》,其中劝谕洋商各宜自爱,倘敢"助逆为恶",是"自取灭亡"。

23日　清政府命左宗棠为浙江巡抚。

4月8日　李鸿章率淮军抵达上海。

11月　曾国藩创办安庆军械所。

1863 同治二年·癸亥

2月28日　德克碑接统"常捷军"。

3月2日　左宗棠督率湘军攻陷金华。

25日　英国军官戈登接统"常胜军"。

8月5日　清政府命左宗棠为闽浙总督。

9月20日　左宗棠指挥"常捷军"、湘军攻陷富阳。

12月4日　李鸿章指挥淮军、"常胜军"攻陷苏州，旋在苏州建立洋炮局。

1864　同治三年·甲子

3月31日　左宗棠率军攻陷杭州。

6月1日　天王洪秀全病逝天京。

7月19日　曾国荃督率湘军攻陷天京。

11月9日　左宗棠因镇压太平军功，晋封一等伯爵。

1865　同治四年·乙丑

春　阿古柏率浩罕军侵入喀什噶尔，以后侵占南疆各城，1867年伪立"哲德沙尔汗国"。

5月23日　清政府命钦差大臣曾国藩赴山东进攻捻军，以李鸿章署理两江总督。

秋　李鸿章在上海创设江南制造总局，在南京创设金陵机器局。

1866　同治五年·丙寅

2月7日　左宗棠指挥湘军等攻陷嘉应州。9日，汪海洋等部被消灭。

6月25日　闽浙总督左宗棠上奏《拟购机器雇洋匠试造轮船先陈大概情形折》，旋设福州船政局，以沈葆桢为船政大臣。

9月25日　清政府命左宗棠为陕甘总督。

1867　同治六年·丁卯

2月22日　清政府命陕甘总督左宗棠为钦差大臣，督办陕甘军务，以刘典为帮办。

4月　崇厚创设天津机器局。

1868　同治七年·戊辰

8月16日　西捻军败于山东茌平县徒骇河，梁王张宗禹殉难。捻军至此失败。

27日　左宗棠、李鸿章以平捻功加太子太保衔。清政府并命李鸿章为湖广总督。协办大学士。

1870　同治九年·庚午

6月21日　天津教案发生。23日，清政府命直隶总督曾国藩自保定任所前往天津查办教案，在办案过程中，左宗棠上书总理各国事务衙门，反对曾国藩媚法妥协，草菅民命。

8月29日　曾国藩调任两江总督。李鸿章补授直隶总督，11月，兼任北洋通商大臣。

9月10日　阿古柏侵占乌鲁木齐。

1871　同治十年·辛未

7月4日　沙俄出兵侵占伊犁。

1872　同治十一年·壬申

3月20日　曾国藩死于两江任所。

4月5日　左宗棠奏劾成禄拥兵高台，抗命增援新疆。

8日　阿古柏与沙俄代表考尔巴斯签订《喀什噶尔条约》。

18日　清政府命令直隶总督李鸿章为大学士，仍留直督任。

30日　英商美查创办《申报》于上海。

1873　同治十二年·癸酉

春　左宗棠创设兰州机器局。

11月4日　左宗棠督军攻陷肃州。至此，回民起义失败。

12月21日　刘永福率黑旗军与法国侵略军战于河内，阵斩安邺。

1874　同治十三年·甲戌

2月2日　阿古柏与英国"全权特使"萧赛斯签订《喀什噶尔条约》。

5月8日　日军侵犯台湾琅峤。14日，清政府命沈葆桢率兵轮巡阅台湾。

8月23日　清政府以左宗棠为大学士，仍留陕甘总督任。授乌鲁木齐都统景廉为钦差大臣督办新疆军务。

10月5日　清政府命钦差大臣大学士陕甘总督左宗棠督办粮饷转运一切事宜，以内阁学士袁保恒为帮办。

12月10日　李鸿章奏陈练兵、简器、筹饷等事，倡议放弃新疆，西征军停兵撤饷，移"西饷"作海防经费。

11日　左宗棠上《嵩武军进驻哈密垦荒片》。

1875　光绪元年·乙亥

1月12日　同治帝载淳死，慈禧太后立醇亲王奕𫍽子载湉承继皇位，太后再度垂帘听政。25日，光绪帝载湉即位。

2月21日　英驻华使馆翻译马嘉里率英国武装探险队从缅甸闯至滇西永昌府境，枪杀边民，为边民扑杀，所谓"马嘉里案"发生。

4月12日　针对李鸿章抛弃新疆的卖国论点，左宗棠上《复陈海防塞防及关外粮运情形折》，力主收复新疆。"塞防"与"海防"的爱国与卖国韵争论开始。

5月3日　景廉内召。清政府以钦差大臣大学士陕甘总督左宗棠督办新疆军务。乌鲁木齐都统金顺副之。

8日　清政府命穆图善率军移驻北京近郊。

30日　清政府命沈葆桢为两江总督，兼任南洋通商大臣。

8月9日　清政府命三品京堂刘典帮办陕甘军务，刘典于翌年春到任。

9月25日　清政府命淮系骨干丁日昌为福州船政大臣。

1876　光绪二年·丙子

2月1日　清政府批准左宗棠向洋商借款一千万两，以济西饷。

20日　李鸿章致书两江总督沈葆桢，怂恿沈出面反对左宗棠借贷洋款。

24日　两江总督沈葆桢上奏反对左宗棠借贷洋款。

3月8日　李鸿章再次致书沈葆桢挑拨沈、左关系。

左宗棠派员至宁夏、包头、肃州、甘州等地采购西征军粮食，转输新疆，截至本月止，哈密已积储存粮二千余万斤，巴里坤、古城各积储存粮至一千余万斤。

4月7日　左宗棠自兰州驰抵肃州，指挥西征军事。此时，已制定"缓进急战"的战略方针。

26日　刘锦棠率西征军主力自肃州出发，挺进新疆。

8月18日　刘锦棠督率西征军收复乌鲁木齐。

9月13日　李鸿章与威妥玛签订《中英烟台条约》。在中英"马嘉里案"的交涉过程中，左宗棠一贯批判李鸿章对英妥协退让的媚外外交。

20日　李鸿章上书总理各国事务衙门"述威使代喀酋请降"，后来，左宗棠上书总理各国事务衙门揭露、驳斥威妥玛为阿古柏乞降"立国"阴谋。

11月6日　西征军克复玛纳斯。

1877　光绪三年·丁丑

4月20日　刘锦棠督率西征军收复达坂城，全歼守城敌军主力五千余名。

21日　西征军张曜、徐占彪部会克七格腾木。

22日　张曜、徐占彪等会克辟展。

25日　张曜、徐占彪部会克连木沁台、胜金台、鲁克沁。刘锦棠在白杨河分兵罗长祜等会攻吐鲁番。

26日　张曜、徐占彪、罗长祜部会克吐鲁番。

刘锦棠督率西征军收复托克逊。

5月22日　阿古柏在库尔勒惊惧服毒自毙。

7月5日　李鸿章致书驻英公使郭嵩焘说：左宗棠新复三城，"势必旋得旋失，功不覆过"。

26日　左宗棠上《遵旨统筹全局折》，建议新疆设省。以后他一再上奏，请求将新疆开置行省。

8月25日　西征军开始进攻南八城。在此前后，左宗棠一再告诫所部将领，此次作战，是收复故土，西征军是"吊伐之师"，应以"王土王民为念"，必须申严纪律，公买公卖，做到秋毫无犯，为新疆图"长治久安"之计。

9月中旬　清政府接到《驻英公使郭嵩焘奏英外相调处喀什噶尔情形折》。

23日　英驻华使馆代办傅磊斯向总理各国事务衙门提出为"喀什噶尔政权"乞降"立国"。

10月7日　西征军收复喀喇沙尔。

9日　西征军收复库尔勒，军粮不继，在库尔勒掘得敌军窖藏粮食数十万斤，才得裹粮前进。

18日　西征军收复库车。

中旬　清政府接到《陕甘总督左宗棠奏英人以保护安集延为词图占边疆万不可许折》，左宗棠严斥英国为阿古柏余孽乞降"立国"阴谋，并说大军已进入南八城地区作战，义无反顾。

10月21日　拜城维吾尔等族人民聚众据城抗击伯克胡里、白彦虎等部逆匪，西征军不战而下拜城。

24日　阿克苏维吾尔等族人民聚众据城抗击伯克胡里、白彦虎等部逆匪，以待大军。西征军不战而下阿克苏。

16日　西征军收复乌什。

11月中旬　刘锦棠在阿克苏得探报：和阗求抚回目伯克尼牙

斯据城起义并率所部进攻叶尔羌。伯克胡里自喀什噶尔率军五千来援，击败尼牙斯，攻陷和阗。又得喀什噶尔何步云来禀，何步云等已据喀什噶尔汉城疏勒反正，待援甚急。刘锦棠决定三路进兵。

12月18日　刘锦棠部余虎恩等率军收复喀什噶尔。

21日　刘锦棠率军收复叶尔羌。

24日　刘锦棠率军收复英吉沙尔，随即分兵董福祥进攻和阗。当日，刘锦棠急驰喀什噶尔。

28日　伯克胡里、白彦虎率残匪逃窜俄境。

1878　光绪四年·戊寅

1月2日　西征军收复和阗。至此，侵占南疆达十四年之久的阿古柏匪帮悉数被歼，南疆重回祖国怀抱。

2月8日　李鸿章致书两江总督沈葆桢说：闻喀什噶尔已经收复，红旗捷报不久可至，唯白彦虎、伯克胡里"不投俄人，便归浩罕，终无了期"。左宗棠拟将新疆改建行省，"分置戍兵"，"穷天下之力，忧虑莫殚莫究"。

3月15日　以收复新疆功，清政府晋封左宗棠二等侯爵。

9—10月　沙俄指使白彦虎部残匪分股窜犯阿克苏、乌什等边境地区，刘锦棠、张曜等一再派兵分头痛剿，歼毙极多，匪势顿衰。

×月×日　左宗棠批示署镇迪道周崇傅："为政先求利民，民既利矣，国必与焉。"乌鲁木齐开办铁工厂制造农具，应招商承办，因"一经官办，则利少弊多，所铸之器不精，而所费不可得而节"。

1879　光绪五年·己卯

10月2日　崇厚与沙俄签订《里瓦机亚条约》。

11月中旬　沙俄指使伯克胡里所部残匪阿里达什等窜犯喀什

噶尔西境等地区，刘锦棠派兵分路剿杀，大胜。以后一个多月中，西征军屡次派兵痛剿，来犯逆匪大多被歼。

11月15日　李鸿章上《筹议交收伊犁事宜折》，提出抛弃伊犁。

12月4日　针对李鸿章的论点，左宗棠奏驳《里瓦机亚条约》，提出收回伊犁的方针："先之以议论，委婉而用机；次决之以战阵，坚忍而求胜。"随即部署抗俄军事。

1880　光绪六年·庚辰

1月16日　司经局洗马张之洞奏请严惩崇厚，早筹御侮，坚决主张收回伊犁。在此前后，朝廷中的尚书、詹事、御史等纷纷奏劾崇厚误国，支持左宗棠收回伊犁，形成近代史上爱国力量的第一次集结，出现了反投降、反侵略高潮。

27日　清政府将崇厚革职，交刑部治罪。

2月12日　李鸿章致书张佩纶说：崇厚所订条约，"歃血未干，盟约又弃"，铁案已成，无须派曾纪泽赴俄重开谈判。清命曾纪泽充出使俄国钦差大臣，赴俄重开谈判。

3月1日　清政府因伊犁交涉中，俄方多所要挟，命左宗棠及南、北洋大臣沈葆桢、李鸿章筹备防务。

3日　清政府将崇厚定为斩监候。

4月9日　李鸿章致书四川总督丁宝桢说："左帅主战，倡率一般书生腐官，大言高论，不顾国家之安危。"

5月26日　左宗棠离开肃州，踏上前往哈密的征途，命弁兵"舁榇以行"，以示抗俄收回伊犁的决心，中外警动。

6月4日　戈登到京，向总理衙门进言放弃伊犁。

15日　左宗棠抵哈密，设抗俄司令部于城西之凤凰台。

26日　清政府命曾纪泽将崇厚暂免斩罪，知照俄国。

8月11日　清政府命左宗棠来京以备朝廷顾问，以刘锦棠接替督办新疆军务。

9月16日　兰州织呢局开工。

10月21日　李鸿章致书刘铭传说，左宗棠拥重兵巨饷，"又当新疆人所不争之地，饰词欲战，不顾国家全局，稍通今古者，皆识其奸伪"。

1881　光绪七年·辛巳

2月24日　曾纪泽与沙俄订立《中俄伊犁条约》和《陆路通商章程》。

2月28日　左宗棠行抵北京。在赴京途中，左宗棠致书刘锦棠说：现在俄军集结珲春等处，我国非将黑龙江以北、乌苏里江以东大片失地收回不可。左宗棠到京后，清政府命他在军机大臣上行走，管理兵部事务，并在总理衙门上行走。左宗棠不满清政府对俄妥协，一再请求开缺回籍。

10月28日　清政府命左宗棠为两江总督，兼任南洋通商大臣。左宗棠于翌年二月到任。

1882　光绪八年·壬午

1月6日　李鸿章致书四川总督丁宝桢，挑拨丁宝桢与左宗棠的关系。

2月7日　左宗棠参奏李瀚章、李鸿章兄弟任用私人，结党拉派。

10月5日　铜山县利国驿煤矿设局开采。

19日　两江总督左宗棠上奏新疆急宜开置行省。

11月24日　美国驻华公使杨格照复总理各国事务衙门，谓美商在沪设立纺纱公司并不违约。后来左宗棠严词驳斥，断然阻止，美商设厂未遂。

12月23日　两江总督左宗棠上奏为胡恩燮父子所办利国驿煤矿请求减税。

1883　光绪九年·癸未

4月15日　清政府命李鸿章赴广东督办粤、桂、滇三省军务。李鸿章大为恼怒，说这是"以珠弹雀"，抗不赴命。

5月7日　清政府命李鸿章暂驻上海统筹全局。

19日　刘永福率黑旗军大战法国侵略军于河内附近的纸桥，大胜，阵斩法国统将李维业。

8月1日　藩司王德榜由南京乘轮回湖南原籍，随带两江总督左宗棠筹集之大量军械弹药，左嘱王将其转运广西、云南，接济边防各军及刘永福黑旗军。

12日　广州民人聚众焚毁沙面洋商房屋。

15日　两江总督左宗棠上奏《敬筹南洋应办边务机宜折》，建议由王德榜在籍招募楚、粤勇丁，组织成军，增援广西抗法前线。

10月19日　两江总督左宗棠出省校阅沿海渔团。

30日　王德榜奉命在籍招募楚、粤勇丁，组成十营，取名恪靖定边军，整装待发。

1884　光绪十年·甲申

2月7日　两江总督左宗棠因病开缺，旋回军机大臣任，不久，清政府以曾国荃署理两江总督，兼署南洋通商大臣。

3月29日　清政府命潘鼎新赴广西办理越桂边境军务，旋授潘广西巡抚。

4月中旬　法政府恶中国驻英法公使曾纪泽在中法交涉中据理力争，要求清政府撤换曾纪泽。

28日　清政府命曾纪泽毋庸兼驻法国使，以驻德公使李凤苞暂署驻法公使。

5月4日　清政府命翰林院侍讲学士张佩纶会办福建海疆事宜。

11日　李鸿章与福禄诺订立《中法简明条约》。

22日　清政府命张之洞署理两广总督。

×日　左宗棠以《时务说帖》进陈总理各国事务衙门，力斥和议之非，请准许他去广西前线指挥抗法军事。

6月25日　法军撕毁条约，进犯观音桥中国军队阵地，守军抗击，重创法军。

26日　清政府命直隶提督刘铭传督办台湾事务，并给巡抚衔。

7月10日　左宗棠奏荐曾纪泽担任两江总督。

8月5日　法国舰队炮轰基隆炮台，一度入据。

23日　法国舰队突然袭击闽江水师，舰艇皆毁，并轰击马尾船厂。此役法国舰队司令孤拔伤毙。海战发生后，福州大吏遁逃下乡。

27日　清政府以法人背约肇衅，命各省督抚督率战守，旋令此后倘有以赔偿和解之说进者，即交刑部治罪。

9月8日　清政府命令大学士左宗棠为钦差大臣督办福建军务。

22日　两广总督张之洞电告清政府："数日前，香港华人密约毁法船，英官禁阻乃止。前法船上岸买牛、羊，民艇不载。铁甲伤底，工不修。"英袒法，香港华人罢工。

10月2日　因刘铭传指挥错误，法军侵陷基隆。

11月17日　新疆开置行省，以刘锦棠为巡抚。

12月14日　左宗棠率军数营抵福州，立即整顿防务，办理渔团，派兵增援台湾，福州人心大定。

1885　光绪十一年·乙酉

1月27日　左宗棠上《试办台糖遗利以浚饷源折》，提出试办糖厂，以挽回利权，主张将来招商入股，转成商办，"以官经商，可暂而不可久也"。

2月13日　广西巡抚潘鼎新自谅山败退镇南关。

23日　法军侵占镇南关,潘鼎新败逃关内。事后,将谅山失守等诿罪于王德榜。

3月18—24日　冯子材等部当正面,王德榜部袭击敌军后路,大败法军于关前隘,史称镇南关大捷。法军经此打击,士气沮丧,败不能止。

27日　清军收复文渊州。

29日　冯子材、王德榜等部联兵攻克谅山。

31日　清政府下诏停战。

4月4日　金登干在巴黎与法外部订立停战撤兵简约。

28日　钦差大臣督办福建军务左宗棠上奏：要盟宜防,防兵难撤,痛斥投降派误国。

6月9日　李鸿章与法国驻华公使巴德诺签订《中法天津条约》。

8月×日　钦差大臣督办福建军务左宗棠奏陈台湾亟应改建行省。

9月5日　钦差大臣督办福建军务左宗棠病逝福州。

10月12日　清政府命将福建巡抚改为台湾巡抚,常驻台湾省,旋以刘铭传为台湾省巡抚。

附录二　译名对照表（以笔画为序）

卜鲁斯	Bruce, F. W. A.
马嘉里	Margary, A. R.
巴夏礼	Parkes, H. S.
巴德诺	Patenôtre, G.
戈　登	Cordon, C. G.
日意格	Giqe1, P.
丰大业	Fontanier, H. V.
安　邺	Garnier, F.
考尔巴斯	Kaulbars
寿　尔	Shore, H. N.
宝　海	Bourée, F. A.
沙　敖	Shaw, R.
李维业（或译作李威利）	Rivièr, H.
孤　拔	Courbet, A. A. P.
金登干	Campell, J. D.
杨　格（或译作杨越翰、杨约翰）	Yong, J. R.
美　查	Major. E.
威妥玛	Wade, T. F.
科尔帕科夫斯基	Ko1pakovsky
茀赛斯	Forsyth, T. D.
脱利古（或译作德理固）	Tricou

高福曼	Kaufmann
索思诺福齐	Sosnovski
倭良嘎里	Vlangali, A. G.
傅磊斯	Fraser, H.
福禄诺	Fournier, F, E.
福　克	Focke
赫　德	Hart, R.
德克碑	D'Aingueblle
魏特摩	Wetmore, W, S.